現代博物館学入門

A NEW INTRODUCTION TO MUSEUM WORK

栗田秀法 [編著]

ミネルヴァ書房

まえがき

　――もし，あなたの美術館が廃止されることになったら，何人の市民が立ち上がってくれますか？

　この本を手に取った皆さんはこれを読んでどんな感想をもったでしょうか。いささか衝撃的なこの文章は，2008年度にまとめられた「これからの公立美術館のあり方についての調査・研究」報告書に付されたリーフレット「公立美術館と地域・人々との絆を深めるための10の問題提起〈館長・学芸員の方々へ〉」の10番目に掲げられたものです。
　現在公立博物館の多くが潤沢とは言えない予算と十分とは言えない人員でかなりギリギリの活動を行っていることは事実です。しかしながら，設置者や市民からこれまで以上の信頼や支援を得るためには座して待つだけではじり貧になることは必至で，学芸員に対して次のような問題提起を行ったのです。

　　住民，利用者の中で，「美術館をかけがえのない場所だ」と思う人がどのくらいいるでしょう。あなたの中で「住民」や「利用者」が抽象な存在になっていませんか？　一人ひとりと顔が見える関係を築き，美術館の「当事者」をできるだけ多くすること，そのことが美術館の存在を確かにします。

　「学芸員」とは博物館法（1951）が定める登録博物館に必ず置かねばならないとされている専門的職員のことを指し，資格取得のためには学芸員養成課程に定められた所定の単位を修得することが必要です。その職務については，「博物館資料の収集，保管，展示及び調査研究その他これと関連する事業についての専門的事項をつかさどる」と定められています。
　このように，庶務的な仕事を除く学芸活動すべてを学芸員が担うことになっ

ているのが日本の博物館制度の特徴です。戦後の公立博物館が問題を抱えながらも大いに発展を遂げることができたのは，この学芸員制度に負うところが大きいことは疑いありません。

「博物館のあり方」や学芸員の「生きざま」を読み取ってもらうべく書かれた博物館学入門に『博物館の楽しみ方』(講談社現代新書，1994年) という本があります。そこで著者の千地万造氏 (1927-2015) は，学芸員を次のようであるべきだと主張しています。

> 私は，学芸員＝研究者＋教育者＋技術者＋企画者という，一つの独立したプロフェッションだと思っている。それだけでなく，学芸員は博物館の運営や施設設備の管理にも深く関わらなければならない。個人一人一人にこうした能力が備わっていることが理想であるが，それは至難の業であろう。とすれば，日本の現状では学芸員を分業化してその仕事を固定化するのではなく，調査・研究，資料の収集，整理管理は，全員がそれぞれの専門分野で行いながら，それ以外にいくつもある学芸業務の主なものをローテーションによって分担し，お互いの意思疎通を十分にはかりながら博物館をスムーズに機能させていくことが，もっとも現実的な運営の仕方であると思っている。　　　　　　　　　　　　　（『博物館の楽しみ方』175頁）

大阪市立自然科学博物館 (現大阪市立自然史博物館) の草創期から学芸員 (専門は地質学，古生物学) として活動し，74年から86年にかけて館長として学芸員を率いた経験のある千地氏ならではの傾聴すべき意見です。同氏は，別の個所で「学芸活動には内なる活動と，外に向かっての活動の二つがあるといえる。この二つが博物館という車の両輪となってうまく作動しているかどうかで，博物館は市民から評価される。」とした上で，「自分の研究以外は雑用だと思っている学芸員がいるとしたら，一日も早く博物館を辞めて適当な研究所に移った方が，市民にとっても博物館にとっても幸せだと，私は思うのだが。」といささか厳しい意見も述べています。誤解のないように申し添えますと，大阪市立自然史博物館は1976年に文部大臣により学術研究機関に指定されることによって科学研究費への応募資格を受けるなど，公立博物館のなかでも研究活動を重

んじてきた博物館でもありました。

同氏の言葉を借りるならば，内なる学芸活動の成果は「調査報告や研究論文，収集し保管した資料の質と量」に表れ，外なる学芸活動の成果は「市民へのサービスの質と量」に表れることになります。それぞれの活動の質と量を具体的に高めるための方法や手法を学ぶのが博物館学なのです。

2015年にUNESCOで採択された「博物館及びその収集品並びにこれらの多様性及び社会における役割の保護及び促進に関する勧告」では，博物館の主たる任務として，次に掲げる保存，調査，伝達，教育の四つの活動を挙げています。

保存（Preservation）
- 遺産の保存は，使用され，及び保管される場合に収集品の完全性を確保しつつ，安全，予防的及び修復のための保存並びに博物館の物件の修復に加え，取得及び収集品の管理（リスク分析，危機対応のための能力の開発及び緊急計画の作成を含む。）に関連する活動から成る。
- 博物館における収集品の管理の重要な要素は，専門的な目録の作成及び維持並びに収集品の定期的な管理である。目録は，博物館を保護し，不正取引を妨げ，及びこれと戦い，並びに博物館が社会においてその役割を果たすことを支援するために不可欠な手段である。目録は，また，収集品の移動についての健全な管理を円滑にする。

調査（Research）
- 調査（収集品の研究を含む。）も，博物館の主たる任務の一つである。調査については，他の者と連携して実施することができる。博物館の可能性を最大限に実現し，及び公衆に対して提供することができるのは，このような調査から得られる知識によってのみである。調査は，博物館が歴史を現代の状況において考察するための機会を提供するため，並びに収集品を解釈し，描写し，及び展示するために最も重要である。

伝達（Communication）
- 伝達も，博物館の主たる任務の一つである。加盟国は，博物館が専門知識

の特定の範囲内で収集品，記念工作物及び遺跡に関する知識を積極的に解釈し，及び普及させ，並びに適当な場合には，展示会を開催するよう奨励すべきである。さらに，博物館は，社会において積極的な役割を果たすため，伝達のための全ての手段（例えば，公開された行事の開催，関連する文化活動への参加その他有形及びデジタルの双方の形式による公衆との交流）を用いるよう奨励されるべきである。

・伝達に関する政策については，統合，アクセス及び社会的な包容を考慮すべきであり，また，公衆（通常，博物館を訪問しない集団を含む。）と連携して実施すべきである。博物館の活動は，また，公衆及び地域社会のための活動によって強化されるべきである。

教育（Education）
・教育も，博物館の主たる任務の一つである。博物館は，特に学校その他の教育機関と連携して，知識並びに教育上の及び教育学的な事業の策定及び伝承により，フォーマル教育及びノンフォーマル教育並びに生涯学習に従事する。博物館における教育事業は，その収集品の主題及び市民生活について様々な聴衆を教育すること並びに遺産の保存の重要性に関する意識を大きく向上させ，及び創造性を促進することのために最も貢献する。博物館は，また，関連する社会的な話題の理解に資する知識及び経験をも提供することができる。

このように現代の博物館に期待される任務は格段に拡大し，高度化しています。こうした時流に沿って学芸員養成課程のカリキュラムが拡充され，現行では「生涯学習概論」「博物館概論」「博物館経営論」「博物館資料論」「博物館資料保存論」「博物館展示論」「博物館教育論」「博物館情報・メディア論」「博物館実習」というじつに幅広い科目が設定されるようになりました。

東日本大震災では多くの文化財や博物館が被災し，文化財が地域の歴史や文化，自然風土の記憶の集積であること，地域の人々にとっての記憶の縁であり，アイデンティティの証であることが不幸にも強く意識されました。平時においても博物館がかけがえのない存在であること，筆者の先輩学芸員・神谷浩氏の

まえがき

至言を借りれば,「腹いっぱいにならないが,胸がいっぱいになる」場所であるためには博物館はどうあるべきか,何をすべきか,こうしたことが改めて突き付けられていることを肝に銘じておきたいと思います。

　本書は多かれ少なかれ人文系博物館の現場に深く関わった経験があり,現場を離れた今も博物館の発展を願って大学等で博物館学を講じる教員によって執筆されました。これから博物館学を学ぶ方々が学芸員の仕事,博物館が抱える課題について理解を深められるように書かれたものですが,博物館に関心をもつ幅広い方々,文化行政に関心がある方々にも広く迎え入れられることを心から願っています。

2019年3月

栗田秀法

[第4刷補記]
　博物館法の制定から約70年が経過し,博物館を取り巻く状況が大きく変化して博物館に求められる役割も多様化・高度化したため,博物館法改正が2022年に行われた。それに伴い法律の目的や博物館の事業,博物館の登録の要件等が見直されている(詳しくは文化庁ウェブサイト「博物館法の一部を改正する法律(令和4年法律第24号)について」を参照のこと)。なお,本書の本文,条文解説は旧博物館法の条文に即したものであることに留意されたい。

現代博物館学入門

目　　次

まえがき

第1章　博物館概論 ……………………………………………… 1

    1　「博物館」とは何か　1

    2　西洋における博物館の成立　4

    3　博物館の日本への導入と発展　15

    4　博物館法の課題と展望　21

    コラム　欧米博物館の舞台裏① 学芸活動の分業体制／展覧会の来館者数ベスト10

第2章　博物館経営論 ……………………………………………… 31

    1　博物館の経営基盤　31

    2　財政難時代の博物館経営　39

    3　連携・ネットワーク活動の必要性　48

    コラム　中間支援組織による博学連携活動（滋賀次世代文化芸術センターの取り組み）／大規模災害と危機管理（東日本大震災の教訓）／欧米博物館の舞台裏② 収入・支出の内訳

第3章　博物館資料論 ……………………………………………… 61

    1　博物館資料とは何を指すのか？　61

    2　博物館資料の収集と管理　63

    3　博物館における調査研究　86

    コラム　国立西洋美術館による松方コレクションのカタログ・レゾネ作成プロジェクト／公開承認施設

第4章　博物館資料保存論 ……………………………………………… 97

    1　博物館における資料保存　97

    2　博物館の保存環境　105

    3　危機管理計画　124

    コラム　クーリエ（作品随行員）／博物館資料と科学調査

第5章　博物館展示論 ………………………………………………… 135
　1　常設展示の構想から終了まで　135
　2　特別展示の企画運営　147
　3　展示の経営学　160
　コラム　企画展と出品交渉／グラフィック／展示の政治学

第6章　博物館教育論 ………………………………………………… 177
　1　博物館の学び　177
　2　対話型鑑賞法　182
　3　活きた博物館へ　191
　4　博物館エキステンション　199
　コラム　ハンズオン／展覧会図録

第7章　博物館情報・メディア論 …………………………………… 215
　1　総合メディアとしての博物館　215
　2　博物館が扱う情報とその技術　221
　3　博物館と著作権および個人情報保護法　233
　コラム　分野横断統合ポータルと文化財の活用／ドキュメンテーションと標準語彙

参考文献　247
日本と世界の主な博物館　250
博物館・博物館学の関連団体　263
博物館に関連する主な法令　264
博物館法の提案理由について（1951年）　266
博物館法の条文解説　267
あとがき
人名索引・事項索引

第1章　博物館概論

1　「博物館」とは何か

(1) 定義からみる博物館

　国際博物館会議規約（2017）における「博物館」の定義は，以下のようになっている。

> 博物館とは，社会とその発展に貢献するため，有形，無形の人類の遺産とその環境を，教育，研究，楽しみを目的として収集，保存，調査研究，普及，展示する，公衆に開かれた非営利の常設機関である。

　1951年，「社会教育法の精神に基き，博物館の設置及び運営に関して必要な事項を定め，その健全な発達を図り，もつて国民の教育，学術及び文化の発展に寄与することを目的」（第1条）として博物館法が制定された。同法では，博物館が「歴史，芸術，民俗，産業，自然科学等に関する資料を収集し，保管（育成を含む。）し，展示して教育的配慮の下に一般公衆の利用に供し，その教養，調査研究，レクリエーション等に資するために必要な事業を行い，あわせてこれらの資料に関する調査研究をすることを目的とする機関」（第2条）として定義されている。博物館法は，制定当初，総則，登録，公立博物館，私立博物館の4章立てであったが，1955年に博物館に相当する施設に関する条文からなる章が加えられ，5章構成となった。その後いくたびかの改正を重ね，近年では2008年に大きな改正がなされている。

　日本の博物館法の最大の特徴は登録博物館制度をとっていることである。登録要件のひとつに設置主体があり（第2条），国立の博物館，美術館を設置する独立行政法人は除かれている。したがって，博物館法の定義で定めた事業を行

う目的をもつ登録博物館とは，地方公共団体の設置する「公立博物館」と一般社団法人等の設置する「私立博物館」を指している。加えて公立博物館については，教育委員会の所管に属することを設置要件の一つにしている（第19条）。それに加え，国立の博物館・美術館や教育委員会の所管にない公立博物館等をも博物館法の規定を受けるようにするため，設置主体に制限のない博物館の事業に類する事業を行う施設として「博物館に相当する施設」の区分が設けられている（第29条）。なお，登録博物館と博物館に相当する施設との設置要件の相違は，所管の要件に加え，登録博物館が館長と学芸員を必置とし，年間150日以上の開館を条件としているのに対し，博物館相当施設は学芸員に相当する職員を必置とし，年間100日以上の開館を条件としていることにある。

（2）統計にみる博物館

文部科学省の社会教育調査では，「登録博物館」と「博物館に相当する施設」を博物館法の規定を受ける「博物館」としている。博物館の規定を受けず博物館と同種の事業を行う施設については，「博物館類似施設」として分類される（図1-1）。

博物館と博物館類似施設を合わせた総数は2015年10月現在で5,690館である。その内訳は，1,256館が博物館（登録博物館895，博物館に相当する施設361），4,434館が博物館類似施設となっている。1990年には博物館が750（登録博物館513，博物館に相当する施設237），博物館類似施設が2,169であったので，この25年で博物館の数がほぼ倍増していることがわかる。1,238の博物館のうち，歴史博物館が451，美術博物館が441，総合博物館が152，科学博物館が106を数え，水族館38，動物園35，野外博物館16，植物園10，動植物園7が続いている。なお，公立の博物館は765を数えるが，そのうち指定管理者制度を導入している館は183で，全体の23.9％を占めている。

利用者数に目を向けると，博物館の総入館者数は1億2,957万9,000人を数える。種類別では，入館者数の多い順に美術博物館が3,072万4,000人，歴史博物館が2,295万人，水族館が2,237万7,000人，動物園が2,063万1,000人，科学博物館が1,643万9,000人を数え，以下総合博物館849万9,000人，動植物園449万8,000人，野外博物館260万1,000人，植物園86万人の順となっている。

第1章　博物館概論

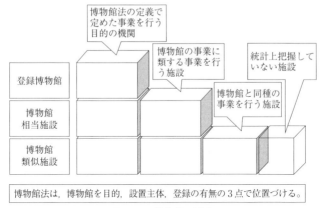

図1-1　博物館の区分
出典：文部科学省ウェブサイト http://www.mext.go.ja/a_menu/01_1/
08052911/1313125.htm（最終閲覧日：2018年11月1日）

　また，博物館の学芸員数は全体で4,738人を数え，登録博物館では3,381人，博物館に相当する施設では1,082人となっている。ただし，専任の率は68.3%で，少なからぬ学芸員が非常勤であることは問題である。博物館における1館当たりの学芸員数は4人弱（登録館で3.78，相当施設で3.76）であるに対し，類似施設では0.7であり，学芸員不在の施設も多数存在していることがわかる。
　最後に，1,256の「博物館」が社会の状況変化にどの程度対応しているかいくつかの項目について確認しておこう。市民参加に関連して博物館にボランティア制度を導入している館は539である。情報化社会の進展のなかでの情報提供方法に関連して，博物館にホームページを開設している館は1,172，メールマガジンを配信している館は137，ソーシャルメディアを活用している館が324である。ユニバーサル化に関連して，バリアフリー関係設備を何らかの形で設置状況している館は1,113となっている。
　本章では，こうした博物館の現況をふまえつつ，博物館に関する基礎的知識を習得し，専門性の基礎となる能力を養うことを念頭に，現代に至るまでの博物館の歴史を振り返った上で，博物館法に照らしてわが国の博物館の現状と課題について考察する。

2　西洋における博物館の成立

（1）類似の知と珍品陳列室

　最初に16世紀末のある陳列室の光景（図1-2）を見てほしい。どんな感想を抱かれたであろうか。雑然としている，作品の安全は大丈夫なのだろうか，説明書きが何もない等々，現代の博物館の常識からかけ離れたものとして否定的な見解を持つ方が多いかもしれない。その一方で，所狭しと物珍しいものが詰め込まれた様子に好奇心をかきたてられる向きもおられるかもしれない。この陳列室は，珍品陳列室（フランス語：cabinet de curiosités）とか驚異の部屋（ドイツ語：Wunderkammer）と呼ばれるもので，啓蒙主義以降急速な発達を遂げた近代的な博物館の前身をなしたものの一つである。残念ながら，後の世代の人々に荒唐無稽なものとして破壊され，原状をとどめるものは存在していない。
　ところが，時代は下り，近代的な博物館がある定式を確立しつつあった1923年，詩人のポール・ヴァレリー（1871-1945）はあるエッセーを実に示唆的な言葉で始めている。

　　私は博物館があまり好きでない。なかには賞歎すべきものも沢山あるにはあるが，情趣掬すべきものは全くない。分類とか保存とか公益とかいう正当で明断な諸々の観念は，歓喜法悦とはあまり縁がないのである。
　　　　　　　　　　　　　　　　　　　　　　　　　　（「博物館の問題」）

　つまり，分類，保存，公益という近代博物館を支える根本的な理念によって逆に博物館がわくわくさせる存在でなくなっているということなのだ。「博物館行き」という言葉があるように，ここでは博物館（美術館）が，用なしになったものや時代遅れになったものが行きつく先の墓場のようなものとしてイメージされている。博物館が学術研究，芸術文化の発展に大きく貢献したことと裏腹に，失ったものも少なくないことがわかる。以下で，博物館がいかなる社会的，思想的，文化的背景のもとに成立し，展開していったかについて振り返ることにしよう。

第1章　博物館概論

図1-2　「驚異の部屋」の内部
出典：フェッラーテ・インペラート『博物誌』（1599）

　16-17世紀のヨーロッパ各地に存在した珍品陳列室（図1-2）では，絵画，貨幣，宝石細工，楽器，武器，自動機械，時計，数学・天文学器具，工具，技術模型，動物，植物，鉱物，化石など，自然物（naturalia）と人工物（artefacta），古代のものも異国のものも，すべてが等価なものとして飾られている。そこには，非常に高価な遠い異国の珍品を持ち主の地位と権力を誇示すべく熟練の金工細工師に銘じて豪華に飾り立てる《駝鳥の卵のゴブレット》などの工芸品も含まれていた。

　どうして人々は物珍しいもの，人並み外れたものをこぞって収集したのであろうか。その背景にはこの時代特有の考え方があった。地上は神の叡智が実現したもので，学問とはその叡智を発見すべく自然に書かれた聖書を読み解くことであると当時の人々は考えていた。そのような知のあり方をミシェル・フーコー（1926-1984）は「模倣」や「表象」などの表現を用いて次のように述べている。

　　16世紀末までの西欧文化においては，類似というものが知を構築する役割を演じてきた。世界はそれ自身のまわりに巻きついていた。大地は空を写し，人の顔が星に反映し，草はその茎の中に人間に役立つ秘密を宿していた。絵画は空間の模倣であった。そして表象は——祝祭であるにせよ知

であるにせよ——つねに何ものかの模写にほかならなかった。人生の劇場，あるいは世界の鏡であること，それがあらゆる言語の資格であり，言語がみずからの身分を告げ，語る権利を定式化する際のやり方だったのである。

(『言葉と物』)

　近代の入り口までの学問は博物誌と呼ぶべきもので，類似に基づき神の叡智を発見すべく事物を収集し，記述した。たとえば手の形をした珊瑚がその成分が手の病気や傷に効くとされたようなことだ。世界は，観相学や見立てよろしく，適合（隣接関係），競合（反映と鏡），類比，共感を通じて神との類似が読み取られるためのしるし（外徴）の集まりであった。コレクション研究の泰斗ポミアンが，「ありふれた，平凡な，どこにもあるものではなくて，珍奇で奇妙なものが，好奇心にとって，それらの語ることを理解しさえすれば宇宙の理解を可能にする特権を持つのは，まさにそれらのひとつひとつが象形文字であるからなのだ」（ポミアン）と述べたのはこの意味であり，珍品陳列室は脈絡のない雑多な事物のごった煮などではなく，神の作りだした存在の連鎖を映し出す宇宙の縮図，ミクロコスモスであったのである。

　残念ながら，元のままの内部空間を残す珍品陳列室は現存しないが，オーストリア大公フェルディナント2世（1529 - 1595）によるアンブラス城の美術＝驚異蒐集室や，トスカーナ大公フランチェスコ1世（1541 - 1587）のストゥディオーロなどは，当時の様子を伝えるものして知られている。イエズス会士アタナウシウス・キルヒャー（1601 - 1680）は，神の叡智を読み解くべくエジプト学，地質学，医学等，さまざまな分野で学問的業績を残した知の巨人として近年になって注目を集めているが，ローマにあったそのコレクションはまさしく珍品陳列室として多くの人を引き寄せる名高いものであった。

(2) 博物学的知の成立

　珍品陳列室が依拠する類似の知は，哲学者フランシス・ベーコン（1561 - 1626）が「四つのイドラ」として退けた，伝聞や錯覚や個人的な思い込み，権威にとらわれた演繹法に基づくものでもあった。それに対し，近代的な博物館を準備した近代科学の知は，実験や観察に基づき帰納法により法則を見出すも

のである。哲学者ルネ・デカルト（1596 - 1650）の心身二元論的な発想に端を発する「死物的世界観」（大森荘蔵）に依拠する機械論的な立場による新しい学問では，言説よりも観察や実験に基づく視覚による客観的事象が重んじられ，幾何学的，運動学的性質を記述するために感覚的性質（色，匂い，音，手触りなど）は主観的なものとして退けられた。死物的世界観が成立する17 - 18世紀の西欧で，文字通り「動かない物体（still life）」としての静物画という語やジャンルが誕生したことは示唆的である。

17世紀に描かれたこの作品（図1 - 3）では，死んで物と化した魚がその体を重々しく横たえている。それに対して19世紀に描かれた歌川広重の作品（図1 - 4）では，狂歌とともにいなだとフグが泳いでいるかのように描かれている。日本では近代のとば口まで活物的世界観が存続し，死んだ魚でさえ生き物のように擬人的に描かれるのに対して，フランス語で静物画が「死せる自然」（nature morte）と呼ばれるようになるのとは好対照をなしている。

そうした近代科学の黎明期に現れたのがスウェーデンの植物分類学の父カール・フォン・リンネ（1707 - 1778）であった。『自然の体系』（1735）では，すべての植物を，オシベとメシベに着目し，すべての植物をその数・形などの外形的特徴に基づいて24に区分した。リンネは目にみえる特徴だけを基準に，つまり植物を死物化して分類し，並べ，整理することに徹したのである。それを皮切りに，類似性ではなく同一性と差異性に基づく人為的分類法によってあらゆる動植物を体系的に分類するというリンネの博物学的知の壮大な旅が始まったのだが，その途上で編み出された属名と種名の二つのラテン語名称で固定する二命名法は現在でも用いられている。

ここで博物館草創期において博物館がどう認識されていたかについて『百科全書』の記述（1765）を参照して確認しておこう。そこではまず，博物館（musée）は，エジプトの都市アレクサンドリアの公衆の経費で一定数の卓越した文学者が維持された場所［ムセイオン］のことであり，アテネのプリタネイオンと比較できるとしている。次いでミュゼの名の起源が芸術を守護する女神ミューズにあることを確認し，現在では技芸や芸術の女神に直接関わる事物を収める場所にあまねく用いられるようになっているとしている。具体的な博物館としては，1683年に完成した，アシュモレアン博物館と称されるオックス

図1-3 セバスチャン・シュトスコプフ《鯉のいる静物》
(1635年頃,ブレーメン美術館所蔵)

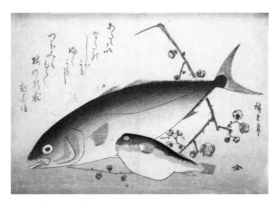

図1-4 歌川広重《魚づくし いなだとふぐ》
(1840年代,メトロポリタン美術館所蔵)

フォードの博物館を取り上げている。これは,諸科学の進歩と完成のために建てられた博物館であった。従士のエリアス・アシュモール(1617-1692)によって莫大な珍品が大学に寄附され,博物館の初代キーパーとなったプロット博士(1640-1696)によって仕分けと整理がなされたとの記述があることは学芸員の存在意義にとっても示唆的である。古物収集家で錬金術思想にも通じていたアシュモールのコレクションはまさしく珍品陳列室にふさわしいものであったが,最初の公共博物館であるアシュモレアン博物館での現実はどうあれ,

少なくともこの項目を執筆したルイ・ジョクールが博物館には相応の分類と整理が当然であることを意識していたことは注目されよう。

　珍品陳列室の雑然とした事物の集積から，目に見える一定の基準での体系的な分類への変化は，社会のあり方の大きな変化と表裏一体をなしていた。再びフーコーを引いてみよう。

　　規律・訓練の操作の第一は，したがって，雑然とした，無益な，もしくは危険な多数の人間を，秩序づけられた多様性へと変える〈生ける絵図〉を構成することである。〈表〉の構成は，十八世紀の学問的，政治的，経済的な技術論の大問題の一つであった。たとえば，植物園や動物園を計画整備して，同時に生物の合理的分類を立てること，商品および貨幣の流通を観察し，規制し調整し，しかもそれによって，富裕化の原理として値うちをもちうるような経済表を組立てること，部下を査察してその出欠を確認し，しかも武力についての一般的で恒久的な帳簿をつくりあげること，病人を配分し彼らを互いに分離し，施療空間を慎重に区分して，しかも病気の系統的な分類をおこなうこと。つまり，対になった多くの操作があるわけで，そこでは二つの構成要素──配分と分析，規制と理解可能性──が相互に緊密になっているのである。十八世紀には，表は権力の技術の一つであると同時に，知の手段の一つである。多種多様なものを組織化して，それを端から端までたどり統御するための或る道具の入手が重要であり，しかもその多様なものに〈秩序〉を課すことが重要なのである。

　　　　　　　　　　　　　　　　　　　　　　　　　（『監獄の誕生』）

　ここでフーコーが語った西欧近代における知と権力の結びつきは，近現代の博物館とも無関係ではない。博物学の分類の知は選択と排除と裏腹なのであり，博物館が知らず知らずのうちに権力の場に置かれていることは忘れないでおく必要があるだろう。

（3）公共博物館の光と闇

　先に引用したヴァレリーの言葉にもあるように，近代の博物館は公共の旗印

のもとに誕生した。1753年の大英博物館法には，次のような件がある。

 全ての技芸と科学が互いに関わりを持ち，自然哲学や他分野の思弁的な学問における発見が，[ハンス・スローン卿の]博物館と収集品が意図する進歩と発展のために，多くの場合，最も有用な実験や発明に役立ち成功をもたらすがゆえに，博物館と収集品が，学者や好事家の閲覧や楽しみのためだけではなく，公衆の一般的利用と便宜のために，保存，維持されるのはもっともである。

 こうした高邁な理念にもかかわらず，1759年に開館した当初の大英博物館では一般への公開は実際には限定的であった。名実ともに公共的といえる博物館が出現するには，およそ30年後のフランス革命を待たなければならなかった。
 フランスにおいては，18世紀半ばには国王の美術品コレクション公開の声が高まり，1750年にはリュクサンブール宮殿での公開が始まっていた。また，『百科全書』第9巻 (1765) の「ルーヴル」の項目では，倉庫にびっしり積み重ねられて誰も享受できないでいる国王の絵すべてをルーヴル宮に展示し，博物学とメダルの陳列室をルーヴルに移設することが提案されていた。
 フランス革命勃発後，まだ王政が崩壊する前の1791年5月には，国民議会は「ルーヴル宮殿とチュイルリー宮殿は共に，国王の住居であり，学問と芸術におけるあらゆる記念碑的な作品を集めた場所であり，公共教育の主な建築物と定められた国家の宮殿」(プレスク) となるという宣言を出している。王権停止後，国民公会の決定により国王のコレクションは接収されて公共の所有物とされ，それらを収蔵展示するためにルーヴル美術館，国立自然史博物館，工芸院博物館が設立された。「共和国中央美術館」は1793年8月にルーヴル宮殿大回廊に開館するが，展示の方針をめぐっては議論が紛糾した。
 国民公会議員でルーヴル宮殿の管理者となる新古典主義の画家ダヴィッドは，芸術と科学の全分野を網羅すべしとする当初の博物館構想に対し，それが旧体制の珍品展示室を思い起こさせるのに加え，芸術家の教育に相容れないため反対した。また，いわゆるロココ美術についても悪趣味で頽廃的であり，若い芸術家の教育に不適切だとして展示から外そうとした。展示の手法については，

第 1 章　博物館概論

絵画の特質を吟味することを重んじる画家たちは非歴史的な展示を好んだようだが，批評家や愛好家たちからは流派別，年代順という通時的，国別の展示が主張された。

　結局後者の手法が1794年から採用されたのだが，新しい展示のシステムには旧体制からの決別という政治的な含意もあったらしい。結果的に，ルーヴルでは，珍品展示室から近代的な美術史的な博物館への脱皮が図られることとなり，当初から週10日制のうち5日間は芸術家や学生のために，3日間は一般のために開館しており，公開の原則が実践されることとなった。

　ルーヴルを皮切りにこうした新しいタイプの博物館が欧米に急速に広がったことはよく知られているが，こうした事態が生起するには，ポミアンが述べているように，近代の国民国家が博物館に割り当てた大きな役割があったからである。

　　ミュージアムは，ひとつの社会のすべての構成員が同じ祭式を執り行うことで一致共同する場所として，教会にとって代わるものとなる。したがってミュージアムの数は，19，20世紀になり，人々，とりわけ都市住民の伝統的宗教に対する無関心が拡大するにつれて，増大する。このようにして，もはや社会全体を包括することができなくなった古い祭式にとって代わる新しい祭式は，国家が同時に主体となり客体となるような祭式である。それは国家が国家自身に捧げる恒常的な敬意であり，あらゆる角度から見た国家の過去や，国家を構成し，それぞれが全体の繁栄に貢献をもたらしたと見なされる社会，地位，職業集団や，その内部で生まれ，じつに多様な領域において長く残る作品を残した偉大な人々をたたえることによって行われる。　　　　　　　　　　　　　　　　（『コレクション』）

　つまり，文化的な統合を果たすべく，近代の国民国家においては，「科学」と「芸術」という新しい信仰が生まれ，ミュージアムは近代国家の「教会」，「聖域」とみなされるようになったのである。それと同時に「ミュージアムの思想」（松宮秀治）というある種の神話が生まれたことも見逃せない。そこでは博物館のコレクションは，公的な国有財産として，「公有財」の理念のもとに管理されるとともに，人類の共有財産として位置づけられ，公開性の原理が貫

かれた。共和制国家の「教養財」の象徴的シンボルとされた蔵品は、その譲渡や転売は禁止され、蔵品目録が継続的に作成され、公表されることになる。

　西洋近代社会が啓蒙主義に基づき理性の行使を通じて政教分離の原則を実現したことはよく知られている。その一方で人類の普遍的な進歩という思想は、世界を「科学」という普遍的基準による世界掌握と世界の一元的支配という帝国主義的な闇の思想をはらんでいた。絶対王政を権威づけるために膨大なコレクションが形成されたように、近代国家を権威づけるために博物館の充実が図られたのである。19世紀半ば以降、博物館は教会の代わりとして、博覧会は祝祭空間として一層の発展を遂げるが、啓蒙主義、民主主義の開花として言祝ぐばかりでなく、西洋の白人男性の価値観や帝国主義の理念を実現するための装置でもあったという「文化帝国主義」の側面からも目を背けないようにする必要がある。

（4）美術館の展示から見えるもの

　現在の美術館では、多くの場合壁は白く、額縁に入った絵がおおむね目の高さでゆったりと並び、適度な明るさの均質な照明の下で展示される。すでに17世紀の画家ニコラ・プッサンがコレクターに指示したように、周囲の空間に干渉されないように作品を額縁に入れることで、絵画作品は自律的な小世界を形成する。そうした自律した作品が映えるようにしつらえられた無機的な白い壁の展示室はホワイトキューブと呼ばれる。

　実はこうしたホワイトキューブ的な空間の歴史はそれほど古いものではない。

　近代以前、教会であれ、宮殿や私邸であれ、小品を除き、絵画作品は所定の環境に設置される場合が多かった。祭壇に収められていたり、暖炉の上に設置されていたり、あるいは天井や扉の上部にはめ込まれたりしていた。照明も不十分で、陽の射し込み具合により見え方は変わったことだろう。ヨーロッパに旅行をした経験のある方なら、聖堂内で絵の照明が悪く細部がよく見えなくてフラストレーションを感じた方も多いかもしれない。

　しかしながら、多くの祭壇画はろうそくの灯りの下でこそ宗教的な機能を果たすように描かれているのであり、礼拝堂の側壁の絵などは斜めから見られることが意図されていた場合もあろう（日本美術における襖や屏風なども思い出して

ほしい)。そうした絵画作品が当初の設置空間から剥ぎ取られ,照明の明るいホワイトキューブの空間に置かれたらどうなるであろうか。おそらく絵画作品としては,身ぐるみ衣服を剥がされて真正面からの衆人注視の下に置かれているようで,じつに不思議な気がするに違いない。作品が当初持っていた礼拝価値は失われ,いわば死物と化し,視覚性に特化した芸術作品としての展示価値が付与されることになる。もちろん単独の絵の鑑賞や様式や細部の研究のためにはこうした環境は好適であるが,意図せざる見られ方を強いるある種の暴力が働いていることも忘れてはならないであろう。

とはいえ,18世紀後半以降,美が自律的な領域として確立するのと軌を一にして,鑑賞のための美術(純粋美術)と実用的な美術(応用美術)というような区分けが生じてくるが,鑑賞用に額縁に入れられた絵画作品でさえもさまざまな制約から理想的な環境で飾られていたわけではない。17世紀の美術愛好家の陳列室の絵を見ると,高い天井の上の方までびっしりと絵が掛けられている。ルーヴル宮殿の方形の間では,1737年から王立絵画彫刻アカデミーの展覧会(サロン)が定期的に開かれたが,展示の仕方に注目すると,やはり壁にはほとんど余白がなく,びっしりと作品が掛けられている。19世紀のサロンになると審査を通った何千もの作品が展示されるようになり,個々の作品の快適な鑑賞よりも,できるだけ多くの入選作品を展示するという展示の側の都合が優先されるようになったのである。それに対して1897年にウィーンで設立されたウィーン分離派の展示では,作品が極めてゆったりと展示されており,鑑賞者側の立場からの展示がなされている。ただし,ウィーン分離派では純粋美術と応用美術の境界を取り払おうとする意図もあり,個々の作品だけを鑑賞するだけではなく,美術家とデザイナーが協働してつくられた展示空間そのものが総合的な芸術作品でもあったことは特筆されよう。

その後の美術の動きは,1910年代の抽象絵画の誕生を経て1950‒60年代の抽象表現主義に至る,視覚的な純粋化の方向,いわゆるモダニズムに向かった。そうした新しい美術の動きに応答してはじめて近代の名を冠して1929年に開館したのがニューヨーク近代美術館である。

第1回企画展の展示風景を見ると,現在よりは作品間隔が狭いものの,絵の中心が目の高さに揃えられた現代でも通用する展示手法がとられている。初代

館長アルフレッド・バー・Jr.が1936年に発表した美術史の系統についての詳細なチャート図に結実するように，視覚性を重視する美術史の流れが重視され，展示にも活かされた。現在でも所蔵作品は美術史の流れに沿って展示されている。なお，モダンアートの再評価の先頭に立ったニューヨーク近代美術館であっても，モダンアートが古典化し，サイト・スペシフィックな美術が出現してくるようになると，拡散の一途を遂げる同時代の美術動向との関わりの見直しを迫られるようになった。そこで廃校を活用したオルタナティヴ・スペースを提供してきたPS1を2000年に吸収合併し，先端美術の創造現場とのつながりを回復しようとしている。

　現在でも規範的な美術史の流れに沿って所蔵作品を展示するのが主流であるが，こうした姿勢に異を唱えたのが2000年に開館したテート・モダンの展示である。風景／物質／環境，静物／物体／実生活，ヌード／行為／身体，歴史／記憶／社会という，流派や時代を横断する四つのテーマを設定した。たとえば，風景のセクションでは印象派の画家モネの《睡蓮》（1916以降）の向かいには自然と人間との関係をテーマに作品を制作する現代美術家リチャード・ロングの《滝の線》（1996）が展示されるなど，さまざまな考察を促す刺激的なものであったが，保守的な趣味の側からは厳しい非難も寄せられるなど，新しい展示手法は大きな議論を巻き起こした。

　最後に，学術性を追求する正統的な博物館や美術館の系譜とは別に，娯楽を中心とする博物館も存在していたことにも留意したい。ヨーロッパに対抗できる美の殿堂として建てられたニューヨークのメトロポリタン美術館が開館するのは1872年のことだが，その当時もっとも人気のあった博物館は，映画『グレイテスト・ショーマン』（2017）にも取り上げられた「バーナムのアメリカ博物館」であった。1841年にブロードウェイの一角に開館し1865年に焼失するまで活動したバーナムの博物館では，小人や人魚などの物珍しいものの展示に加え，演芸も提供された。楽しませつつ教育するという点では，現代の博物館にもいろいろ示唆を与えてくれるに違いない。

3　博物館の日本への導入と発展

（1）日本における博物館と美術館の誕生

　幕末の1861年から翌年にかけて渡欧した福沢諭吉は，滞欧時の見聞を『西洋事情』にまとめ1866年に刊行し，博物館と博覧会についての記述を残している。福沢が訪れた当時の19世紀の西洋では，1851年のロンドン万博を皮切りに，ニューヨークとパリで博覧会が開催されていた。福沢の渡欧時にはロンドンにおける2度目となる1862年の博覧会が開催されており，福沢はつぶさに実見することができた。またイギリスでは，1851年の万博の翌年，万博の余剰金と展示品をもとに製造物博物館が設立されており，福沢の渡欧の数年前の1857年にはコレクションが増幅されてサウス・ケンジントン博物館（のちのヴィクトリア＆アルバート美術館とロンドン科学博物館の前身）と名を変えていた。

　福沢は『西洋事情』のなかで，博物館については「世界中の物産，古物，珍物を集めて人に示し，見聞を博くするために設くるものなり」とし，ミネラロジカル・ミュジエム，ゾーロジカル・ミュジエム，動物園，植物園，メディカル・ミュジエムについて簡単に言及している。次いで福沢は博覧会を取り上げ，技術革新や発明が重なることでかつての珍しい器具や役に立つ器具が陳腐化してしまったことから，西洋の大都会では，博覧会と呼ばれる「数年ごとに産物の大会」が開かれており，「世界中に布告しておのおのその国の名産，便利の機械，古物奇品を集め，万国の人に示」すためのものであるとした。実際にロンドン万博を実見できた福沢は，博覧会は世界各国の古今の品物を見ることにより「世の文明を助くること少なからず」という認識に至ったのである。富国強兵・殖産興業を進める明治新政府の下での博物館の始まりには，西洋における博物館と博覧会をめぐるこうした状況が大きくかかわっていた。

　東京国立博物館では，文部省に博物局が設置された翌年の1872年3月に文部省博物局が湯島聖堂大成殿で開いた最初の博覧会をその創立とするとしている。翌年のウィーン万国博覧会の参加準備を兼ねたものであった。博覧会終了後の5月から10月にかけては，万博の出品作品選定も兼ねた文化財検査である「壬申検査」が政府によって全国的に行われた。翌1873年に博物館は博覧会事務局

図1-5 《内国勧業博覧会　美術館之図》
（歌川広重（三世），1877年，国立国会図書館所蔵）

に合併し，内山下町（現在の千代田区内幸町）に移転するが，1875年には博覧会事務局の所管が内務省に変わっている。

　殖産興業を推進すべく，政府は1877年に第１回の内国勧業博覧会を上野寛永寺跡地で開いた。鉱業および冶金，製造物，美術，機械，農業，園芸の６部門で構成された博覧会場には，農業館，機械館，園芸館，動物館に加え，会場の中心には煉瓦造りの美術館が配された。注目されるのは美術館では絵画作品に額装が義務づけられ，西洋の「美術」の制度の移入が意識されていたことである（図１-５）。欧化政策の途上の1876年には西洋美術を教育するための工部美術学校が開校している。

　1881年の第２回内国勧業博覧会ではジョサイア・コンドル設計の本館が建てられたが，閉会後この建物が新たに博物館として使用されることとなった。その間博物局は農商務省の所管となり，内山下町博物館は閉館，移転し，翌82年に新博物館が開館し，町田久成が館長に就任した。新博物館は，図書館，動物園を含むもので，歴史・美術と自然史にまたがる大総合博物館であった。

　東京国立博物館の歴史にとっての大きな転機は，1886年に宮内省の所管に移され，殖産興業部門が切り離されるとともに，博物館が天皇家の個人資産となったことである。大日本帝国憲法が発布された1889年には帝国博物館と改称された。総長には九鬼隆一が就き，歴史部，美術部，美術工芸部，工芸部，天産部の五部門体制とし，美術部長には岡倉天心を起用した。歴史と美術を中心とする，天皇制のもとでの国民の文化的統合のための一装置となるべく皇室の

博物館へと大きく変貌を遂げたのである。また同年日本の伝統美術のみを教える東京美術学校が開校するなど、文化面での国粋主義的な色彩が急速に強まった時期でもあった。皇室の権威を高めるべく東京帝室博物館に改称された1900年はパリ万博が開催された年にもあたるが、万博に間に合わすべく、はじめての官製日本美術史正史として『稿本日本帝国美術略史』が岡倉を中心に編纂され、フランス語版が刊行された。

　その後1909年には皇太子殿下（大正天皇）のご成婚記念に献上された表慶館が開館し、常設の国立で最初の美術館として美術・工芸品の陳列や特別展示の会場として活用された。1917年に森林太郎が総長に就くと、時代別区分陳列が採用された。1923年の関東大震災で本館が損壊したのち、帝冠様式の新しい本館が1938年に帝室博物館復興翼賛会より献上され、同年『日本帝国美術略史』が刊行されている。

　これとは別に国立科学博物館に連なる文部省の所管の博物館の系統も存在した。1877年に上野に設立された教育博物館は、器械器具や標本の配付等、学校教育における科学教育を支援する目的で設立された。1889年に東京高等師範学校付属東京教育博物館とされた後、通俗教育の奨励の動きのなかで1911年に通俗教育館が設置された。生態展示を取り入れた自然史分野の展示や、実験装置が自ら操作できる理化学分野の展示は、当時としては斬新なものとして注目を浴びた。1914年には東京教育博物館として再び独立し、館長の棚橋源太郎のもとで特別展や多彩な教育普及活動が繰り広げられた。1921年に東京博物館に改称されるに際し自然科学の博物館の色彩を強めた。関東大震災後の1925年に東京帝室博物館から天産部が移管されたのち、1931年には上野の新館に移転し東京科学博物館と改称された。

　1907年10月、第1回の文部省美術展覧会が上野公園内元東京勧業博覧会美術館で開催された。この展覧会は、出品を日本画、洋画、彫刻の純粋美術に限ったもので、日本において「美術」の制度が曲がりなりにも確立した出来事として記憶される。第2回からは、東京帝室博物館に譲渡された旧東京勧業博覧会二号館（竹の台陳列館）で行われたが、その内部は土間のままであり展示施設としては決して好ましいものではなかった。行政に対して美術館建設を訴える運動も繰り返し行われたものの結実することはなく、篤志家の東京府への建設

資金の寄附をまってようやく1926年に実現することとなった。しかしながら東京府美術館（現東京都美術館）には，コレクションを収集・展示するというミュージアムの機能はなく，公募展に展示会場を提供する機能しか存在しなかった。初の公立美術館が貸会場として出発したことは，京都市美術館(1933)から愛知県文化会館美術館(1955)あたりに至るまでのその後の公立美術館のあり方に大きな影響を与えるものであった。

　1928年には，博物館に関する思想を普及し，その建設完成の機運を促進するために博物館事業促進会が設立され，国の博物館の整備や，各県における博物館の設置を呼びかけた。この時期にわが国における博物館学の体系的な著作の嚆矢である棚橋源太郎著『眼に訴へる教育機関』(1930)が出版されている。その呼びかけに応えていくつかの博物館が設置されたが，1931年の満州事変以降の軍事態勢の進展のなかでは国民教化運動の一翼を担う「郷土博物館」が奨励された。他方，個人コレクションを公開する美術館は，1917年開館の大倉集古館以降少しずつ増大した。その中で1930年に開館した大原美術館は，西洋美術に接することのできる唯一の場として大きな反響を呼んだ。

（2）戦後の博物館

　日本博物館協会は，終戦間もない1945年11月に「わが邦博物館の振興を促進し，新生日本の文化建設に貢献」すべく『再建日本の博物館対策』を刊行した。そこでは本邦博物館事業不振の真因として二つがあげられている。一つは，政府が国立中央博物館を宮内省に移管してその手から離してしまったことに加え，東京博物館を高等師範学校の付属施設として廃館同様の処置を執ったことで，全国の博物館が中央から指導援助を受けることができなくなり，その発達の機運を阻害したことである。もう一つは，当時まで博物館令の制定発布を見るに至らなかったため，「博物館従事者の資格が規定されず，これが任用には何らの制裁もなければ取り締まりの途もな」く，「これまで博物館長或は学芸員に，博物館事業に就て何の経験素養もない退役の学校長・教員・官吏等を採用することが普通となり，これを怪しむものがない有様であった」ことである。実際，図書館法の前身にあたる図書館令は1899年にすでに制定されていた。念願の博物館法はようやく1951年に公布されたのであるが，社会教育法が制定された

1949年の翌年に図書館法が最早制定されたのに対して、博物館法に関しては難航し、議員立法として提案されるといういささか異例の手法がとられたとされる。なお、1946年にパリで発足した国際博物館会議（ICOM）へ日本の正式加盟は1952年のことで、現在ICOM日本委員会は日本博物館協会内に事務局が置かれている。

東京帝室博物館は終戦後1946年3月に再開されたが、新憲法公布の翌年5月には文部省の所管に移され、国立博物館として再出発した。東京国立博物館と改称されたのは1952年のことである。一方、東京科学博物館は1949年に国立科学博物館と改称された。戦前から待望されていた国立美術館であるが、ようやく1952年に京橋の旧日活本社ビルを改装して開館している。終戦後フランス政府に接収されていた松方幸次郎の在仏コレクションは外交交渉を経て寄贈返還されることとなったが、その受け入れ収蔵施設として国立西洋美術館が建設され、1959年に開館した。

戦後の公立博物館の活動として注目されるのは、博物館法の施行以前の1951年に鎌倉に開館した神奈川県立近代美術館である。副館長の土方定一（1904－1980）の強烈なイニシアティブのもとで明治・大正の埋もれた芸術家を次々に発掘するとともに、新聞社事業部門とのタイアップによる企画展を多数開催した。調査研究活動を前面に出した公立博物館が出現した意義はきわめて大きい。

その後公立博物館の増加に拍車がかかったのは、政府の明治100年記念事業の一環で、公立博物館の建設が推進されたことによる。記念事業を契機に設置された館としては、神奈川県立博物館（1967）、広島県立美術館（1968）、宮崎県総合博物館（1971）など、多数存在している。その後も1990年代初頭のバブル崩壊に至るまでの安定成長期にも全国で次々に博物館が建設された。その際に博物館の質の向上のための指針とされたのが1973年11月に告示された「公立博物館の設置及び運営に関する基準」であった。1951年に制定された博物館法第8条に博物館の設置及び運営上望ましい基準を示すものとされていたのにもかかわらず、成文化されることなく22年の時が経っていた。施設の規模や資料数、学芸員数等に指針を示すもので、とくに学芸員数については新設博物館における学芸員の定員確保にかなりの意味を持った。

また、同じ1973年には博物館学の理論と実践についての知識や情報の交換、

研究成果の発表の場として全日本博物館学会が設立された。現在ではマネジメント，展示などの各専門分野の学会も設けられており，日本博物館協会を頂点とする各種の博物館の団体の活動も活発に行われている。大学の博物館学関係の教員の団体としては，全国大学博物館講座協議会（1957年設立）が知られている。

　1975年には西武美術館が開館し，その後の百貨店を舞台にした私立美術館ブームの先鞭をつけた。1976年にはその後の地域博物館のモデルとなった平塚市博物館が開館している。また，1978年に開館した山梨県立美術館はミレーの《種まく人》を購入し，観光名所として集客に成功し，その後の美術館設立に際するコレクションの目玉づくりの動きに貢献したが，一点豪華主義に終わった館も少なくない。1980年代には博物館が未整備であった自治体に多数の博物館が建設されたが，自治体の財政難の時代が到来してその運営が重荷になったところも多く，開館後の運営を見据えない箱モノ行政として批判を浴びた。バブル景気に沸いた1980年代後半からは大都市圏で大型博物館が構想され，横浜美術館（1989），愛知県美術館（1992），東京都江戸東京博物館（1993），東京都現代美術館（1995）などが次々に開館した。また，福岡アジア美術館（1999），福井県立恐竜博物館（2000）をはじめ，地域の特色を活かした博物館が増えていることも注目される。陶板による複製画を展示する大塚国際美術館（1998），三鷹の森ジブリ美術館（2001）なども，それまでにない新しいタイプの博物館として人気を集めている。

　公立博物館の運営にとって転機になったのは2003年の指定管理者制度の導入である。多くの場合予算削減の口実として導入され博物館活動が低下した館も少なくないが，地域NPOが運営する野田市郷土博物館や，民間の乃村工藝社が運営する長崎歴史文化博物館などが一定の成功を収めた例として知られている。なお，大阪市では地方独立行政法人による公立博物館の運営が始まっており，その行方が注目される。

　入館者減にあえぐ公立博物館のなかで，「行動展示」の導入により1990年代末に入園者のV字回復に成功した旭川市旭山動物園，開放的な建物と参加型の展示，活発なマネジメント活動により多数の入館者を集めた金沢21世紀美術館（2004年開館）などは救世主として広く社会的な注目を集めた。

21世紀に入って一層顕著になった傾向に，2007年開館の国立新美術館や2012年にリニューアルオープンした東京都美術館等を舞台にマスコミが主導する大量動員のブロックバスター展の盛行がある。両施設がコレクションを持たないことが示唆的であるように，博物館がイベント会場化していく傾きにはいささかの危惧を抱かざるを得ない。

　それ以外の新しい傾向としては，森美術館（2003年開館），三菱一号館美術館（2010年開館）のように，百貨店に代わってデベロッパーを運営の主体とする私立美術館が現れたことがある。また，JPタワー内には，日本郵便と東京大学総合研究博物館との協働運営による「インターメディアテク」が2013年に開館した。近代博物館において否定された「驚異の部屋」を念頭においたもので，博物館にわくわく感を取り戻す試みの一つとして注目されよう。

4　博物館法の課題と展望

（1）博物館法が抱える問題点

　博物館法における登録博物館と博物館に相当する施設の区別についてはすでに冒頭で触れたが，さらに同法第1章には博物館の事業（第3条），館長，学芸員その他の職員（第4条），学芸員の資格（第5条），学芸員の研修（第7条），設置及び運営上望ましい基準（第8条），運営の状況に関する評価と情報の提供（第9条）等について規定がなされ，第2章では登録の申請手続き等が規定されている。さらに第3章には形骸化した公立博物館の入館料原則無料の条項（第23条）もある。同法の個別の条文の意味や歴史的経緯については，巻末の資料（266頁）で詳述したので参照してほしい。第3条に掲げられた11の事業のうち，主要なものに関しては本書の次章以降で詳しく扱われるはずである。

　博物館法は，博物館法本則，博物館施行規則，博物館の設置及び運営上望ましい基準があいまって十全に効力を発揮するものであるが，その時々の博物館を取り巻く状況に応じて何度か改定が行われ現在に至っている。学芸員資格附与講習から資格認定制度に切り替わり，博物館相当施設が明確に規定された1955年，「公立博物館の設置及び運営に関する基準」が告示された1973年，一切の数量的な基準が廃された「公立博物館の設置及び運営に関する望ましい基

準」に切り替わった2003年あたりが，大きな転換点と言えようか。

　博物館法を中心とした博物館の振興により，戦後の復興のなかで文化財の散逸の防止の一助となり，社会に博物館のイメージを定着，普及し，博物館の水準を維持，向上させるに大きな成果を残したことは事実である。他方，博物館法が制定されて50年以上を経て，博物館に「学芸力」「地域貢献力」「運営力」（『日経五つ星の美術館』）が強く期待されるなかで，施設整備の補助金や，旧国鉄の輸送費割引などのメリットが行政改革で廃止されたこと等による博物館登録を行う意義の低下が問題視されている。また，国立の博物館や大都市の博物館相当施設のように立派な博物館が登録博物館でない矛盾のみならず，公立博物館の役所依存体質に起因する内向きの体質，社会教育機関としての規定がもたらす調査研究活動の制約など，さまざまな問題が意識されるようになってきた。さらには，「これからの公立美術館のあり方についての調査・研究」（財団法人地域創造，2008）でも指摘のあったように，現場のオペレーションのレベルでは相当の充実が見られるようになったが，管理職によるマネジメントや，設置者によるガバナンスの改革の必要性が強く叫ばれている。

　2017年には博物館法の見直しに踏み込む二つの提言が相次いで出された。一つは，日本博物館協会がまとめた『「博物館登録制度の在り方に関する調査研究」報告書』で，もう一つは，日本学術会議史学委員会の提言「21世紀の博物館・美術館のあるべき姿――博物館法の改正へ向けて」である。前者の議論の根底には，博物館法の「根幹を担う博物館登録制度については，登録申請資格に設置者や所管による限定があるために，国及び独立行政法人が設置・運営する博物館，大学博物館，地方公共団体の長が所管する博物館などは対象外とされ，広く博物館の振興を図る目的を果たす上で致命的な障害となっている。」ことがある。後者においても同様の認識があり，さらに「博物館法第4条を改正して学芸員の職務内容を見直し，業務の調査研究以外に，人類文化の未来に貢献する独創的な研究にも従事して博物館を通じて地域の活性化に貢献できることとし，一定水準以上の研究能力が認められる博物館には，研究機関指定の基準，とくに博物館の研究費予算措置などの基準の柔軟化を図るべき」と，博物館の研究機関としての側面の充実を求めた。

　こうした問題は以前から認識されており，2008年の博物館法改正の際にも議

論され，学芸員資格への実務経験の必須化，上級学芸員制度の導入，登録申請における設置者や所管の限定の除外等が検討された。しかしながらいずれも十分な賛同を得られず実現は見送られ，本則に学芸員の研修の充実や博物館の自己評価の推進を盛り込むこと，及び学芸員資格の習得単位数を増加することなど，比較的小規模な改正にとどまり，抜本的な改革は先送りされた経緯がある。再び博物館法改正の議論が高まりつつあるなかで同じ失敗を繰り返すことを避けるためにも，博物館法設立時の議論に立ち戻りつつ，以下であるべき改革の方向を模索してみたい。

（2）博物館法制定の裏側

1961年の日本博物館協会の『博物館研究』12号には「博物館法制定10周年記念座談会」が掲載されている。博物館法制定のプロセスに直接かかわった人物も参加しており，条文の裏側に存在した微妙なニュアンスをうかがい知ることができる。そこでの特に重要な点をまとめると次のようになる。

- 博物館法の作成には，明確な使命をはっきりさせること，調査研究や活発な活動のために専門家を置くこと，国が保護助長をなすべきこと，の三つが柱となっている。博物館法第2条の定義に調査研究が入ったことは当時の一つの特色で，棚橋源太郎あたりの意見があった。
- 条文上の苦心は，学校教育の援助と住民の実生活の向上を謳った第3条2項の規定を入れたことと，博物館を明るい楽しいものにするために第2条にレクリエーションの語を入れた。
- 国立博物館を含めた一貫した総合的な体系を博物館法に盛り込むべきだという問題は意識されていたが，国立博物館と学校付属の博物館の内容が公私立に比べて相当充実していたことやその他の問題があり，公私立の博物館を一定の基準まで引き上げることが先決であるとして，両者が博物館法から除外された。
- 登録施設と相当施設の区分けに関しては，登録や指定の条件が相当施設の方が緩やかに見えるが，相当施設にあたる国立博物館や大学付属の博物館が指導的な立場に立って登録博物館を望ましいところまで引き上げ

るという狙いがあった。
- 博物館法に動物園，植物園，水族館を入れるにあたり所管を教育委員会に限定すべきではないという意見があり，23条の入場料無料の原則に但し書きがついた理由のひとつに，動物園協会の反対があった。
- 図書館の館長が司書でなくてはならない一方で博物館ではそれを外したのは，博物館の館長には有能な見識をもつ人が就いているので，そういう資格をかわせることができなかったためであった。
- 専門職としての学芸員の待遇についてはまだ確立していない。

　博物館法による公私博物館の質的向上を図る目論見に関しては格段に向上したことは疑いないが，ここで言及された問題のうち今もって解決していないことも多い。昨今の博物館法の改正をめぐる議論においては，法としての体系性は確かに重要であるが，博物館法の当初の公私博物館の質的向上の理念をさらに進めるための方策を考えることの方が重要なように思われる。その根幹にあるのは学芸員の処遇の問題であるが，学術会議の提言にある研究職としての位置づけも重要だが，等しく重要なのが学芸員の専門分化である。

　大学における博物館学講座テキストの嚆矢とも言うべき『博物館学入門』(1956) において，鶴田総一郎は，「学芸員という言葉はそのまま，外国語の (curator（後略）) に通じるように見られがちであるが，(中略) 博物館専門職員として最低の水準以上にある人という意味である」としている。実際，博物館法案の英訳において学芸員は art officials と訳されており，欧米にはこれに相当する職名のない日本独自の職名であることに留意したい。その上で鶴田は，学芸員は博物館活動の中核を担う研究および教育の両面に関する専門家であり，「博物館のはたらき即学芸員」とまで述べている。学芸員には技術者，研究者，教育者の三つの側面があるが，博物館の目的が達成され，活動が円滑に行われるために学芸員の言葉に含まれる共通の基盤の概念が存在していることを高く評価している。もちろん鶴田はそれに満足しているわけではなく，近い将来に学芸員の格付けを行ったり，学芸員の資格を curator 並みに高めるか，学芸員の言葉を curator に充て，法の学芸員を博物館専門職員あるいは他の呼称にするか，何らかの対策が必要になってくることを補足している。

もちろん，日本の学芸員の雑芸員化の問題について現状でも意識されていないわけではない。2011年の「博物館の設置及び運営上の望ましい基準」には「博物館は，基本的運営方針に基づきその事業を効率的かつ効果的に実施するため，博物館資料の収集，保管又は展示に係る業務，調査研究に係る業務，学習機会の提供に係る業務その他の業務を担当する各職員の専門的な能力が適切に培われ又は専門的な能力を有する職員が適切に各業務を担当する者として配置されるよう，各業務の分担の在り方，専任の職員の配置の在り方，効果的な複数の業務の兼務の在り方等について適宜，適切な見直しを行い，その運営体制の整備に努めるものとする。」（第13条3項）とあり，学芸員の専門分化が努力目標として示されている。

（3）新たな博物館法のために

　それでは我々はどうすべきであろうか。博物館法が誕生して60年以上経って学芸員の言葉が日本で定着している以上，日本の博物館における専門的職員の資格として学芸員の呼称を残す方が合理的である。学芸員資格は専門的職員としてのミニマムの共通基盤を身につけるための学部卒で取得できるものとするが，収蔵品や作品の貸借に関わる登録・管理業務（レジストレーション），学術的なアーカイブおよび学芸業務のアーカイブの管理についてはカリキュラムを増強することが望ましい。その上で修士課程修了を要件とすることで研究者としても位置づけられる専修学芸員資格制度を設けてはどうだろうか。

　たとえば，収集・展示活動，専門分野の調査研究を主務とする「専修学芸員（調査）」，教育活動の立案・実施，調査研究に携わる「専修学芸員（教育）」，収蔵品の保存・管理とそれに関する調査研究に携わる「専修学芸員（保存）」などが考えられよう。これを具体化するために，都道府県・指定都市レベルの登録博物館を一種登録博物館（仮称）に，市町村レベルの登録博物館を二種登録博物館（仮称）とし，一種登録博物館にはこの三分野の専修学芸員を少なくとも各一名を必置とするのである。もちろん経過措置として現職者の専修認定など考慮すべきことは多々あるが，そのような方策をとることによってミュージアム・エデュケーションや保存科学の教育課程が増加することも期待できようし，制度発足後20年程度経てば中核的な博物館における適度な分業化が日本で

も確立するのではなかろうか。また，一種登録博物館については研究機関指定することとし，二種登録博物館についても一定の要件で指定可能にすることにすれば，博物館の研究力強化，研究資金獲得にも資するところが大である。現状では外部資金の獲得によって通常予算が減額されて相殺されてしまうケースも多々あるようで，そうした設置者の姿勢は戒めたい。これらの公立博物館の底上げがあってこそ，国立館等との共通の登録申請の条件が整うと思われるのである。

他方，2017年には文化芸術基本法が制定され，「文化芸術に関する施策の推進に当たっては，文化芸術により生み出される様々な価値を文化芸術の継承，発展及び創造に活用することが重要であることに鑑み，文化芸術の固有の意義と価値を尊重しつつ，観光，まちづくり，国際交流，福祉，教育，産業その他の各関連分野における施策との有機的な連携が図られるよう配慮されなければならない。」とされた。また，同年の文化財保護法の改正では，保護から保存と活用の両立へと力点が移された。このように，社会教育にとどまらない活動が博物館にも期待されるような環境も醸成されつつあり，博物館の使命について改めて問い直される事態が生じている。

さらに博物館を含む文教施設へのコンセッション方式の導入やアート市場の活性化に向けた美術館の取り組みなど，博物館の営利的な側面ばかりが話題に上るようになっている。非営利の学術機関，社会教育機関に求められる「博物館の原則，博物館関係者の行動規範」（日本博物館協会）や「美術館の原則と美術館関係者の行動指針」（全国美術館会議）の方向性にもとるようなこうした動きには注視が必要である。

引用・参考文献

文部省「わが国の教育の現状（昭和28年度）」http://www.mext.go.jp/b_menu/hakusho/html/hpad195301/index.html（最終閲覧日：2018年11月1日）

鶴田総一郎（1968）「国際博物館会議（ICOM）について」『自然科学と博物館』35号，134-149頁。

永井道雄責任編集（1969）『福沢諭吉』（日本の名著33）中央公論社，376-377頁。

ヴァレリー，ポール（1974）「博物館の問題」『ヴァレリー全集10　芸術論集』（渡辺一夫・佐々木明訳）筑摩書房，191-197頁。

フーコー，ミシェル（1974）『言葉と物　人文科学の考古学』（渡辺一民・佐々木明訳）新潮社，42頁。

フーコー，ミシェル（1977）『監獄の誕生　監視と処罰』（田村俶訳）新潮社，153頁。

伊藤寿朗・森田恒之編著（1978）『博物館概論』学苑社，153頁。

椎名仙卓（1988）『日本博物館発達史』雄山閣出版。

シャイヒャー，エリザベート（1990）『驚異の部屋　ハプスブルク家の珍宝蒐集室』（松井隆夫・松下ゆう子訳）平凡社。

ポミアン，クシシトフ（1992）『コレクション』（吉田城・吉田典子訳）平凡社，71, 119頁。

松永俊男（1992）『博物学の欲望　リンネと時代精神』講談社現代新書。

大森荘蔵（1994）『知の構築とその呪縛』ちくま学芸文庫。

吉見俊哉（1994）『博覧会の政治学　まなざしの近代』中公新書。

McClellan, Andrew（1994）*Inventing the Louvre : art, politics, and the origins of the modern museum in eighteenth-century Paris*, Cambridge, pp. 42, 106-108.

今橋理子（1995）『江戸の花鳥画　博物学をめぐる文化とその表象』スカイドア。

吉田憲司（1999）『文化の「発見」　驚異の部屋からヴァーチャル・ミュージアムまで』岩波書店。

椎名仙卓（1999）『図解　博物館史［改訂増補］』雄山閣。

日本博物館協会編（2001）『再建日本の博物館対策；博物館学入門. 他』（日本現代教育基本文献叢書，社会・生涯教育文献集；Ⅵ-56）日本図書センター。

金子淳（2001）『博物館の政治学』青弓社。

松宮秀治（2003）『ミュージアムの思想』白水社。

ブレスク，ジュヌヴィエーヴ（2004）『ルーヴル美術館の歴史』（遠藤ゆかり訳）創元社。

関秀夫（2005）『博物館の誕生　町田久成と東京帝室博物館』岩波新書。

椎名仙卓（2005）『日本博物館成立史　博覧会から博物館へ』雄山閣。

「特集：崩壊する？「美術館」――問われる美術館の社会性」『美術フォーラム21』11（2005）。

日本経済新聞社編（2007）『日経五つ星の美術館』日本経済新聞出版社。
これからの博物館の在り方に関する検討協力者会議（2007）「新しい時代の博物館制度の在り方について（報告）」http://www.mext.go.jp/6_menu/shingi/chousa/shougai/014/toushin/07061901.pdf
高橋雄蔵（2008）『博物館の歴史』法政大学出版局。
国立文化財機構東京文化財研究所編（2008‐2009）『東京文化財研究所七十五年史』（全2巻）中央公論美術出版。
吉田憲司（2011）『博物館概論［改訂新版］』放送大学教育振興会。
鷹野光行ほか編（2011）『新編博物館概論』同成社。
大坪健二（2012）『アルフレッド・バーとニューヨーク近代美術館の誕生　アメリカ二〇世紀美術の一研究』三元社。
君塚仁彦・名児耶明編（2012）『現代に活きる博物館』有斐閣ブックス。
朴昭炫（2012）『「戦場」としての美術館　日本の近代美術館設立運動／論争史』ブリュッケ。
東京都美術館編（2012）『東京都美術館ものがたり　ニッポン・アート史ダイジェスト』鹿島出版会。
田中佳（2013）「一七九三年八月一〇日，ルーブル美術館の開館」『美を究め　美に遊ぶ』東信堂。
村田麻里子（2014）『思想としてのミュージアム　ものと空間のメディア論』人文書院。
犬塚康博（2015）『反博物館論序説　二〇世紀日本の博物館精神史』共同文化社。
新見隆編（2015）『ミュゼオロジーへの招待』武蔵野美術大学出版局。
国際博物館会議日本委員会（2017）「ICOM 規約」https://www.j-muse.or.jp/icom/ja/pdf/ICOM_regulations.pdf（最終閲覧日：2018年11月1日）

■□コラム□■

欧米博物館の舞台裏① 学芸活動の分業体制

　日本の学芸員は時に雑芸員などと自虐的に呼ばれるが，実際の欧米の博物館における分業体制はどう行われているのだろうか。
　館の種類や規模によって相違があるが，概ねキュレーター（curator），コレクション・マネージャー（collection manager），レジストラー（registrar），エデュケーター（educator），コンサヴァター（conservator），修復家（restorer），展示デザイナー（exhibit designer），展示作業担当（handler），額装担当（framer）といった職種が代表的なものである。さらに司書やアーキヴィスト，文書管理担当（documentation officer），さらにはグラフィックデザイナーや広報担当（public relations manager），ボランティア担当，利用者サービス担当（visitor services officer）や資金調達担当（fundraiser）などが配置されている場合も多い。このように，欧米では輸送を除けばほぼすべての活動が博物館のスタッフによってなされることが通例である。日本では，展示デザイン，グラフィックデザイン，展示作業，額装，修復などは外部の業者に委託される場合が多いが，その他の活動は概ね学芸員の守備範囲となる。一部では保存担当，教育担当を置くところも現れているが，多様な仕事を持ち回りで学芸員が担っている。
　ただし，そのこと自体が一概に悪いわけではなく，学芸の仕事を分断化せず統合的に把握できる利点もある。それぞれの館で求められる学芸活動の質をいかに高め維持していくのかが重要である。もちろん分業化が強く求められる分野もあり，博物館界全体としてはさらなる施策の充実を訴え続けていかなければならないのであるが。
　外部委託に関連した日本独自のものとして展覧会コンサヴァターの存在がある。巡回する海外美術館の引っ越し展などでは各会場の作品の状態チェックをトータルに行う保存修復家を雇い，展覧会の作品保全に万全を期している。
　また，美術品輸送の専門業者の存在も独自である。企画展における作品の集荷・返却に学芸員に作業員が帯同し梱包作業を行うとともに，館では展示作業を行う。戦後の博物館の発展とともに熟練した作業員が多数輩出したが，近年の世代交代の中で美術品取り扱いの専門的知識や技能の継承が危ぶまれるようになり，日本博物館協会では「美術品梱包輸送技能取得士」の認定制度を2012年に設け，後継者の育成と梱包輸送作業員の技能向上を図っている。　（栗田秀法）

■□コラム□■

展覧会の来館者数ベスト10

　特別展で来館者増を狙うのであれば,「パンダ,ミイラ,ジュエリー,印象派」は当たるという声をよく耳にする。美術展では1965年に東京,京都,福岡の3会場で行われた《ツタンカーメン展》の総入場者数は約295万人であった。2007年の国立科学博物館開催の《大英博物館　ミイラと古代エジプト展》が39万人,東京国立博物館の《始皇帝と大兵馬俑》も23万人を超え人気が高い。2011年の《恐竜展》は56万人,妖怪も根強い人気がある。

　展覧会の総入場者数の歴代ランキングでは,次の通りである。

　　1位　1965年　ツタンカーメン展（東京・京都・福岡）295万人
　　2位　1964年　ミロのビーナス特別公開（東京・京都）172万人
　　3位　2009年　国宝　阿修羅展（東京・福岡）165万人
　　4位　2012年　ツタンカーメン展　黄金の秘宝と少年王の真実（大阪・東京）160万人
　　5位　1974年　モナ・リザ展　（東京）151万人
　　6位　1994年　バーンズ・コレクション展（東京）107万人
　　7位　2008年　フェルメール展　光の天才画家とデルフトの巨匠たち（東京）93万人
　　8位　2007年　レオナルド・ダ・ヴィンチ　天才の実像（東京）79万人
　　8位　2008年　国宝　薬師寺展（東京）79万人
　　10位　2010年　オルセー美術館展2010　ポスト印象派（東京）78万人

美術館では,宝石や印象派をテーマにすると人が入るという。近年の国立新美術館では《オルセー美術館展2010　ポスト印象派》で78万人を数えた。2016年の国立新美術館の《ダリ展》は38万人と,奇抜で独自な美意識でデザインされた宝石が注目を集めた。

　今後はこのなかに,仏像や刀剣が入るかもしれない。2009年東京国立博物館の《国宝　阿修羅展》は94万人,九州国立博物館で71万人を超え,あわせて165万人が足を運んでおり,仏像への人々の関心の高さが知られた。近年,ゲームの「刀剣乱舞」によって名刀が擬人化され,若い女性を中心に,各地の博物館や神社等を訪れるようになったことは注目される。

（鈴木章生）

第2章　博物館経営論

1　博物館の経営基盤

(1) ミュージアム・マネジメント (＝博物館経営) の必要性

　もともと博物館は博物館法に定められているように，文化・芸術資料等を収集・保存し，調査・研究し，展示や教育等の活動を行う施設として発展してきた。しかし，1990年代前半に日本の景気が著しく後退し，その影響により国や地方自治体の財政赤字が拡大するという状況となった。そこで国や地方自治体は，財政を立て直すために行政改革を行う必要が生じ，さまざまな事業の見直しが行われるようになった。博物館も例外ではないばかりか，そもそも利益をほとんど生まない「文化事業」に対する風当たりは強くなっていった。

　一方で，1970年代から1980年代にかけて日本各地にさまざまな種類の博物館が建設された。歴史博物館はもとより，美術館，科学館，文学館，動物園，植物園など，至るところに博物館と触れ合う機会が設けられるようになった。しかし，施設数が増加する一方で，1館当たりの年間における入館者数については減少していく傾向にあった。また日本の場合，建設時の初期費用（イニシャルコスト）には潤沢な予算が付けられるのに対し，完成後の活動等を行うための維持費用（ランニングコスト）が不十分であり，建物は立派でも「サービスの質」や「プログラムの質」，あるいは「資料購入費やメンテナンス費が付かない」といった経営上の問題が多々指摘されるようになっていた。

　従来における博物館学の分野において，博物館経営（ミュージアム・マネジメント）に関して論じられることは少なかったが，この時期から次第に本格的な研究がなされるようになり，1995年には日本ミュージアム・マネジメント学会が設立された。博物館経営といった場合，民間経営の目的である「金銭的利益を追求する経営」ではなく，「社会的公益的利益を追求する経営およびその

活動」となる。

　国立の博物館については，2001年より「独立行政法人」制度が導入され，国の行政機構から分離されることとなった。そして地方自治体においては，民間の知恵を行政に活かし経営効率性を高める意味で1999年にPFI法が施行され，2003年には「指定管理者制度」が導入され，民間会社やNPO組織でも博物館の経営を担えるようになった。

　こうした状況をふまえ，2008年には博物館法が改正となり，博物館学芸員養成課程の一部が変更となり，博物館経営論は1単位から2単位へと増加した。従来における博物館学芸員というのは，どちらかというと研究者養成的な意味合いが強かったが，2000年代に入ってからは，閉館していく施設もめずらしくない状況となり，「経営感覚のある学芸員養成のあり方」が強く意識されるようになった。

　しかしながら，日本における博物館経営の実践と研究の経験はまだ歴史は浅く，課題も多い。とくに「改革」と称して，財源や人材が減らされ，一方で高い成果と評価を求められる方向に流れていく傾向によって，現場の混乱や負担が一層深刻なものとなっているケースは少なくない。むしろ，中小規模の施設では現状維持をするだけでも精一杯な状況にあり，新たな政策を展開するまでの余力がない状況となっている。そうしたなか，2017年4月の山本幸三・地方創生相の「学芸員はガン」という発言に象徴されるように，文化財活用の流れと資料保存との二律背反的な動きは今後さらに増していくであろう。

　実質的な職員数が増えないなか，博物館はこうした改革に翻弄されていくが，最終的に置き去りにされるのは，博物館が保有する資料であったり，利用者であったりする。このように，博物館経営を巡る環境は，近年大きな転換期を迎えており，良い面でも悪い面でも改革が進んでいる。一方で利用者の趣味嗜好も時代によって当然変化している。スマートフォンの普及や相次ぐ新型アミューズメント施設の設立などが新たな市場を生んでおり，博物館の印象は次第に薄まってきている。ミュージアム・マネジメントとは，単なる施設経営のあり方だけでなく，こうした時代の変化に対応する方法を常に考えていくことでもある。

(2) 行財政制度
博物館の行政

　日本の博物館においては，第二次世界大戦後にその行政制度のあり方が大きく変わることとなる。まず，関連法案としての教育基本法の制定が1947年に行われ，次いで1949年に社会教育法が制定された。教育基本法は，国や地方公共団体における社会教育施設の設置と学校施設の利用を通じて，教育目的の実現に努めるよう定められた。また，社会教育法においては，国や地方公共団体の社会教育に関する任務を明確にしたほか，公民館や図書館と同じように博物館も社会教育施設として位置づけられることとなった。これを受ける形で，1951年に博物館法が公布されるに至った。

　博物館法第1条には，「この法律は，社会教育法（昭和24年法律第207号）の精神に基き，博物館の設置及び運営に関して必要な事項を定め，その健全な発達を図り，もって国民の教育，学術及び文化の発展に寄与することを目的とする。」とあり，社会教育施設としての目的が明確化されている。

　そして博物館法第2条においては，「この法律において「博物館」とは，歴史，芸術，民俗，産業，自然科学等に関する資料を収集し，保管（育成を含む。以下同じ。）し，展示して教育的配慮の下に一般公衆の利用に供し，その教養，調査研究，レクリエーション等に資するために必要な事業を行い，あわせてこれらの資料に関する調査研究をすることを目的とする機関（社会教育法による公民館及び図書館法（昭和25年法律第118号）による図書館を除く。）のうち，地方公共団体，一般社団法人若しくは一般財団法人，宗教法人又は政令で定めるその他の法人（独立行政法人（独立行政法人通則法（平成11年法律第103号）第2条第1項に規定する独立行政法人をいう。第29条において同じ。）を除く。）が設置するもので次章の規定による登録を受けたものをいう。」とあり，博物館の定義が示されている。

　このように，博物館は社会教育施設として位置づけられており，国および地方公共団体の任務として，博物館の設置・運営・支援等が規定されているのである。ただし，博物館法の性質から学校教育関係の博物館および国立の博物館は対象外となっている。また，登録博物館は優れた博物館の整備を促進するという観点に立っているため，法律の対象となる博物館はかなり限定的にならざ

るをえないという点が特徴であり，課題でもある。加えて，近年では，所管する部局が教育委員会によらない施設も増加してきており，社会動向に応じて博物館行政のあり方についてさまざまに検討されており，今後大きく変化していく可能性もある。

博物館の財政（予算）

　博物館の事業を行うためには，年度ごとに事業に必要な経費を予算として計画し，項目毎に確実に執行していく必要がある。予算を見ることは，つまり博物館事業の全体像を金銭面から確認することでもある。事業および会計の年度は一般的に4月から翌年の3月までの1年間である。前年度から予算案を作成し，必要に応じて査定や関連組織（議会や理事会等）の承認を得た上で成立がなされていく。予算には収入と支出とがあり，収入は支出の裏付けとなる財源であり，支出は事業実施のために必要となる経費である。収入に関する項目には，基本収入（公立の場合は主として税金，私立では基金に基づく利息等）・補助金・入館料・テナント料・売店等の売上金などがある。一方，支出に関する項目には，人件費・施設管理費・展示等事業費・資料等購入費・調査研究費・売上原価などがある。

　館種にもよるが，たとえば人文系博物館の場合，支出に対する事業収入の割合の平均は2割程度であり，基本的に黒字にはなりえない特徴がある。したがって残りの部分を基本収入で補填する構造となっているケースが多い。博物館法第23条において，公立博物館は無料を原則としているが，入館者が伸び悩む時代において，完全に無料化できないという課題もある。また，指定管理者制度の導入により，人件費や資料購入費あるいは調査研究費が削られていく傾向も見られる一方，年度をまたぐ会計システムの構築を可能とする取り組みもある。また，アメリカ型の経営のように，外部資金を獲得していく動向はあるものの，まだ全体的な動きにはなっていない。ただ，文化事業に予算が付かず，平均して入場者減が続く今日において，今後どのように収入を得ていくのかという課題についてはさまざまな検討が必要となろう。

（3）経営の方法

　従来における博物館の運営は，国や地方公共団体による直営方式あるいは財団法人に運営を委託する方式が主流であった。しかし，時代の流れのなかで事業の効率性や経費削減といった課題に対して，行政改革の一環として海外におけるニュー・パブリック・マネジメントなどの考え方が導入されるに至り，博物館の経営方法も例外とはならず変化を求められることとなった。以下には，国立博物館および公立博物館の経営方法の変化について概観する。

国立の博物館（独立行政法人制度）

　国立の博物館においては，行政改革の一環として2001年から独立行政法人化が進められた。この独立行政法人制度は，それまで国が直営で経営していた博物館について，独立的に分離した機関とすることで，業務の質や効率性の向上，自律的な運営，透明性の向上を図ることを目的とした制度である。

　独立行政法人通則法の第2条には，「この法律において「独立行政法人」とは，国民生活及び社会経済の安定等の公共上の見地から確実に実施されることが必要な事務及び事業であって，国が自ら主体となって直接に実施する必要のないもののうち，民間の主体に委ねた場合には必ずしも実施されないおそれがあるもの又は一の主体に独占して行わせることが必要であるもの（以下この条において「公共上の事務等」という。）を効果的かつ効率的に行わせるため，中期目標管理法人，国立研究開発法人又は行政執行法人として，この法律及び個別法の定めるところにより設立される法人をいう。」と規定されている。

　この独立行政法人制度は，行政のスリム化を目標として導入されたものであり，短中期的な事業目標を定め，その達成度に応じて評価を受ける仕組みとなっている。導入後に予算の効率利用や事業改善などの効果が見られた一方で，効率性の追求に対する批判も存在する。

公立の博物館（PFI・指定管理者制度）

　公立博物館においては，とくに民間企業のノウハウを公共事業に応用していく方法が検討され，そのなかでまず「PFI（Private Finance Initiative）法：民間資金等の活用による公共施設等の整備等の促進に関する法律」が導入された。

このPFIとは，民間企業の資金や経営手法および技術力等を活用することにより，博物館を含む公共施設などの社会資本をより効果的・効率的に整備することを目的とするものである。ただし，旧地方自治法においては，PFI事業者が公立施設の管理受託者になれないといった課題があり，2003年に地方自治法第244条の2が改正され「指定管理者制度」が導入されるに至った。

これ以降，公立博物館においては，直営または指定管理者のどちらかを選択するという方式となった。また，指定管理者については公益法人だけでなく，民間事業者まで拡大され，株式会社やNPO法人，あるいは任意団体でも可能となった点が特徴である。しかし，導入後に非正規職員の雇用拡大問題や，指定期間の短さから長期的かつ専門性の必要な学芸業務には適合しにくいといった意見などがある。

近年では指定管理者制度に変わる制度として，国の独立行政法人制度に近い「地方独立行政法人制度」が検討されているほか，文部科学省は2018年度中に所有権を残したまま運営権を民間事業者に売却することのできる「コンセッション方式」の導入を決定している。

（4）組織と職員

博物館の職員については，博物館法第4条に次のような規定がある。

- 博物館に，館長を置く。
- 館長は，館務を掌理し，所属職員を監督して，博物館の任務の達成に努める。
- 博物館に，専門的職員として学芸員を置く。
- 学芸員は，博物館資料の収集，保管，展示及び調査研究その他これと関連する事業についての専門的事項をつかさどる。
- 博物館に，館長及び学芸員のほか，学芸員補その他の職員を置くことができる。
- 学芸員補は，学芸員の職務を助ける。

この規定には，館長および専門職員としての学芸員・学芸員補の役割が定め

られている。また，博物館には「その他の職員」となる事務職職員等が必要となる。

博物館の内部組織については，その施設の構造によって多少の違いはあるが，館長を除き大きく二つに大別できる。一つは専門的事項を担う学芸員が所属する「学芸部門」であり，もう一つは学芸部門以外における博物館全体の管理全体を統括する「事務部門（庶務部門）」である。

学芸部門は法律に定められているとおり，コレクションに関わる収集・保管・調査・研究・展示・教育普及業務等を主につかさどる。それに対して，事務部門は施設管理に関わる総務・経理・施設整備等を主につかさどる。また，学芸員や事務員以外に，博物館には解説員，ボランティアスタッフ，監視員，清掃員，警備員など，施設運営に必要となる多様な職員が所属している。

博物館の形態によっては，たとえば公立博物館の場合，基本的に学芸員の異動はないが，事務職員は数年ごとに役所等に異動する場合がある。ただし，複数の施設を保有している管理団体の場合は，その施設間で学芸員が異動することもある。

こうした博物館の内部組織に対して，博物館の外部にある組織としては，外部の諮問機関としての博物館協議会や博物館運営委員会等や，利用関係組織としての友の会や研究会組織等がある。

近年，問題となっているのは，指定管理者制度の導入により管理者が数年単位で変更となる可能性がある場合である。この点を考慮して，学芸部門は直営とし，事務部門を指定管理とする分割型の方式なども存在する。

博物館の組織と職員における今日的な課題としては，館長の位置づけについてや，非正規職員の拡大などがある。また，日本の博物館は少ない人員で多種多様な業務を行っているため，従来から「学芸員は雑芸員」などと揶揄されており，膨大な雑務を学芸員が担っているという問題がある。

本来，博物館の今日的経営を考えれば，学芸員や事務員だけでなく，広報スタッフ，マーケティングスタッフ，地域連携コーディネーター，プログラムマネージャー，資料修復スタッフ，展示デザイナー，ファンドレイザー（資金調達スタッフ）など，より高度な専門スタッフを組織する必要がある。そのためにどのように需要を喚起し，運営資金となる基本財源をどう確保するのかとい

う課題が残る。

(5) 施設・設備

　博物館の施設（建築）および設備については，通常の施設とは大きく異なる点がある。それは，博物館はそこにしか存在しない「オリジナルのコレクションを有し」ており，それらの固有財産を「可能な限り未来に保存・継承する」という使命があるため，施設整備にはより高度な技術やノウハウが必要となる点である。

　一方で，博物館が所有するコレクションを広く一般に公開し，活用していくことが近年とくに求められるようになってきている。実はこの「保存」と「活用」は二律背反的な意味合いがあり，博物館はこの両方のバランスをとりながら運営を行わなければならない施設だという特徴がある。したがって貴重な資料を扱う博物館施設においては，施設全体および施設内にある設備等の多くは特殊かつ独自に製作されたものが多い。

　博物館法に関連して1973年文部省告示として出された「公立博物館の設置及び運営に関する基準」（2003年改正）の第4条「施設及び設備」によれば，次のような施設及び設備が必要とされている。

- 資料の保管
  （収蔵庫，技術室，作業室，荷解き室，消毒設備，集約収蔵設備等）
- 資料の展示
  （展示室，準備室，視聴覚機器，展示用機器照明設備等）
- 資料に関する集会その他の教育活動
  （集会室，教室，図書室，研究室，会議室，視聴覚機器，巡回展示用運搬自動車，教育研究用自動車，資料貸出用設備等）
- 資料に関する調査及び研究（図書室，研究室，実験室，作業室，実験設備等）
- 利用者の休憩及び安全（休憩室，救護室等）
- 事務の管理（事務室，宿直室等）

　かつては細かな面積基準もあったが，改正後は撤廃され事業に必要な施設及

び設備を備えるよう努力義務が設けられている。建設の観点においても，博物館施設は通常の施設とは異なり，文化財を保護する目的があるため，計画から完成まで5年程度は要する。大型施設の場合は建設に10年程度かかるものもある。加えて，博物館は不特定多数の人々が利用するため，時代的な要請もあいまって，施設および展示に関してバリアフリーやユニバーサル・デザインを強く意識する必要がある。

　課題としては，こうした公共施設は設置組織のメモリアル的要素が強く，建設費は順当に予算化されるが，メンテナンス費やリニューアル費がつかない場合が多いことである。また，比較的大型の建築が多く，建築家の作品としてデザインが優先され，学芸員の意見がきちんと反映されなかったり博物館機能が十分検討されないケースも多々ある。とくに施設のコレクションは年々増え続けていくため，収蔵施設のあり方は数十年単位で考えておく必要がある。

2　財政難時代の博物館経営

(1) 博物館の社会的使命

　博物館の社会的使命（ミッション）とは，「博物館とは何か」ということを考えることである。つまり，「そもそも博物館は何のために存在するのか」というその存在意義を再確認するための行為であり，社会変化の激しい時代においてこの社会的使命のあり方が問われるようになってきている。

　こうした状況の背景には，変化に柔軟に対応できていない博物館側の課題が存在している。第1章の概論で詳しく述べられているように，日本ではとくに1960年代以降，全国各地に博物館が建設されはじめ，いまや博物館大国と呼んでもよいほどにその数は増加した。小規模の施設を含めると全国に約1万館もの博物館が存在している。

　しかしながら，一方では深刻な運営を抱える施設も増加している。数こそ増えた日本のミュージアムではあるが，運営実態からすると十分満足のいく活動を展開している施設は少ない。逆に，1990年代後半以降，閉館数が次第に増加しているのが現実である。たとえば，日本特有の百貨店が運営するミュージアムは，設立主体の経営難からそのほとんどが姿を消していった。

自治体の博物館についても，自治体の財政赤字が膨らむ状況のなかで，本来赤字経営の続く文化施設に対する風当たりは相当に強く，人知れず閉館あるいは休館をしている施設は近年増加傾向にある。また，そこまでいかなくとも，経費削減，人員削減はもはや日常的な現象であり，運営を任されている学芸員にとっては大変厳しい時代となっている。

　そもそも博物館で黒字になる施設は限られ，そのほとんどが赤字経営であり，多くを税金で賄うことで事業が成り立っている。つまり公立施設の場合，それだけの税金を投入してまでも事業を推進する意義をきちんと利用者や納税者あるいは設置者に説明していくことができなければ，予算削減や閉館もありうる時代となったわけである。加えて，競合する施設やサービスも増えてきている。

　このように，日本においては，これまでのやみくもにつくるだけの時代は終わり，施設淘汰の時代に入ったといえる。その施設の存在意義があいまいであったり，また位置づけが明確でないままに施設運営が行われていたりする状況では，その運営実態に対する利用者あるいは設置者の理解が進まぬことは当然であり，その結果，一部の人たちが利用するだけの施設となってしまう危険性が十分にある。ごく一部の人が利用するだけで，なくてもさほど存在意義を感じない人の方が多くなるならば，「必要ない」と判断されても不思議ではない。むしろ，その予算をもっと必要な事業に回すことも検討されていくわけである。

　地域の人々や利用者にとって「この博物館があってよかった」「ぜひまた来たい」と思える意識が芽生えてこそ，その施設の存在意義や社会的使命が見えてくる。逆にいえば，そうしたビジョンやミッションをもち具体的な成果を出しているのであれば，積極的に予算要求をしたり，外部資金を取りに行ったりするなどの動きもでてこよう。

　つまり，どれだけ設置者や利用者等に対して自分たちの存在意義を積極的に説明，あるいはアピールすることができるのかが今後施設が生き残っていく鍵の一つとなる。コレクションを単に保存・管理するだけでは，もはや施設の存在意義を訴えるには力がない時代となっている。利用者の意識が変化するなかで，あるいは社会的・経済的事情が変わるなかで，従来からの方向性を修正し

ていくことは当然のことであり，社会的使命については必要に応じて定期的に見直すことが求められている。

（2）非営利組織のマーケティング

　従来のように，順当に予算が獲得できる時代ではなくなり，博物館にとっての重要な収入源である利用者獲得が困難になってきている現在，博物館にも自己改革が必要となっている。その手段の一つとして，博物館における「マーケティング」手法の導入がある。マーケティングとは，「マーケット＝市場」の活動のことを意味し，民間企業において「市場」を広げ利益につなげることをいう。企業ではモノやサービスが売れなければ経営が成り立たず，倒産するしかない。したがって，どのようにしたら商品が効果的・効率的に市場に届くのかという試行錯誤が研究のなかで積み重ねられ，実践に役立てられてきた。

　しかし，博物館は会社でもなければ，利益追求をする組織でもない。会社のような営利組織と博物館のような非営利組織では，マーケティングの意味が異なる。したがって，博物館におけるマーケティングとは「非営利のマーケティング」と捉えておかねばならない。では，非営利のマーケティングとはどういうことなのであろうか。

　博物館にとっての課題は，先にも述べたミッションとの関係が重要となる。単に資料公開をするレベルではなく，その展示を通じてどのような人がどのような経験を有したのかを理解していかなければならない。また，一度来場した人々の満足度や再来性（リピート性）を検証し，それらを高めるための工夫を行っていくといったことが，非営利マーケティングの重要な柱となる。

　1990年代中頃以降，情報技術が向上したことにより世界的にインターネットが普及するなど，高度情報化社会を迎えることとなった。どこにいても世界中の情報が手に入る時代となった。情報だけでなく，流通が発達することであらゆるモノを手に入れることもできるようになった。また，テーマパークをはじめとして，余暇利用の新しい魅力的な施設も誕生している。これからの博物館はそうした環境と対峙しながら利用者確保をしていかなければならず，より魅力を高めていかなければ利用者確保が難しくなるのは当然である。

　また，施設のテーマに関心のある利用者だけでなく，テーマに関心のない

人々にどう動機づけを行うのかといった手法（アウトリーチ）をも検討していくことが求められている。つまり，「美術館は美術が好きな人だけが来ればいい」という思考では，今後の美術館は成り立たなくなる。美術に関心のない人々に美術の魅力を伝えたり，作品やアーティストと関わる感動体験を提供したりすることで，「新たな市場」を広げていくよう取り組まなければ施設の発展は見込めないだろう。

　マーケティングを行うには，まず「マーケティング・リサーチ（市場調査）」を行った上で事業計画を作り，それは常に評価するサイクルを作る必要がある。市場の動向を調査し，それを今後の事業計画に反映していくのである。市場とは，つまり利用者（固定客）に対する調査もあれば，非利用者に対する調査も必要となる。その調査結果と博物館のミッションを調整することで，今後の事業計画が見えてくる。たとえば，経営に行き詰まっている施設の場合，固定客を中心に事業展開をしているケースが多い。

　しかし，固定客をないがしろにする事業もありえず，全ての対象を満足させられる事業もないため，どのように計画を立てるのかというのは，経験とノウハウが必要となる。定期的に幹部職員の研修を進めたり，外部ブレーン（頭脳集団）をうまく組織することで，施設事業の評価とその検証を定期的に進めながら，新しい知恵を施設に取り込み，施設・活動の必要性やその存在意義が広く理解されるよう努めていきたいものである。

（3）博物館経営の評価

　では，博物館の評価とはいったいどのようなものであるか。企業などでは事業評価などは古くから行われてきたが，博物館においては1990年代後半から徐々に叫ばれるようになり，本格的に広がってきたのは2000年代に入ってからである。

　一般的に評価は，大きく「内部評価」と「外部評価」の二つに分けることができる。そして内部評価には，おもに設置者が評価するものと，運営者が評価するものとがある。設置者が評価するものとは，たとえばある市立美術館の場合であれば，市役所の管轄部署が美術館に対して行うもので，「行政評価」と呼ばれるものである。それに対して，運営者が実施するものは，美術館が自己

の調査・研究，収集・保存，展示，教育などのさまざまな活動に対してその施設のミッションや目標に対する効果を認識・検証するためのもので，「自己評価」と呼ばれている。

　一方，外部評価には，おもに外部の有識者や地域の自治会役員，あるいは地元企業の役員やメディア関係者等が社会的な立場から施設評価を行う「第三者評価」と，施設の利用者に対して利用状況や満足度などを調べる「利用者評価」が一般的なものとしてはある。また，利用者拡大を意識した非利用者に対する施設の印象評価などの取り組みもある。

　大まかにみても，これだけの種類があり，事業対象によってさらに細分化されることもある。博物館の場合は企業のように利益を追求するわけではないので，施設認知や事業効果に重点を置くことが大切となる。しかしながら，予算や人員が少ない現状においては十分な評価活動ができない施設も多く，また近年ではあらゆる面で評価されていくため「評価疲れ」も指摘されている。

　博物館は設置者，立地場所，コレクションの質，提供するテーマなど，一つとして同じ施設はないため，外部の評価に耳を傾けることも大切ではあるが，それぞれのミッションや目標を逐次点検するとともに，利用者や非利用者にその事業理解をどう進めていくのかという根幹を忘れてはならない。

（4）広報マネジメント

　博物館の経営において重要となるのは「博物館の存在意義をどう示すのか」あるいは「一定数の集客をどう見込むのか」ということである。博物館の場合は利益を追求する組織ではないため，集客を競うことを目的とはしない。しかし，博物館への理解が得られなかったり，来館者が減少していく状態になっていくと，予算の減少を余儀なくされたり，最悪の場合，休館や閉館に至ることもある。近年の博物館では，ある一定の年間入場者数の目標値を設定し，その目標に近づけられるよう経営努力をしているケースが多い。

　博物館の理念や活動に理解を示してもらったり，入場者数を獲得したりするための方法として「広報マネジメント」がある。この広報マネジメントの運営方法次第で人々の行動が左右されるといっても過言ではないくらい重要な要素なのである。しかしながら，とくに中小規模の博物館においては，広報マネジ

メントを政策的・専門的に担当する職員がいないことが多いため，この分野の研究や実践ノウハウの共有があまり進んでいないのが現状であり，博物館活動のなかでは今後開拓していく余地のある部分であるともいえる。

広報マネジメントは，広い意味で博物館の理解者と来場者を増やすことにつながるため，経営的には営業活動の一環ともいえる。そして，広報マネジメントには大きく三つの方向性がある。一つ目は博物館の存在そのものを広く認知させるため，二つ目は博物館の事業や活動を広く一般に情報提供していくため，三つ目は博物館の基本財源となる資金を調達するためのマネジメントである。

①博物館の存在を広く社会に認知させる広報マネジメント

とくに設立当初に行われる場合が多い。メディア広報に際して，施設のアイデンティティを明確にしておかなければならず，概要がわかる資料を作成するだけでなく，施設のロゴやシンボルマーク，あるいは愛称の設定などを行う。そのほか，近年では施設のマスコットキャラクターを考案したり，地元出身の著名人を名誉館長にしたりするなど，印象に残りやすく親しみやすくなる政策を展開していく必要がある。なお，こうした認知を高める広報マネジメントは，設立後も政策のある一定枠を保持しておき，定期的に広報していかないと，情報が氾濫している今日においては存在そのものが認知されなくなる恐れがある。

②博物館の事業や活動を一般に告知する広報マネジメント

施設の基本的かつ日常的な行為となる。この際の方法としては，大きくマスに対する広報とターゲットを絞った広報とがある。マスに対する広報は，マスメディア等と連携をとり，不特定多数のターゲットに情報を提供する一般的な方法である。広報予算が少ないケースが多いため，博物館の場合は「広告」という形態よりも「記事」として取り上げてもらえるよう工夫することが肝要となる。そのためには，事業内容の情報資料を分かりやすく整理し，何がポイントかが明確にわかるようにしておくことが望まれる。また，定期的に関係者ともコミュニケーションを密にとり，信頼関係をしっかりと構築しておくと，記事の取り上げられ方も変わってくる。

ターゲットを絞った広報とは，不特定多数ではなく多少ターゲットを明確に

した広報マネジメントのことである。具体的には，よく博物館に来るリピーターの人にはアンケートなどで住所等を確認し，定期的に案内を送付するようなきめ細やかな対応をすることなどがある。リピーターは博物館にとって重要な利用者であるため，丁寧な対応が求められる。また，市場を広げるという意味では，ターゲットに応じた広報ツールを検証し，実践しなくてはならない。たとえば若者の場合，情報収集にSNSサイトを利用することが多く，そのほとんどがTwitterもしくはInstagramを閲覧する。しかし，博物館サイトには携帯用のホームページすら設定されてない施設もあり，SNSを活用し，時代に合った対応ができるかどうかで利用促進の方向性が変わってくる。また，人間は飽きやすい性質があるため，こまめにサイトを更新したり，見出しやタイトルを工夫するなど，魅力を保持していくノウハウも必要となる。SNSでキャッチとなる画像を用いて人々の興味を惹きつけるような戦略も有効だろう。

③博物館の資金調達のための広報マネジメント

　新たな財源を確保するためのもので，補助金獲得という方向性と民間企業へのアプローチといったものがある。海外ではパーティーを定期的に開催し，資金を集めるだけでなく，業界団体との連携を進め，企業の役員等を運営組織に取り込むなど，どちらかというと政治的な活動となる。公立博物館においてはまだ未開発な分野ではあるが，指定管理者制度など新たな仕組みのなかで次第に発展していく可能性がある。

（5）ショップやレストランの経営

　今日でこそミュージアム・ショップやミュージアム・レストランと呼ばれる施設が博物館のなかに設置されてはいるが，かつては「売店」や「食堂」と呼ばれ設備すらないところも多かった。その位置づけも「付帯施設」というもので，どちらかというと施設のなかでもオプション的存在であり，内容的にも貧弱なものが多かった。

　1980年代の中盤以降，日本経済の急速な伸びとともに，博物館施設の考え方にも変化がみられ，海外の美術館等を参考としながら，次第に品揃えが豊富なショップや，高級志向のレストランが誕生してくるようになった。こうした施

設を博物館経営の側面からみると，従来の「付帯施設」という考え方から脱却し，「サービス施設」あるいは「収益施設」という位置づけへと変化しているといえるだろう。

サービス施設という側面からショップやレストランを考えた場合，単に博物館の展示を鑑賞するに留まらず，「お買い物やお食事を楽しむことができる」ような環境演出をすることで，相乗的な効果を期待することができる。観光政策においても「土産」や「食」が注目され，それを「目的」とするケースも少なくない。施設にとってどのような品揃えやメニューを提供できるのかということが差別化のポイントとなる。したがって，博物館が立地する地域の文化や産業，博物館独自のコレクションやテーマを生かした開発が期待されるとともに，そうした開発に専門家としての学芸員が加わることで，ほかにはないオリジナルなものを創出することが可能となる。

また，こうした施設は収益に直結するため，経営方法によって利益処理のやり方は異なるが，入館料以外の収入源としては重要な存在となる。経営の方法によっては収入の割合を大きくしていくことも可能である。ただ，博物館は利益追求をする場所ではないため，できるだけ博物館のミッションに即した販売内容にしていくことが望ましいが，経営方法によっては反映されやすい場合とそうでない場合とがある。

ミュージアム・ショップおよびミュージアム・レストランの経営には大きく分けて①直営方式，②テナント方式，③融合方式の三つの形態がある。直営方式は博物館がショップおよびレストランを直接運営する方法である。この方法であれば博物館側の意図を直接経営に反映できるメリットはあるが，学芸員や事務職員に店舗経営を専門とする人材がいないことや，売上金が施設の活動費として算入しにくいという課題がある。したがって，多くの博物館においては，②のテナント方式を採用している。

このテナント方式は，事業経験のある外部組織や友の会が施設の経営を行う仕組みである。外部組織に委託する場合は，経営の安定性は見込めるものの，企画などに際して博物館側が関わる割合が少なくなる。一方，友の会のような組織が経営する施設も多く，この場合は市民の意見を反映できるメリットはあるが，ノウハウが少ないと収益が伸び悩む可能性がある。しかし，個性的な施

設も増えてきていることと，施設経営のノウハウが次第に蓄積されつつあるため，今後この分野の経営はさらに伸びていくものと考えられる。問題は利益を求めつつも，どう博物館の特徴やオリジナリティーを生かし，またミッション遂行との兼ね合いをどう見定めていくのか，というバランスの取り方が難しいところでもある。

（6）クライシス・マネジメント（危機管理）

　近年，クライシス・マネジメントについての関心が高まりつつある。とくに，1995年に発生した阪神・淡路大震災および2011年に発生した東日本大震災は，博物館施設およびその展示・収蔵資料への被害も甚大であった。このことを契機として，体制の強化が進められるようになってきている。

　そもそもクライシス・マネジメントとは，震災などの天災や重大事故・事件等の発生に対して，一元的な指揮命令系統を確保し，迅速に情報収集や対策をとることにより，対処していくことをいう。「公立博物館の設置及び運営に関する基準」の第4条4項には，「博物館には，資料を保全するため，必要に応じて，耐火，耐震，防虫害，防塵，防音，温度及び湿度の調節，日光の遮断又は調節，通風の調節並びに汚損，破壊及び盗難の防止に必要な設備を備えるように努めるものとする。」とあり，施設や資料を多様な角度から保護・継承していかなければならない。

　とくに日本は災害大国であり，いつ災害が発生するかは分からないため，常に警戒しておく必要がある。また，近年では国際的にテロが多発しており，日本においても今後発生する可能性がゼロとはいえない状況であり，また北朝鮮との緊張関係も続いている。博物館はどんな施設であってもオリジナルな資料を有しているため，これら貴重な文化遺産を後世に継承していくためにも，しっかりとしたクライシス・マネジメントが必要となる。

　一般的にクライシス・マネジメントといった場合，災害等の危機が発生してからの対応が知られているが，「危機発生時の対応」だけでなく「予防管理」もその範疇となる。とくに博物館においては地震，火災，盗難については予防管理の重要性が高く，虫害や温湿度等の関係については資料保存・収蔵システムとの関係のなかで対策がなされる。

予防管理のなかで基本的に必要なことは，「対策率」と「マニュアル」の整備である。平時にできることとして，施設や設備に対してどの程度対策をとっているのかを確認し，可能な範囲で修正することが求められる。それだけでもかなりの被害をなくすことができる。また，それぞれの危機に対処する「マニュアル」を可能な範囲で整備しておくことである。このマニュアルも定期的にチェックをし，改訂していくことが望まれる。また，マニュアルを整備しても実際の現場ではその通りになかなか動かないことも多いため，防災訓練などのシミュレーションを多様な形で行うことが求められる。さらには，博物館や公共施設は有事の際に避難所となる可能性が高いため，緊急時における本来機能以外の検討もしておく必要がある。こうした対策を行っておくことで，安心して来場できる施設となるのである。

3　連携・ネットワーク活動の必要性

（1）博物館経営における「連携」の意味

　近年の社会状況として自治体の財政悪化はもとより，少子高齢化，経済活動の行き詰まりなど，多くの問題が山積している。一方で，博物館の基本的な活動として，従来から「収集・保管」活動，「調査・研究」活動，「展示・教育」活動が主要な事業として展開がなされてきたわけであるが，社会状況が変化するなかで，それもマイナスの方向に動いているなかで，同じような経営を続けていて良いわけではない。多少の改革だけでは利用者の減少を止めることができないばかりか，市民の認知が深まらない恐れがある。つまり，従来型の経営システムを踏襲するだけでは博物館の事業を拡大するどころか，存続そのものが困難となってきているといえる。

　日本の博物館においては1990年代中頃まで，博物館経営ということをしっかり考えずに，とりあえず施設が計画され，運用されてきた歴史がある。一通りの資料を集め，展示公開する施設を整備したものの，次第に老朽化が進み，メンテナンスも十分にできないばかりでなく，新しい資料すら購入する予算に困っている施設も少なくなく，全体的に停滞感が強い。単にコレクションを集めただけでは，利用の限界がある。むしろ，これからの社会にとって，それら

のコレクションをどう利活用していくかという研究と実践が求められる。

　また，博物館というのは，原則としてその場所に来場する人を対象に運営がなされている。しかし，博物館に来場する人の多くは比較的裕福で文化に関心のある人々であり，施設に来ない人，あるいは施設の活動に関心のない人々の方が圧倒的多数として存在しているという事実がある。そうしたターゲット層にどう対応していくのかという政策も求められている。今後の博物館の経営を考えるとき，従来の機能を超えてどう発展的に捉えていくことができるかが鍵となる。ただ，予算や人が急に増えることはないため，工夫が必要となる。その解決策の一つとして博物館における「連携・ネットワーク活動」という考え方が広がりつつある。

　一口に連携・ネットワーク活動といってもその種類は多く，従来から実施されてきている事業もある。連携・ネットワーク活動とは「博物館を利用する人（博物館に来る人も，来られない人も）に対してより高度なサービスを提供するために，相互の資源や機能を利用し合う活動」と捉えることができる。つまり，予算や人材がなければ，相互補完し合うことで機能強化をしたり，これまでにない事業展開を実施したりしていくということである。

　連携活動の一般的な種類としては，「資料連携」「情報連携」「学術連携」「市民連携」「学校連携」「地域連携」などがある。このなかで従来型の連携活動としては，資料連携，情報連携，学術連携が一般的であった。つまり，博物館の調査・研究活動，展示・教育活動の一環として必要な活動であり，いわば研究系ネットワークと呼ぶべきものである。

　従来型の機能は博物館の基盤システムとして今後も発展させなければならないが，むしろこれから必要になってくるのが，市民連携，学校連携，地域連携の領域である。市民連携は，博物館活動をより多角的に展開していくための仕組みである。学校連携は，博物館に来られない利用者層に博物館の資源を届けていくための仕組みである。地域連携は，博物館の資料（資源）を利用し地域の魅力向上や課題解決に貢献していくための仕組みである。それに加えて，筆者は「産業連携」もこのなかに入れておくこととする。これは，博物館の資料（資源）を利用し新たな産業創出を行う仕組みであり，この事業を通じて地域の経済等に直接的あるいは間接的に寄与していくものである。

(2) 市民との連携——担い手の拡大と相乗効果

　従来の博物館は，どちらかというとすべての事業が自己完結するような仕組みであった。計画立案から事業展開まで，内部ですべてを実施するという環境であった。本来，博物館はもっと開かれた存在であるべきであったが，利用者と運営上の関わりのほとんどは「友の会」組織の設置か，比較的意識の高い施設で市民ボランティア制度を導入しているケースでの対応にとどまるものであった。しかしながら，博物館がより一層利用される施設となるためには，思考の転換が必要となる。とくに予算的に十分な措置を望めなくなっている今日において，自館だけですべての事業を行うというのには限界がある。

　そうしたなか，1995年の阪神・淡路大震災を契機として，国内で市民連携やボランティア活動が再認識された。それまでもボランティア活動がなかったわけではないが，どちらかというと「自己犠牲」や「タダの労働力」といった感覚が強く，社会全体に浸透していたというよりは，積極的な市民が関わっているという状態であった。しかし，阪神・淡路大震災では，行政の手が回らない事業に対して，個人が動いたり市民が連携して課題解決にあたることが実践された。緊急事態ではあったが，このことが後の「新しい公共」の概念にもつながっていくのである。そして，市民が連携した組織となる NPO（Non-Profit Organization：非営利組織や非営利団体）が相次いで設立されていった。これを受けて1998年には特定非営利活動促進法（通称 NPO 法）が成立し，2002年には，文化庁が「文化ボランティア」政策を開始し，今日に至る。

　市民が博物館に関わることで，博物館事業の幅が広がり，市民にとっても活動の場が作られることになる。博物館事業の幅ということでは，基本的に館内におけるさまざまなサービスを市民が担うケースが増えてきている。たとえば，展示案内やイベントにおけるサポートなどがあげられる。近年では，博物館の研究事業においても市民が関わり共同で研究を行う例もある。さらには，こうした「補助的な活動」以外に市民独自の「自主的な活動」も広がりを見せてきている。つまり，市民が企画し展示やイベントなどを行うような事業を博物館とともに行うというあり方である。

　こうした活動は，生涯学習の考え方とも連携して，ボランティアが安上がりの労働力という意味合いから脱却し，自己学習，自己実現の場として市民と施

設とのパートナーシップが実現され，相乗的な効果が期待できる。もともと，ボランティア活動を志す市民は博物館にとっては積極的な利用者であるのであるから，その志を高める意味でも本来事業であると考えられる。まだ数は少ないが，こうした市民組織を NPO 法人とし，博物館と「主従関係」ではなく「対等な関係」を構築しようと試みるケースもある。

　市民連携活動を行うことで博物館の担い手が拡大し，新たな事業的展開が期待できるというメリットはあるものの，一方で課題も多い。市民連携に限ることではないが，連携・ネットワーク活動を効果的に進めるためには，その仲介役となる「人＝コーディネーター」が重要となる。連携活動を比較的有効に実施している組織では，多様な人材を適材適所でマッチングすることができる有能なコーディネーターが存在する。人にはそれぞれの思惑があり，連携のポイントというのがある。そこを丁寧にサポートしていかないと逆に「亀裂」「分断」「対立」等が生じるため，コーディネーターにはトラブルを仲裁し回避できる課題解決能力はもちろんのこと，人間関係能力や基礎的な事務能力も必要となる。そのため，簡単にできる仕事・事業でないということも理解しておく必要がある。

（3）学校との連携──**本物体験を行う場の拡大**

　近年，博物館の分野における積極的な取り組みの一つに学校との連携活動がある。それを「博学連携活動」と呼ぶ。なぜこのような活動が広がってきたのかという背景には，博物館の資料を広く外に認知していくというアウトリーチ的な側面と，少子化により学校に空き教室が増えてきたことによる教室の有効利用としての側面とがある。加えて，学校の総合的学習の時間など，創造的な学習に応用されるという側面もある。

　最近では「体験格差」との関係のなかで博学連携が語られることもある。つまり，子どもの頃の多様な体験が将来の収入の違いに関わるという指摘である。ともあれ，博物館に来場する人の多くは比較的裕福な家庭の子どもが多く，親が文化に関心をもっているケースが多いことがわかっている。むしろ，社会には博物館に来ない人，あるいは施設の活動に関心のない人たちの方が圧倒的多数として存在しているという事実がある。家庭環境によっては一生博物館とは

縁のない生活を送る人たちがいるのである。

　欧米の博物館の場合，そもそも学校との関係のなかで発達してきた歴史があり，展示場で必ずといってよいほど少人数の児童・生徒のグループが先生の解説を受けている風景を目にする。とりわけ博物館教育（ミュージアム・エデュケーション）プログラムが発達している欧米においては，学校が博物館を利用することを前提として作られているのに対し，日本では直接学校と連携して設立される例はほとんどない。したがって，社会科見学などで依頼があれば受け入れることはしているが，積極的に博物館が学校に足を運んだり，博物館資料を教材として活用していこうという動きが活発化してきたのは，近年のことである。

　一方で，学校側はさまざまなカリキュラムをこなす必要や，社会情勢に合わせた対応を強いられることにより，連携をとろうにも余力のない状態が続いている。しかしながら，博物館には来ないものの次世代を担うことになる子どもたちは学校にいるわけであり，そこをどうつないでいくのかが学校との連携のなかで問われている。こうした活動には，従来型の社会科見学以外に，資料提供や講師・芸術家派遣，あるいは移動博物館といったプログラムがある。

　一般的に博物館で行われている学校との連携事業では，教員および児童向けのガイドがある。これは博物館を社会科見学で訪問した際に利用できるもので，ワークシートと連動しているものもある。こうした博物館に来場するプログラム以外に，学校へ出向いてのプログラムもある。こうした出張型の事業を「出前プログラム」あるいは「出前授業」ということがある。本来，博物館には地域に関する総合的な資料と，その資料に関して専門的知識を有する学芸員がいる。そうした施設の資源を利用し，子どもたちの郷土意識を高めるだけでなく，本物の資料や専門学芸員との出会いのなかで，多様な感性を育てていく環境としては貴重な場となる。しかし，学芸員の数は少ないため，今後こうした機能をボランティアスタッフが担っていくことも考えられる。

　学校における出張型事業には，正規の授業に参加するものと，授業外のオプションプログラムとして参加するものがある。また，展示体験キットを貸し出し，先生方に授業展開してもらうシステムもある。貸し出すものはそうしたキットだけに限らず，授業に必要な器材を用意している施設も多い。また，空

き教室を利用して博物館の展示機能の一部を教室に再現したり，余裕のある施設では「移動展示車両」を使って学校巡回するという試みも始まってきている。

（4）地域との連携——博物館による地域課題解決

　博物館経営における新たな動向として，「地域との連携」があげられる。市民連携も地域連携の一つではあるが，もう少し広い視野に立った連携のあり方である。具体的には，地域のさまざまな課題解決に博物館が寄与するということである。博物館は単に新しい情報や感性を伝えるだけの時代は終息しつつあり，もっと博物館の存在意義を地域に示す意味でも新たな取り組みが必要となる。

　地域社会では，文化活動よりも深刻な課題が山積している。とくに，今後の少子高齢化の課題は深刻であり，子どもの貧困，高齢者の独居問題や居場所問題については喫緊の対応が必要になってきている。また，自治会の参加率が低下することによる地域のつながりの希薄化にともない，子どもの生活が荒れたり，犯罪が増加したりするといった課題もある。加えて，郊外型のショッピングセンターができることにより，駅前などの中心市街地が急速に衰退し，まちの賑わいが失われつつある。こうした問題は地方のみならず，都市部においても生じてきている。

　博物館はこうした課題にどう対応できるのであろうか。近年，全国各地で博物館を核とした新しい地域振興のあり方が検討されつつある。その契機となったのが「エコミュージアム」と呼ばれる文化資源を利用した地域活性化の取り組みである。そもそもエコミュージアムとは，「環境と人間との関わりを探る博物館」として，1960年代後半のフランス（フランスでは「エコ・ミュゼ」という）において発達し，世界各地に伝搬していったものである。当初は，地域にあった古民家等の保存・活用がメインであったが，日本では地域にある文化資源の保存と利用という側面をもち，とくに「地域振興」や「観光振興」につなげている点が特徴である。近年では「地域まるごと博物館」「町ぐるみ博物館」「町じゅう博物館」「フィールドミュージアム」など，それぞれの固有の名称をつけて展開をしている。

　戦後，日本では経済発展を中心に政策展開されて，地域においては全国共通

の振興政策がとられてきた。そのため，地域の文化的特色が次第に薄れていき，〇〇銀座のように東京文化が広く浸透していった。近年，そうした反省に立ち，自分たちの町の多様な自然遺産や文化遺産等をいま一度見直し，住民自らが参画して保存・公開活動等に参加するという方法が広がっているである。つまり，地域全体をまるごと博物館と見立てることで，地域の魅力を再発見し，それをまちづくりに活かしていくための仕組みである。

　これは，これまでのように単館の博物館だけが活動しているのではなく，そこを中核施設（コア）とし，地域に点在する小さな博物館的施設や活動拠点をアンテナ施設（サテライト）として，それぞれを有機的に結びつけることで，地域全体を活性化させるだけでなく，地域住民をも運営の主体に育てていくという試みである。地域全体がネットワーク化することで，つながりが回復し，活動の場も増えていくのである。近年ではコミュニティ・ビジネスも広がりつつあるので，そうした組織とのタイアップも始まっている。

　巨大な経費を投入して箱モノ事業を行う時代ではなくなった今日において，地域にある資源を見つめなおし，地域の人たちと地域の課題に対応しつつ，逆に町の魅力につなげていくためのノウハウが博物館にも求められている。しかし，地域によって事業が異なるため，普遍化しにくいという特徴があり，長期的な視点に立った取り組みが必要となろう。

（5）産業との連携——温故知新と需要の創出

　博物館経営の課題のなかでとくに深刻なのが運営予算の確保であろう。さまざまな広報活動や連携活動を通じて理解を促進していくことも重要であるが，現状を大きく変えるものではない。博物館が今以上に発展していくためには，大きな構造改革が必要となる。

　その一つが「産業との連携」であると考える。産業界と大学との関係のなかで「産学連携」という言葉はあるが，まだ産業界と博物館を結ぶ「産博連携」という使われ方はほとんどされていない。したがって，この項は未来に向けた考え方の一つとして捉えていただきたい。ただ，その萌芽は少なからず存在している。

　そもそも，博物館には豊富なコレクションと専門分野に詳しい学芸員が存在

している。また，施設や人を核とした専門的なネットワークもあるため，かなり高度な研究開発を行う下地がある。歴史においては，「温故知新」という言葉があるように，歴史の一事象をとらえて情報提示をすることはもちろんのことであるが，さらに現代的視点に立ってその事象がどう生きてくるのかを多様な側面から考えることも重要である。しかしながら，これまでの博物館は前者の状況で収束するケースが多く，後者の側面は十分に検討や研究がなされてこなかったといえる。

　この博物館のコレクションや，施設に蓄積された情報・ノウハウ・視点といった形をもたない貴重な財産を，より高い価値のあるものにしていくにはどうすればよいだろうか。現代においてどのような意味があるのかを，さまざまな分野の人々の叡智を結集して発展させるためのマネジメントが求められるだろう。それを仮に「クリエイティブ・マネジメント」と呼ぶことにしたい。コレクションのなかには，将来の新薬につながる素材があるかもしれないし，新しい産業に結びつく種が眠っている可能性もある。

　最近では食文化が広がっており，地元野菜に関心をもつ人々も増えてきた。博物館にはそうしたかつての農業生産に関する古文献や種に関する情報を有しているところも多い。たとえば，農業者や調理師と連携しながら，歴史的な食を今日にリニューアルしていくことなどはそれほど難しい話ではない。実際，そうした食事をミュージアム・レストランで提供している例もある。博物館は直接産業展開の主役になるというよりは，むしろそうした新たな産業の素材や研究資料の提供を行っていくことや，市場化する前の実験場としての役割を担うことの方が有効であろう。

　具体的な例を一つあげるならば，愛知県の北名古屋市歴史民俗資料館が1999年から取り組んできた「回想法」事業というものがある。回想法とは，自らの経験や，昔懐かしい道具を教材にその体験を語り合う（回想する）ことにより，介護予防，認知症防止に役立てる事業であり，日本ではこの博物館を中心として医療・福祉の世界と博物館とが連携し合うことにより発展したという経緯がある。

　こうした博物館の資源を利用した新たな事業は「クリエイティブ・マネジメント」と呼ぶにふさわしいものであり，博物館の新たな役割を創出するもので

ある。社会にとって博物館の役割が増すということは，需要が生まれるということである。この需要が創出されることが，継続的かつ発展的な経営に結びつき，十分なサポートの獲得にもつながるのである。

参考文献

大堀哲編（1999）『博物館経営論』樹村房。

千地万造・木下達文（2007）『ひろがる日本のミュージアム　みんなで育て楽しむ文化の時代』晃洋書房。

全国大学博物館学講座協議会西日本部会編（2008）『新しい博物館学』芙蓉書房出版。

小林克（2009）『新博物館学　これからの博物館経営』同成社。

木下達文（2015）『文化面から捉えた東日本大震災の教訓　ミュージアム政策からみる生活の転換』かもがわ出版。

■□コラム□■

中間支援組織による博学連携活動
（滋賀次世代文化芸術センターの取り組み）

　博学連携活動にはさまざまな形式のものが存在するが，滋賀県ではとくにユニークな制度を展開している。

　基本的に出前授業の場合，博物館のスタッフが学校に出向くというのが一般的である。つまり，単一の学校と単一の博物館との関係性のなかで完結するケースがほとんどである。しかし，滋賀県には「滋賀次世代文化芸術センター」というNPOの中間支援組織があり，ここが県内の学校と県内の博物館施設，そして主に県内の芸術家とネットワークすることで，きめの細かいプログラムを提供し続けている。さまざまな施設と人とを連携させたプログラムであることから，「連携授業・滋賀モデル」と呼ばれている。この連携授業の特色は，忙しい学校の教員や博物館の学芸員に代わり，事務的な調整事項をセンターが担うことで事業の迅速な展開を行っている点と，単なるオプショナルプログラムではなく，正規の授業科目に取り込んでいる点などがある。近年では不登校児童に対するプログラムも成果をあげてきている。

　この滋賀次世代文化芸術センターは，滋賀県文化振興基本方針の重点政策に掲げている「子ども・若者が本物の文化に触れる機会の充実」の取り組みを具体化することを目的に，民間，文化施設，学校，行政との連携・協働のもと，文化芸術体験学習プログラムが量的・質的に県全域に広がることを目指す中間支援組織として2011年4月に発足した。しかし，それ以前から滋賀県内では，主婦が中心となり学校における自らの子どもたちの体験活動を充実化させる目的で，2000年から任意団体として活動を行っていた。その後，公的補助金が得られる組織に発展し，県の事業に組み込まれる形となった。基本的な理念は変わらず，「すべての子どもたちに，本物の文化芸術に触れる体験の機会をつくることで，豊かな心を育てる」を柱とし，美術館・博物館・文化ホール，芸術家と学校とをつないで，文化芸術に触れる体験授業＝「文化芸術連携授業」を支援している。このプログラムを受ける子どもの数は年間1万人を超えている。

　滋賀次世代文化芸術センターでは，学校の希望する学習内容に合った文化施設・芸術家をつなぎ，学校と文化施設・芸術家等の意向を調整，授業内容の検討・準備から授業担当までをトータルにコーディネートしている。また，文化

芸術連携授業を支えるコーディネーターやボランティアなどの人材育成のほか，行政や文化施設等への提案による事業の企画・運営，大学や教育委員会等との共同研究などにも取り組んでいる。この文化芸術連携授業の特色は，①授業の主役は学校とすること，②専門スタッフによる細やかなサポートがある。つまり，博学連携で陥りがちな「丸投げ」の授業は一切行わず，事前のミーティングでお互いが指導要領の確認とプログラム作りを行い，授業設計の主体は先生となるように配慮している。また，学校には課題を抱えている子どもたちも多く，そうした児童・生徒一人一人に配慮したサポートを行っており，近年では不登校児童に対するプログラムとなる「美ココロ・パートナーシップ事業」というものを実施している。

(木下達文)

■□コラム□■

大規模災害と危機管理（東日本大震災の教訓）

　2011年の東日本大震災では，数多くの博物館が被害を受けた。この経験から，沿岸部の施設においては「地震」だけでなく「津波」への対策が焦点となった。津波の被害は甚大となり，施設そのものがなくなることがあった。つまり，施設の立地やコレクションの収蔵場所についての再検討が必要となる。また，コンピュータのデータなどは復旧が難しいが，紙の資料については流されなければある程度復元処理ができるという特性が浮かび上がった。情報媒体を複合的に保存しておくことや，コンピュータデータは別の場所にも保管しておくなどの対応が求められた。さらに東日本大震災では，放射線という新たな脅威とも対峙することとなり，今後放射線の除去等の対策も考えていく必要がでてきている。以下には具体的な事例を二つあげておく。

　岩手県陸前高田市では，震災の津波によって市の中心部が壊滅状態となり，全世帯の7割以上が被害を受けた。市庁舎そのものが津波に飲み込まれ自治体機能が麻痺しただけでなく，文化施設においても「市立博物館」「市立図書館」ならびに「海と貝のミュージアム」は深刻な被害状況となった。また市立博物館では職員の多くが津波により亡くなった。その後，文化財レスキューにより多くの文化財が救出され復元されたが，失われたものも少なくなかった。この

事実から，大災害においては過去の想定をはるかに超え，役所や博物館の建物が破壊され，スタッフの命も失われる可能性があるということを認識しておかなければならない。また，博物館は図書館と異なり，そこの施設にしかないコレクションが保管されている。つまり世界に一つしかないものである。博物館ではこうした貴重なコレクションを少しでも長く後世に継承していくという使命があり，そのためにも施設の立地場所，保管方法，情報システム，地域連携などを平時からよく検討しておく必要がある。

　福島県白河市には，福島県文化財センター白河館という博物館がある。白河は県内でも内陸部にあり，津波の被害はなかったが当初地震による被害を受けた。収蔵庫の柱脚および梁部分の鉄骨が破断し，建物の壁にも多数の亀裂が生じたり入口部に段差ができたりした。野外の展示施設でも復元住居址や古墳が壊れるなどの被害が出た。その後，復旧作業が進められ，2011年5月1日から部分再開をする。しかし，福島第1原発事故により避難区域に指定された自治体（双葉町，大熊町，富岡町の各資料館）から救出された文化財の置き場所の問題が生じ，2013年3月に白河館の敷地にそれらを仮保管する収蔵施設が完成し，搬入されることとなった。また，それらを展示する特別企画展を定期的に開催している。これまでの博物館においては，建設段階で原発事故を想定していないため，この白河館の活動は今後とくに原発立地地域における文化支援のあり方を考える重要な事例となった。

（木下達文）

■□コラム□■

欧米の博物館の舞台裏②　収入・支出の内訳

　欧米の博物館では通例理事長を頂く運営理事会の管轄のもとに館長を頂点とする博物館が設置されている。組織の巨大なメトロポリタン美術館の執行部には，総長／最高経営責任者と館長に加え，アドヴァンスメント担当の副総長が配置されていることが注目される。

　アドヴァンスメントとは，寄附・募金活動とそれが円滑に行われるための利用者，支援者等との良好な関係を構築するための活動を指す。このように，欧米の博物館では質の高い博物館活動やサービスを提供するためのガバナンス，

マネジメントの体制が確立していることが特徴である。ちなみにメトロポリタン美術館の2017年の総収入は298万ドル（約343億円）ほどで，入場料収入はわずか14％であり，メンバーシップ収入が9％，寄附や助成金等が34％，ニューヨーク市からの支援が10％，美術館基金の運用益が31％となっている。なお，メンバーシップの会費には80ドルから3,500ドルまであり，寄附控除と額に応じたサービスが受けられるようになっている。アメリカでは税金の使途の多くを自身で決められるよう寄附税制を整え，教育や文化に富豪からの寄附金が回る仕組みが構築されてきた。千億単位の美術館基金はその成果の賜物である。

同年のメトロポリタン美術館の総支出は305万ドル（約350億円）である。その内訳は，学芸部門の30％，分館「メット・ブロイヤー」の7％，特別展の4％，教育・図書館経費の5％に加え，メンバーシップ／ディヴェロップメントが7％，警備が14％，その他の管理経費が33％となっている。学芸活動に相当の経費が費やされていることがわかる。

日本を代表する博物館はというと，予算規模は10分の1以下（東京国立博物館：約25億円，東京国立近代美術館：約15億円）である。ただし，日本の国立館にはいささかいびつな事情があり，マスコミと連携した特別展では，開催経費が計上されていない場合が大半である。開催経費はマスコミが立て替えることで経費負担のリスクを負うため，協賛金や入場料収入は全てマスコミに入る形になっている。あくまで運営の主体はマスコミにあり，通例億単位での支援金（≒借用料）が支払われる欧米の大美術館の引っ越し展などでは，調印式は先方の館長とマスコミの社長とで行われ，開催館は蚊帳の外となる。マスコミはスポンサーではないので開催経費の元を取るためにもあの手この手で人々の関心を煽らざるをえず，時に会場はまともな観覧が困難なまでの大混雑を呈することになる。開催館はというと，会場と頭脳は提供するという名目でその中から常設展入場料相当分を差っ引いて館の収入としている。評価できる点も多々あるが，展覧会開催における館の主体性を確立するには予算を含めマスコミ頼みの開催のあり方を一考する時期に来ているように思われる。（栗田秀法）

第3章　博物館資料論

1　博物館資料とは何を指すのか？

(1) 文化財の分類

　博物館が対象とする資料は，国際博物館会議（ICOM）規約の第3条で「有形，無形の人類の遺産とその環境」としているように，きわめて幅広い。実際，文化庁が示す文化財保護の体系では，文化財保護法で規定されたものを中心に文化財の種類が八つに分類されている。

- 有形文化財：建造物，美術工芸品（絵画・彫刻・工芸品・書籍・典籍・古文書・考古資料・歴史資料など）
- 無形文化財：演劇・音楽・工芸技術など
- 民俗文化財：無形の民俗文化財（衣食住・生業・信仰・年中行事などに関する風俗慣習・民俗芸能・民俗技術），有形の民俗文化財（無形の民俗文化財に用いられる衣服・器具・家具など）
- 記念物：遺跡（貝塚・古墳・都城跡・旧宅など），名勝地（庭園・橋梁・渓谷・海浜・山岳など），動物，植物，地質鉱物
- 文化的景観：地域における人々の生活または生業および地域の風土により形成された景観地（棚田・里山・用水路など）
- 伝統的建造物群：周囲の環境と一体をなして歴史的風致を形成している伝統的な建造物群（宿場町・城下町・農漁村など）
- 文化財の保存技術：文化財の保存に必要な材料製作，修理，修復の技術など
- 埋蔵文化財：土地に埋蔵されている文化財

一般的な人文系博物館では有形文化財や民俗文化財を対象とする場合が大半であるが，明治村のような建造物を移築した野外博物館や，ルーヴル美術館や大阪歴史博物館のように地下の遺構を展示している館も存在する。また「ある地域環境全体を博物館に見立てる」（『ニッポニカ』）というエコミュージアムやフィールドミュージアムのような単体の博物館の建物の枠を超えた試みも見いだされる。

（2）博物館資料の分類
　博物館法では，博物館が収集，保管（育成を含む），展示する資料を「歴史，芸術，民俗，産業，自然科学等に関する資料」（第2条1項）と定め，そこには「電磁的記録（電子的方式，磁気的方式その他人の知覚によっては認識することができない方式で作られた記録をいう。）」（同3項）が含まれるとしている。その上で「実物，標本，模写，模型，文献，図表，写真，フィルム，レコード等の博物館資料を豊富に収集し，保管し，及び展示すること」（第3条1項）が博物館の具体的な諸事業の冒頭に掲げられており，博物館資料こそが博物館の心臓部にあたることがわかる。博物館資料を核に保管，展示，その他の事業が展開するのである。

　しかしながら，博物館における博物館資料の定義がやや曖昧であるためか，博物館資料の分類は一様ではない。「公立博物館の設置及び運営に関する基準」（1973）では，実物または現象に関する資料を一次資料と呼び，一次資料に関する図書，文献，調査資料その他必要な資料を二次資料と呼んでいる。現行の「博物館の設置及び運営上の望ましい基準」（2011）では，実物，標本，文献，図表，フィルム，レコード等の資料を「実物等資料」と，複製，模造もしくは模写した資料または実物等資料に係る模型を「複製等資料」と呼び，両者を合わせ「博物館資料」とした。さらに博物館資料に関する図書，文献，調査資料その他必要な資料を「図書等」としている。

　日本博物館協会が2012年に制定した「博物館関係者の行動規範」では，「博物館は，人類の共通の財産である貴重な資料を分かち合い，文化を継承，創造していく機関である。」とした。「行動規範5　収集・保存」において，「博物館に携わる者は，資料を過去から現在，未来へ橋渡しをすることを社会から託

された責務と自覚し、収集・保存に取組む。博物館の定める方針や計画に従い、正当な手続きによって、体系的にコレクションを形成する。」と謳う。「行動規範6　調査研究」ではさらに「博物館に携わる者は、博物館の方針に基づき、調査研究を行い、その成果を活動に反映し、博物館への信頼を得る。また、調査研究の成果を積極的に公表し、学術的な貢献を行なうよう努める。」と宣べている。

　本章では、博物館資料、とりわけ「実物等資料」の収蔵品管理、つまり収集に関わる具体的な手続きや資料の保管にまつわるさまざまな用務について学ぶとともに、博物館資料に関する調査研究および博物館における調査研究活動の意義について理解を深めたい。

2　博物館資料の収集と管理

（1）収蔵品管理の方針──メトロポリタン美術館を例に

求められる収蔵品管理方針

　アメリカ博物館協会が掲げる博物館像を見てみると、コレクションと博物館の関係を次のとおりに明記している。コレクションは館の使命を推進し、社会に奉仕するものである。コレクションは社会のために託され、公益のために利用されるものであることから、博物館には社会から最高度の法的、倫理的、職業的規範の維持が期待されている、と。これらの規範を裏書きするために必要なのが、収蔵品管理方針（collections management policy）の策定である。

　この方針は、コレクションの範囲の概要を示し、博物館のコレクションの維持管理の仕方とコレクションを社会にどう利活用してもらうかについての説明を行い、博物館のコレクションの管理を担当する部署の役割を明確にするためのものである。

　同協会がコレクションを持つ博物館が指針を策定するために必要としているのは次の項目である。まず、発効日、コレクションの範囲と区分、取得と登録（基準と決定の責任者）。そして、除却と除籍（基準と決定の責任者）、借用と貸出、蔵品番号を含むコレクションのドキュメンテーションと記録、コレクションの維持管理と保存、コレクションの利用、コレクションに関わる決定の責任と権限。

欧米ではこのように収蔵品の収集，保管，活用を総合的に捉える視座が確立されているが，日本でも個別に収集，保管について規程等は作られてきたものの，そうした視座を欠いてきたことは否めない。国際博物館会議ではすでに1986年に倫理規定が作成されていたのだが，それを受けて「博物館関係者の行動規範」が日本博物館協会によってまとめられたのはようやく2012年のことである。さらに各館が収蔵品管理方針を策定し，収蔵品管理の水準を高めることが焦眉の課題となっている。

　博物館における収集・保管に関して，これまでにも数は多くないが深刻なトラブルが発生したことを忘れてはならない。事前の不十分な資料調査が一因で起きた国立西洋美術館における贋作の購入（1965），奈良国立博物館の学芸職員が館外の収集家の作品（ガンダーラ仏）の購入を仲介したために起こった真贋をめぐるトラブル（1987），東京都現代美術館におけるいささか不透明な選定のプロセス（たとえば実績がほとんどない画廊と多額の取引を行ったことなど）をめぐって起きた騒動（1995），在庫確認を怠ったため起きた所蔵作品の紛失の発覚（大阪府現代美術センター（2010）），借用作品の燻蒸(くんじょう)に関して使用薬剤の確認を怠ったことから生じた絵金作品の変色（熊本市現代美術館（2010）），九州国立博物館への輸送中の国宝馬具の破損（2010）などは著名な例であるが，興味本位ではなく現在の基準に照らし他山の石とすることを忘れてはならない。

　ここでは，収蔵品管理方針の実際を知り，あるべき方針について検討するための一助として，メトロポリタン美術館の「方針」の主要な内容を紹介しておきたい。

メトロポリタン美術館の収蔵品管理方針

　方針は11項目からなり，順に，Ⅰ 目的と使命の声明，Ⅱ 収蔵品管理方針の目的，Ⅲ 理事会の職務，Ⅳ 取得，Ⅴ 取得に関する職員行動指針，Ⅵ 除却，Ⅶ 収蔵品の維持管理，Ⅷ 記録および在庫確認，Ⅸ 収蔵品の利用，Ⅹ 館外貸出，Ⅺ 発効日，となっている。ここでは，日本の公立博物館にとって重要な事項に限って触れることにする。

Ⅱ　収蔵品管理方針の目的

　収蔵品管理方針は，個別の詳細な手続きとは別に，館の使命と職業的な基準と合致した美術コレクションの発展と維持管理を統括する指針を明文化することを目的としており，この収蔵品管理方針により，次の事項を達成することを明記している。

- コレクションが，年ごとの蔵品番号により特定され，コレクション管理データベースに記録されること。
- コレクションが保護され，紛失を逃れ，手入れがなされ，保存されること。
- 美術館の作品の取得，除却，貸与は，館の使命に準拠し，適用法令を遵守し，最高の倫理基準を反映した形で実施されること。
- 売却，交換，その他の手段によるコレクションの作品処分は，専ら博物館の使命の進歩のためであり，そのような作品の売却による収益は，他の芸術作品の購入にのみ使用されること。
- 展示室や閲覧室でのコレクションの利用やコレクション情報の利用の便宜が図られるとともに，適切に規制されること。
- 収蔵品に関わる活動は個人の金銭的利益より公益を促進するものであること。

Ⅲ　理事会の職務

　美術品の寄贈または遺贈を受諾または拒否する権限は，理事会および執行委員会に属し，取得計画を作成，採択し，作品の購入を承認し，使途が取得に限定された資金を美術品の購入に充当する権限は，取得委員会に属している。また，市場価値にかかわらず，売却，交換，または他の処分方のために芸術作品を除却する権限は，取得委員会の勧告を経て理事会および執行委員会に属するが，実際には作品の市場価値に応じて一部の権限が現場に与えられる。これとは別に，等級1の作品貸与すべてと，米国およびカナダ以外への作品貸与の大半は，理事会または執行委員会の承認を必要とする。

Ⅳ 取得

　取得活動において，学芸担当者（curator）には，コレクションへの作品取得のために，表明された美術館の使命を著しく促進する傑出した美術品の提案が求められる。すべての作品は，劣化した物理的状態が作品の意味に重要でない限り，許容可能な保存状態にあるか，戻すことが可能であるものでなければならない。美術館は，一般に認められた博物館の慣行に従った展示，保管，および管理を行う必要がある。さらにあらゆる収集活動が最高レベルの倫理的かつ職業的な慣習に従って行われるという原則に従うことが明記されている。

　購入手続きにあたっては詳細な調書が作成されるが，作品の記述，状態，掲載歴，美術館のコレクションへの重要性，受け入れに足る理由，来歴，展示（および／または収納）および出版に対する姿勢，およびその購入にあてがわれる寄附金や基金についての言及が必要である。保存担当者（conservator）は提案されたすべての購入を調査し，作品分析とその状態，制作年代，作者帰属についての査定結果を調書の一部として提供する。この調書は学芸部長の承認を要し，館長に提出されるものである。15万ドル以下の作品の購入については，価格に応じて決定の権限が現場に与えられる。

　寄贈または遺贈についても同様の調書が作成され，館長がその寄贈を理事会に報告し，理事会が寄贈の受け入れの諾否について決定を下す。それに加え，休暇期間中の判断に緊急を要する案件の処理，寄附者の複製権すべての館への移譲についての言及がある。

　館が所有権を明確に得ることができるかどうかの見極めには，取得する前の来歴を厳密に調べるあげることが大切である。具体的には，美術品の所有権の歴史，作品が所在していた国と時期，出品歴，掲載歴，所有権をめぐり係争があったかどうか，作品が盗品データベースに現れるかどうか，寄贈が申し入れされた経緯が主要な調査項目となる。

　重要な取得（15万ドル以上）およびあらゆる考古学的資料または古代美術の取得に関しては，取得後，画像（または複数の部位で構成される作品の場合は代表画像）および関連する来歴情報をオンラインで公開し，できるだけ速やかに取得物を陳列しなければならない。また，法令に関することにも言及があり，取得にあたっては，盗品法（NSPA），文化財条約実施法（CCPIA）などの所有権

第3章　博物館資料論

と美術作品の輸入を管理するものなど，適用されるすべての地方，州，連邦の法令，外国資産管理局（OFAC），絶滅のおそれのある野生動植物の種の国際取引に関する条約（CITES），およびアメリカ先住民墳墓保護返還法（NAGPRA）によって定められた制裁に従うことに加え，外国法に基づく芸術作品の地位が米国法の下での法的地位に影響する可能性がある場合には，取得の前に関連する外国法を審査する。これに加え，売り手の所有権の確認と賠償責任，ナチスが第二次世界大戦期に不法に取得した作品であることが判明した場合の扱い，考古学的資料や古代芸術の取得に関する留意事項が詳しく記されている。

V　取得に関わる職員行動指針

　館が寄附者に査定を行わないことが長年の方針であり，必要に応じて適切な査定士を複数紹介し，必要な調査に対応する。また，館は職員が個人的な喜びのために芸術作品を収集し，収集することを妨げないが，とくに美術館の学芸活動に密接に関連している職員は，館との間に利益相反が生じないように注意を払わなければならない。

　さらに，館のコレクションにとって重要性を持ちそうでかつ購入可能な美術品を知った職員は，作品を取得する際に，個人の利益よりも美術館の利益を優先することが期待される。同時に，職員が美術品の購入や販売においてディーラーとして行動したり，職員は美術市場での個人的利益のために美術館での影響力を行使したりしてはならない。職員は，アーティスト，ディーラー，理事，寄贈者，コレクター，取引業者に限らず，ミュージアム関連の活動に従事する人物からの贈答を受ける場合には留意事項が存する。

Ⅶ　収蔵品の維持管理

　ここでは，館の保存部門が達成すべき指針が示される。美術館は第一に美術品の収納庫であり，館の使命のとおりそのコレクションの美術品の維持管理が求められている。館は最高水準の基準に従い美術品を保存し，現在および将来の世代のために，効果的なセキュリティと環境管理を備えた安全で適切な環境をコレクションに対して提供する。さらに「収蔵品緊急時計画」を継続させ，館の保存基準を館へ貸与または館から貸与される美術品に対して維持する。

保存部門はコレクションの長期的な維持管理を担当するとともに，すべての検査および処置に関する正確な記録を維持する。コレクションの美術品の調査と分析における科学的調査の重要性に鑑み，館の保存部門と科学調査部門は博物館のコレクションの技術的な調査と長期的な予防法の開発と保存戦略の発展について責任を共有する。

Ⅷ　記録と在庫管理

　記録に関する指針によれば，コレクション内のすべての作品の同定，所在，状態，ならびに展覧会，貸出，研究，寄贈者や芸術家，学者との通信などの進行中の活動に関する正確な最新の記録は，学芸，列品管理（registrar），保存の各部門により維持される。記録は美術館のコレクション管理データベース（TMS）に記録されると同時に，作品の取得に関するいかなる現物の書類も保持される。各学芸部門では，登録済み作品，未登録作品，除却作品，部門間の貸出，展覧会の貸出，美術館に持ち込まれた収集，受贈候補作品に関する一貫した組織的な記録が維持される。美術館の適切な業務の取引で作成または受領されたすべての記録は博物館の所有物であり，原則分散または破壊されてはならないものである。コレクションに関連する資料は原則として資格のある研究者および学者に供用される。

　在庫管理に関していえば，展示室や展示ケースを毎日点検するのは，全学芸部門の責任である。在庫確認が大規模な部門は1年から5年の周期で編成することができるが，各部門は各暦年に少なくとも1回，展示室，展示ケース，および収蔵庫の作品の員数確認を行う。在庫確認の結果は，毎年館長に書面で提出され，その調査結果は取得委員会に報告され，加えて列品管理担当者は，暦年ごとに，各学芸部門の一定の作品と館とは別にある収蔵庫内の全作品の在庫調べを実施し，その結果を取得委員会に報告する。さらに在庫確認の結果は内部監査人によって精査される。

Ⅸ　コレクションの利用

　美術館のコレクションを利用できるようにし，コレクションの重要性の認識を高めることは美術館の使命にとって根本的な重要性を持つ。そのための主な

第3章　博物館資料論

手段の一つが自館の作品を含む展覧会の開催であり，ほかの機関への貸出もそうした活動の一環である。美術館は，資料調査を進め，公刊し，博物館のコレクションを促進し，広範な学術的で開かれた議論に貢献するために，継続的に学術調査および研究を支援する。児童から成人の聴衆および学者に至るまでのさまざまな聴衆に対し，芸術についての認識と理解を深めるべく，出版物，プログラム，およびウェブサイトの開発を通して情報を広める。美術への参与を促し，歴史的，文化的，および物質的な側面から芸術に親しめるようにするための源として館のコレクションと研究が利用されるよう努める。

X　館外貸出

　ここでは，冒頭に「当博物館憲章の教育的および学術的目的を果たすための重要な手段として，美術館はそのコレクションから条件を満たした国内外の機関に美術品を貸与する。美術館は可能な限り多くの条件を満たした機関と協力して，館の百科全書的コレクションを可能な限り広範な一般市民と学者と共有することを希望する。」という基本的な立場が示されている。借用依頼は，当該展覧会の美術史的および学術的価値，ならびに作品の状態および作品を博物館に残す必要性に照らして評価されるもので，すべての借用依頼は，最初は学芸部門によって審査される。

　すべての館外貸出の依頼は保存担当者により審査，承認される。列品管理担当者は，作業が適切に維持管理され，火災，盗難，誤った取り扱い，昆虫および，光，温湿度の極端な変化から作品が適切に保護されることを要件とする。借り手は，美術館の基準を満たす施設の状況報告書を提出しなければならず，さもなければ列品管理担当者が借り手の施設の物理的検査を実施することとする。

　メトロポリタン美術館では，取得後登録された作品は，1等級（その無類の性格，大きな重要性，サイズ，脆弱性または設置の性質のために，例外的な状況でのみ貸し出されることになる作品），2等級（頻繁に展示される重要作品，もしくは本性上頻繁な貸出が禁じられる作品），3等級（他のすべての作品）の三つの等級に分類される。1等級の貸出すべてと米国本土とカナダ外への貸出，3年を超える貸出，国立かそれに準じる施設への貸出は，理事会または執行委員会による承認が原則必要である。米国本土およびカナダ内の2等または3等の作品のすべての貸

69

付は，館長，副館長または参与の書面による承認が要件となり，理事会または執行委員会に事後報告される。

　すべての貸出は期間を区切ってなされ（通常1年を超えない），必要な場合は借り手に30日前に書面で通告することにより返却を求めることができる。作品の状態は，館が承認した詳細な手順に従って文書化され，監視される。すべての借り手（共同所有者を除く）は，積み出しの前に美術館の館外貸出条件（借受契約書に含まれている）に書面で同意する必要があり，借受契約書には両当事者の署名が必要である。館もしくは借り手，あるいは政府補償制度によって十分な保険保障が供与されない限り，作品は美術館を離れることはできない。さらに差し押さえ免除の保証，長期貸出についての留意事項が記されている。美術館の貸出方針に対する例外はすべて理事会または執行委員会による承認が必要だが，事情に応じて画商や個人に貸出される場合もある。

　このように，取得から保管と利用，貸出に至る一連の流れにおける基本的な考え方と手続き，役割分担が単一の指針でまとめられていることの意味は大きい。遺漏のない高い水準の学芸活動を実現するためにもわが国でも速やかに各館で方針が策定されることが期待される。

（2）収集方針の決定——愛知県美術館開設時の例
　国立6館の役割と任務
　博物館は設立にあたり設立の目的や使命が定められ，収集方針が定められている。独立行政法人国立美術館法では，「美術（映画を含む。）に関する作品その他の資料を収集し，保管して公衆の観覧に供するとともに，これに関連する調査及び研究並びに教育及び普及の事業等を行うことにより，芸術その他の文化の振興を図ることを目的」として国立美術館が設置されている。国立6館の収集に関わる役割・任務については次のとおり中期計画で示されている。

- 東京国立近代美術館：近・現代の美術，工芸に関する作品その他の資料
- 京都国立近代美術館：近・現代の美術及び工芸に関する作品その他の資料
- 国立映画アーカイブ：映画に関する保存
- 国立西洋美術館：昭和30年10月8日に日本国政府及びフランス政府間に

成立した合意に基づきフランス政府から日本国政府に寄贈された美術に関する作品（松方コレクション）並びに西洋美術に関する作品及び資料
- 国立国際美術館：日本美術の発展と世界の美術との関連を明らかにするために必要な美術に関する作品その他の資料
- 国立新美術館：国内外の美術や美術展に関する情報・資料

次に公立博物館の状況を見てみると，設置条例で「歴史，考古，民俗及び美術工芸に関する資料を収集し，保管し，展示」することを謳う名古屋市博物館（1977開館）では，収集にかかる各分野の基本方針は次のように示されている。

- 考古分野：名古屋を中心とする地域の考古に関する資料，日本考古学上基準となる資料
- 美術工芸分野：名古屋を中心とする地域の美術工芸に関する資料，日本美術全体の流れの上で基準となる資料
- 文書典籍資料：名古屋を中心とする地域の歴史に関する資料，日本史全体の流れの上で基準となる資料
- 民俗資料：名古屋を中心とする地域の民俗に関する資料，日本民俗全体の上で基準となる資料

わが国の国公立の博物館では，博物館の学芸部門が収集候補作品を絞り込み，第三者委員会の審議を経て取得が決定するという形で行われるのが一般的である。具体的には，①収集方針の決定，②収集候補作品の情報収集と絞り込み，③第三者委員会への諮問と審議，という手順で行われ，取得決定後の諸手続きに進む。

ここでは，この収集活動の三つの手続きのうち，①収集方針の決定について筆者がかつて所属した愛知県美術館の例を参照しながら説明する。この美術館は旧い施設が建て替えられて再出発した館であるが，新たな収集方針はどのようなプロセスを経て決定されたのだろうか。

新方針策定の経緯

　愛知県美術館は愛知芸術文化センターの一翼を担う施設として1992年10月に開館した。その前身は1955年に開館した愛知県文化会館美術館である。貸会場として出発した同館には当初は学芸スタッフも収集費もなく，地元の工芸家・藤井達吉から寄贈された絵画・工芸等1,460点が唯一のコレクションであった。記録上収集方針といえるものが確認できるのは1972年の美術品購入要領である。そこでは次の四つの指針が示されている。

　　①全国的または国際的に特に著名な作家の作品。
　　②愛知県にゆかりのある作家で，愛知県の美術界に貢献しているもの，またはその作品が高く評価されているものの作品。
　　③愛知県にゆかりのある物故作家で，わが国美術界において活躍したもの，また郷土の美術振興に特に功績があったものの作品。
　　④その他愛知県文化会館が所蔵するにふさわしい作品。

　同時に美術品選定審査会議が立ち上げられており，委員の内訳は，県と地元の有力者2名，地元の有力陶芸家と洋画家，そして美術史家の5名であった。ある意味で収集の指針にある地元の有力芸術家の顕彰にかなった人選であったといえよう。その後，少ないながら学芸スタッフが配置されるようになり，1982年には新たに愛知県文化会館美術品収集方針が定められた。それまでの収蔵品や予算の枠が強く意識されたことがあるのであろうか，現実的ではあったがいささか偏りのある指針である。

　　①洋画：わが国近代洋画史の流れを鳥瞰できるような主要作品を収集する（1930年前後の絵画運動を重視）。
　　②日本画：現代作家による戦後の作品のなかから重要なものを収集する。
　　③彫刻：立体作品も収集する。
　　④郷土作家：洋画，日本画，彫刻を中心として，郷土にゆかりのある主要作家の作品を収集する。

その後，1983年に新文化会館（仮称）構想懇談会が設置されるなど，建て替えの機運が高まり，1986年の愛知県新文化会館建設基本計画のなかで新美術館は作品収集について「長期にわたり優れた美術作品を計画的に集めるものとし，時代性，地域性，ジャンルにとらわれない柔軟な姿勢で臨む」との指針が示された。

その指針を具体的に肉付けしたのが翌年の「美術品収集計画委員会」で，国立美術館や大学の学識経験者5名からなるものであった。後の愛知県美術館長・浅野徹が評したように，当時の愛知県文化会館美術館のコレクションは「日本近代美術の流れを辿る上で見落とすことのできない作品を多少含むものの，〈国際的視野〉の欠如と〈同時代性〉の欠落が大きな課題」であった。

委員会における特色ある収集方針の検討には，近隣の類似美術館の動向も当然意識されたはずである。

1982年開館の岐阜県美術館は，①日本近現代美術の岐阜県ゆかりの作家の作品，②西洋近代におけるルドンを中心とした象徴主義の作家の作品，③現代美術の優れた作品という三本柱の収集方針で資料収集が行われた。

同じく同年に開館した三重県立美術館は，①江戸時代以降の作品で三重県出身ないし三重にゆかりの深い作家の作品，②明治時代以降の近代洋画の流れをたどることのできる作品，また日本の近代美術に深い影響を与えた外国の作品，③作家の創作活動の背景を知ることのできる素描，下絵，水彩画等という同じく三本柱の収集方針を採用した。

また，1986年開館の静岡県立美術館は，①17世紀以降，日本と西欧で制作された風景画の収集に努める，②ロダンを中心とした内外の近代以降の彫刻作品の収集に努める，③20世紀以降の美術の動向を示す美術作品の収集に努める，④静岡県ゆかりの作家，作品の収集に努める，という四つの柱の収集方針を掲げて活動を進めていた。さらに，1988年の開館に向けて準備を進めており，使命と活動が愛知県文化会館美術館と兄弟館的な性格を持つ名古屋市美術館は，①エコール・ド・パリ，②メキシコ・ルネサンス，③郷土の美術，④現代の美術というようにかなり絞った方針を掲げていた。

新たな収集方針の確定

収集計画委員会が最終的にまとめた愛知県新文化会館の新収集方針は，次の四つの柱からなるものであった。

①20世紀の優れた国内外の作品及び20世紀の美術動向を理解する上で役立つ作品。
②現在を刻印するにふさわしい作品。
③愛知県としての位置をふまえた特色あるコレクションを形成する作品。
④上述の作品・作家を理解する上で役立つ資料。

現実の収集活動は学芸スタッフに委ねられるわけだが，実際の運用としては，日本については明治以降の近現代美術を対象とし，さらに〈国際的視野〉の欠如を克服すべく海外については日本の近・現代美術に強い影響と刺激を与えたヨーロッパとアメリカの美術が中心的な対象とされた。市民に人気のある印象派を含む19世紀後半の美術については価格の大きな高騰もあり，購入対象としては20世紀以降に限られることとなった。

もう一つ注目すべきは，「〈同時代性〉の欠落」の克服のために，地方美術館では異例なことに郷土美術の文言が慎重に避けられたことである。旧美術館は現代の作家を収集対象としていたが，ほとんどが地元画壇のどちらかといえばローカルな作家であった。「愛知県としての位置を踏まえた」の文言には，「たんに愛知県の美術界において活躍したからということではなくて，その芸術性が日本の現代美術の全国的な水準からみて遜色のない作家に焦点を当てる」（浅野徹）という隠れたメッセージが込められていた。

このように収集方針の決定は，その後の博物館の活動を特徴づける点できわめて重要な意義をもつものであり，高い見地から慎重に検討されるべきものである。また，収集方針は採用する学芸員の専門性や学芸員の調査研究活動の方向性を規定する点でもきわめて大きな意味を持つ。

（3）収集候補作品の情報収集と絞り込み

購入であれ寄贈であれ，収集活動の端緒は作品や資料に関する情報収集から

始まる。作品や資料の所有者の情報の入手から開始し，調査等を契機に始まる所有者との交流，信頼関係の構築からは寄託や寄贈，あるいは購入の可能性が拓けてくることもある。ある程度まとまった予算がある場合には，古物商や美術商，古書店などに重点的な収集対象を伝えるなどの働きかけや連携によって，入手可能な作品についての情報をできるだけ多く収集する。また現代の美術や美術工芸の分野に関していえば，日常的に団体展や個展に発表された作品を実見したり，作家との接触を重ねたりすることを心がけることも大切である。とくにこの分野では，専門分野に関する十分な知識に加え，「美術館の収蔵品にふさわしい創造性豊かな作品を見出す学芸員の眼」(浅野徹)を養うための不断の努力を重ねることも忘れてはならない。

　博物館が作品を取得する場合，購入と寄贈に大別される。これとは別に管理替えという形で作品が加わる場合がある。また，フィールドワークを主とする自然系や民俗学，人類学の分野では採集，採取の形で収集活動が行われる場合もある。考古系では遺跡の発掘調査を実施することで資料を取得する場合もあったが，現在では地域の埋蔵文化財センターが発掘調査を担うケースが多くなっている。さらに，寄託という形で中長期的に預かる場合もある。

　文化庁は「国宝，重要文化財，重要有形民俗文化財又はこれらに準ずる文化財で国民共通の財産として国において計画的に購入し，保存を図る必要のあるもの」を中心に，毎年文化財の購入を行っている。2017年度には11件9億2,700万ほどの作品が購入された。最も高額なものは，重要文化財の池大雅《前後赤壁図》で3億円であった。国立博物館でも毎年購入を行っており，2017年は国立4館で54件17億3,000万円ほどの作品の購入がなされている。最高額は13世紀の《木造地蔵菩薩立像》(奈良国立博物館)で2億円であった。

　他方，四つの国立美術館では，通常予算に加え2011年度から毎年20億ほどの特別予算が計上されており，2017年度の購入の最高額は東京国立近代美術館が購入したデイヴィッド・スミスの立体造形《サークルⅣ》(1962)で8億4,800万円ほどであった。特別予算で購入された高額作品として，2013年度のアルベルト・ジャコメッティ《男》(約10億円，国立国際美術館)や2014年度のポール・セザンヌ《大きな花束》(約18億円，東京国立近代美術館)などが知られている。国が購入した個々の作品と価格についての詳細は文化庁および博物館や美術館

図3-1　ルーヴル美術館「誰でもメセナ！」告知ページ
（http://www.tousmecenes.fr/fr）

の設置独立行政法人のウェブサイトで公開されているので参考にされたい。なお，現存作家の価格については市場に影響を与えかねないため伏せられている。

　収集予算が不足しているイギリスやフランスでは資金集めのキャンペーンがしばしば行われ，一定の成功を収めている。個人所有のティツィアーノ作品（《ディアナとアクタイオン》）の海外流失を食い止めるために2008年にロンドンのナショナル・ギャラリーなどを中心に繰り広げられた5,000万ポンド（約64億円）の資金集めの運動では，一般からも740万ポンドが集まったことが知られている（2009年2月3日付AFP配信記事）。ルーヴル美術館では「誰でもメセナ！（Tous mécènes!）」と呼ばれるクラウドファンディングを積極的に展開し成功を収めている（図3-1）。すでにわが国でも東京国立博物館をはじめ購入費の寄附集めの試みがいくつか始められているが，その活動のアピール度をいっそう高めることが期待される。

　いずれにせよ，文化財の海外流出を防いだり，各館のコレクションの中核をなす作品，とくにやや立ち遅れている西洋美術や現代美術の分野の作品の購入を行なったりするにはかなりの購入資金が必要である。愛知県美術館の前身の県文化会館美術館が当初から収集活動を本格的に行っていれば，今となっては手に入らないような作品が安価に入手できたはずであるが，後の祭りである。それを取り戻すべく新美術館での積極的な収集活動が行われた訳であるが，後発館としてコレクションの核となる作品を収集するにはやはり十分な購入資金が不可欠であった。そのために収集活動の開始時に「美術品等取得基金」が設

第 3 章　博物館資料論

図 3-2　グスタフ・クリムト《人生は戦いなり》
（1903年，愛知県美術館）

立され50億円が手当てされた（のちに30億円積み増し）。単年度予算では博物館資料の購入に機動的に予算を執行できないため特別会計で購入基金を設立している自治体は多い。

　取得の可否を審議する第三者委員会に向けて収集対象の作品を絞り込む際には，質の観点からふるいにかけることと同時に，来歴や出品歴，掲載歴などを含む資料や文献による裏付け調査，価格の相場についての調査も不可欠である。主要な作家については作品総目録（カタログ・レゾネ）が調査研究の重要な手掛かりとなる。また作品の状態を確認するためにも写真資料だけで判断せず事前に作品を実見することを怠ってはならない。購入には当然予算の枠があるので，場合によっては一定の価格交渉も必要になる。

　また，地方自治法の規定による「議会の議決に付さなければならない財産の取得」に該当する高額作品の場合には最終的に議会の承認も必要になるので（自治体によって異なるが，たとえば愛知県の場合は7,000万円以上，東京都は2億円以上），行政当局との事前の折衝も必要となる。愛知県美術館のグスタフ・クリムト《人生は戦いなり》（図3-2）は，コレクションの目玉となるべく1990年度に取得されたものだが，取得基金に繰り入れられたトヨタ自動車からの寄附金による取得価額17億7,000万円での購入であったため，議会の議決に付されている。

ここで寄贈についての若干の留意点について述べておきたい。
　博物館にはさまざまな経緯で寄贈の申し入れがあるはずであるが，何をどれだけもらうかに学芸の見識が現れる。寄贈資料の学術的な意義，館にとっての収蔵の意義と活用可能性，収蔵スペースの問題等を勘案して総合的に判断が下される。芸術家の作品の受贈に関しては作家についての価値判断を下すことにもなるので取り扱いに留意したい。また，寄贈者とは展示の可能性や目録やキャプションにおけるクレジット表示などについても事前に確認しておくことが寄贈者の篤志に報いるとともに無用のトラブルを避けるためにも必要である。
　収蔵スペースの確保については，とくに考古資料や民俗資料はハイペースで収蔵点数が増加するので注意が必要である。最近鳥取県の北栄町立「北栄みらい伝承館」における増えすぎた収蔵品の処分が話題になったが，収蔵品の除却は場当たり的ではなくICOMの倫理規定にもあるように寄贈を受け付ける時点から一貫した明確な指針の下で行われるべきである。豊橋市美術博物館における廃校を活用した豊橋市民俗資料収蔵室の例のように，衆知を結集して博物館資料を守るための努力を重ねていかねばならない。
　なお，美術品の譲渡や寄贈については，所得税や相続税に関するさまざまな優遇措置が講じられている。個人や企業の所有する優れた美術品の美術館への寄託を促すべく「登録美術品制度」が1998年に発足しているが，これも税制面の優遇を伴うものである。フランスでは美術品を国債や不動産などと同じ順位で物納できる代物弁済制度（dation）がすでに発足し，国立ピカソ美術館の設立につながるなどの大きな成果を挙げているので，わが国でも制度の発足に向け検討が期待される。

（4）委員会審議の実際

　学芸スタッフが取得候補とした作品は購入であれ，寄贈であれ，第三者委員会の審議を経て可否の判断が下される。寄託についてもこの委員会で審議されるのが通例である。
　文化庁における文化財の買取は，①文化庁内の鑑査会議（買取方針案の策定及び改定，買取候補文化財の選定等），②5名以上の買取協議員による文化財等の買取に関する調査審議，③原則5名以上の評価員による個々による文化財等の価

格評価,という三段階で行われている。なお,買取要領では買取協議員と評価員には買い取ろうとする物件についての情報を事前に提供しないこととなっている。また,価格については「申出価格又は評価員による評価の結果を基礎として」文化庁長官が決定することとされ,実際には評価員の評価額の平均により評価額が決定される。国立博物館では買取協議会委員と買取評価員,国立美術館では購入等選考委員,購入等評価員を委嘱して取得候補作品の選考と評価を行い,翌年には各委員の氏名についても取得作品の情報とともに公表される。

公立博物館では作品の評価と価格の評価を別々に行う場合と同時に行う場合がある。横浜美術館では,美術資料収集審査委員会と美術資料価額評価委員会の二本立てになっている。いずれにせよ,実際に収集活動が動き出す前に,購入,寄贈,寄託,貸出等の手続きや条件,提出・交付の書類の書式について要領や規程の形で明文化しておく必要がある。

愛知県美術館美術品収集委員会は作品と価格を一つの委員会で審議する形式をとっている。委員は5名で,収集方針をカバーできるよう西洋美術,国内外の近現代美術を専門とする委員が選ばれている。議会上程予定作品など高額な作品については,価格面の評価に厳正を期すため複数の特別評価員が委嘱され,評価書が委員会に提出されることになっている。前述の名古屋市博物館では,考古,美術工芸,文書・典籍,民俗の各分野に複数の委員が委嘱されている。

学芸スタッフが委員会の審議のために準備するのが調書である。調書の形式は分野によって細部は異なるが,美術・工芸分野では概ね,①作品データ(作家名,作品タイトル,制作年,技法材質,寸法),②ドキュメンテーション(来歴,参考文献,展覧会歴),③作家,作品についての説明とコメント,④価格に関する情報,⑤補足情報(修復歴,状態報告書など)の五つが必要になってくる。

とくに作品についての説明は重要で,丁寧な作品記述,作品の位置づけや学術的な意義についての詳しい解説はもとより,館のコレクションに当該作品が加わることの意義や取得後の活用の仕方などについても十分な説明が欲しいところで,ここは学芸員の専門性の発揮のしどころである。調書に記載された作品についての情報や説明は審議に役立てられるだけではなく,取得後の広報資料,教育資料にも活用できるので委細を尽くしたい。

価格に関する情報では,ある場合には当該作品のオークションその他の取引

実績，同等の作品の取引事例や他館の購入実績などが記載される。なお，寄贈作品についても価格評価がなされるが，公益のために私財を寄附した者に授与される褒章（紺綬褒章）の対象になるか否か（個人の場合500万円以上）にも関わるので留意が必要である。文化庁の買取では，周知の作品であることが多いためか，委員に事前資料の提供はないこととされているが，必ずしもメジャーな作品が諮問されるばかりではないため，その場合には専門家であれ厳正な審査と判断のためには調査研究が必要になることもあり，調書が事前に送られることが通例である。実際の審議の場には諮問作品の現物を提示することが原則である。写真資料だけの審議では質や状態についての誤った判断が下される可能性が増大する。

　委員会では最初に会議室において担当学芸員によって調書に基づき諮問作品についての概要説明を行う。その後に収蔵庫等での作品の実見に移り，担当学芸は作品を前にして補足の説明を行い，出席委員からの質問を受け付ける。再び会議室に戻った後に委員会は審議に移り，各委員が作品ごとに作品と価格についての評価意見を述べ，意見交換の後に最終的に取得の是非についての判断が下される。委員会審議で了とされた諮問作品は，購入については支払い手続きが，寄贈については受け入れ手続きがなされ，手続きが終わった作品は晴れて正式の博物館のコレクションとなる。具体的には委員会の前に寄贈，寄託の申込書を受け付け，審議の後に受入書を交付する形になる。また各年度の収蔵作品は年報等に記載報告され，情報が公開されることになる。

（5）列品管理

　取得の手続きが終わった作品は，帳簿に登録されるとともに収蔵庫に収納され，館内展示や館外への貸出，調査研究のために活用されることになる。前述の「収蔵品管理方針」で示された，取得後の登録と除籍，借用と貸出，蔵品番号を含むコレクションのドキュメンテーションと記録，コレクションの維持管理と保存等を遺漏なく履行することが重要である。収蔵管理方針のうち，役割分担が明確な欧米では，収集活動と貸出の判断は学芸部門が主導するが，その他の活動は列品管理部門と保存部門が担うことになる。そのうち，資料そのものの手入れや資料の保存・展示環境については主に保存部門が担当し，その

第3章　博物館資料論

他の活動は列品管理部門が担う。保存部門の用務については博物館資料保存論で詳しく学んでほしい。

　列品管理部門を担うのがレジストラー（registrar）である。レジストラーという職種は日本の博物館では確立していないのでなじみが薄く定訳も確立していないため，登録管理担当者とか登録担当者，作品管理者とも訳される。本章では『博物館列品管理の方法』（国際博物館会議日本委員会，1967年）を参考に，列品管理担当者とした。

　イギリス博物館協会では，博物館のさまざまな職員の職務内容を紹介しているが，「列品管理担当者の用務は，主として博物館やギャラリーにおける作品の出入庫に関わる」としている。この一見単純な用務には多様な用務を伴っており，資料の取得と処分，貸出業務，収蔵品の維持，資料の梱包と輸送，展示作業，展覧会の巡回業務，収納場所管理，保険，法規についての解釈や助言という九つが例示されている。館によっては収蔵品管理担当者（collection manager）という職種が置かれる場合もあり，その用務は「博物館資料を適切に維持管理し，多くの場合収納，保存，資料に関連する記録を管理する」ことである。

　レジストラーの職種の歴史について補足すると，アメリカではアメリカ国立博物館（U.S. National Museum）の1881年が最初で，メトロポリタン美術館の1905年とボストン美術館の1906年が続いたとされている。コレクション・マネージャーという肩書は1970年代半ばに現れるが，レジストラーとコレクション・マネージャーの肩書は交換可能な場合も多いという。アメリカ博物館協会に列品管理担当者委員会が設けられたのは1977年のことで，2012年には「列品管理担当・所蔵品管理専門家協会（Association of Registrars and Collections Specialists）」が設立されている。

　それでは日本の公立博物館における列品管理の実際と注意事項，とりわけ登録・記録，収納，作品の貸出について手短にまとめておこう。

登録・記録

　前項で述べた手順によって取得手続きが終わった博物館資料は自治体の公有財産として備品登録され，個々の資料には備品表示票が貼られるか，何らかの

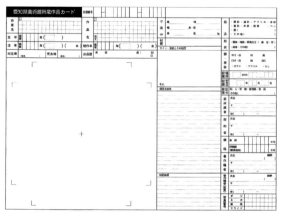

図 3-3　愛知県美術館作品カード
(提供：愛知県美術館)

形で必要な表示がなされる。

　それとは別に博物館の学芸部門では資料基本原簿が作成される。台帳形式の場合もあるし，データベースで管理する場合がある。ここに記載されるべき基本的なデータは，資料番号，資料名称，数量，取得方法（購入，寄贈，管理替え，採取など），受け入れ先，受け入れ年月日，評価額などである。

　これとは別に，より詳細な資料情報を記録するために資料カード（作品カード）が作成される（図3-3）。厚手の用紙に必要事項の記入欄や資料写真を貼る欄を印刷したものである。必要な項目は分野によって細部は異なってくるが，人文系の記載事項については次に記す「ミュージアム資料情報構造化モデル」（東京国立博物館）にまとめられたものを一つの標準とすることができるであろう。

- 識別・特定：識別子，資料番号，名称，分類，用途，様式
- 物理的特性：品質形状，材質，技法，形状，員数，計測値，部分，保存状態，付属品，印章・銘記
- 履歴：制作，出土・発見，来歴，取得，整理・処分，受入，調査，修復，展示，所在，価格評価，受賞・指定
- 関連・参照：権利，関連資料，文献，画像，記述ノート，記述作成

項目について若干補足すると，資料番号は備品番号とは別に館が体系的に資料につけるものである。たとえば愛知県美術館のグスタフ・クリムト《人生は戦いなり》(1903)には，FO199000002000という番号が振られており，Fは海外作品，Oは油彩画，1990は収蔵年度，2は当該年度のFOの2番目の作品であることを示している。保存状態については，裏面を作品の状態調書として詳しく記載する場合もあり，その際は資料写真のコピーを貼り特記事項を記す欄と貸出・返却の記録を記入する欄を設ける。ただし，状態調書は別途独立した形で作成した方が良い場合もあろう。資料カードには収集委員会調書で判明している内容に加え，新たに判明した事柄，出入庫の記録等を順次追加記入していく。また，最近ではネットワークのデータベースを併用し，所蔵品情報にも活用する館が多くなっている。

収納・保管とアーカイブ

登録・記録の活動と並行して，取得された資料は収蔵庫などへの収納・保管がなされる。収蔵庫には，分野や資料の形態別に組織的に管理できるように物品棚，絵画ラック，マップケースなどを配置し，設置する必要がある。その上で各資料の収納場所が定められ，その定位置が記録される。地震等に対する備えとして，作品の固定や落下の防止の手当てをしておくことが必要である。また，紛失を防ぐためには，収蔵庫内の博物館資料の出入りの記録を日常的に取るとともに，財務規則等に定められた員数確認（棚卸し）を定期的に行うことが必要である。なお寄託資料に関しても，同様な記録と管理がなされることが望ましい。

博物館資料の写真については，旧来は大判のポジフィルムをファイリングキャビネットに作品ごとにフォルダを作るなどして保存してきた。デジタルカメラの普及などに伴い，現在では印刷等にデジタル画像データがやり取りされるようになったため，これまで蓄積したポジフィルムはスキャンしてデジタル化される必要がある。画像データは，画像フォーマットを考慮しつつ保存用，提供用（中間サイズ，拡大サイズ），サムネイルを作成し，ハードディスクなどの保存媒体やネットワーク上に保管する。災害時にも対応可能な形でのバックアップも忘れないようにしたい（『国立国会図書館　資料デジタル化の手引き』を参

照)。写真資料の貸出にあたっては，掲載依頼とともに「画像貸出・掲載許可願」などのやり取りが必要になるので，そのための規程を整備しておく必要がある。こうした用務に対しては，海外の博物館では著作権担当部門（rights and reproductions department）が設けられている。

　また，収集活動に関連して蓄積された書簡，文書，文献資料，配布資料や取得後の日常業務のなかで発生する各種の資料類は，資料ごとにフォルダを作るなどしてファイリングキャビネット等で適正に保存される必要がある。企画展や教育活動等で残される資料類も同様である。欧米の多くの博物館では作品に関連するアーカイブのみならず，業務にまつわるアーカイブも整理，保存の上で研究者等に公開されているが，日本ではこの面での意識がまだまだ低いように思われる。

　また，最近では作家や地域の研究家等から資料類の寄託や寄贈を受ける機会も増えている。アーカイブズ学に通じた職員がいない場合の多い美術館では抱え込まれたままになる場合もままあり，整理にあたっての出所原則，原秩序尊重の原則，原形保存の原則，記録の原則，国際標準記録史料記述の一般原則，利用供用にあたっての平等閲覧原則，30年原則などの諸原則をふまえ，適切に整理してその存在を公開し利用に供するようにしていくことが重要である。

　なお，研究者等の調査研究のために収蔵品の特別閲覧の便宜を図ることも重要な業務である。国立西洋美術館の版画素描閲覧室では，月2回ほど事前申し込みで研究者などに閲覧の便宜を図っている。大英博物館版画素描部におけるように一般の利用者にも閲覧の便宜を図っているケースもあり，展示とは別の形での博物館資料の閲覧のあり方を各館で検討する必要がある。

国内外への作品の貸出手順

　博物館では展覧会のために他の所蔵者から資料や作品を借りることもあれば，他館の展覧会に作品を貸し出す場合もある。ここでは作品の所蔵館の立場から作品の貸出にまつわる一連の手順についてまとめておこう。

　海外の博物館からは館長宛てに出品依頼状（request letter）が直接送られている場合が多いが，日本では正式の文書のやり取りの前に借用の可否の調整が図られるのが通例である。初めてあるいは久々に貸出をする館には，出品希望

作品の情報と展覧会の趣旨や会期等の情報を記した企画書に加え，ファシリティ・レポート（施設状況報告書）の提出を求める。ファシリティ・レポートとは職員名を含む館の一般的な情報に加え，建築・施設，環境，防火体制，警備体制，展示作業と梱包，保険，借用歴などについて詳細に記したもので，全国美術館会議では日本版ファシリティ・レポートのひな型が加盟館に示されている。

打診を受けた館では企画の趣旨，借用希望作品の展示，貸出予定，作品の状態等を勘案して可否が検討される。愛知県美術館において2016年度に43件201点の作品が貸し出されたように，優れたコレクションを持つ館では多数の借用依頼への対応に頭を悩ませることになる。どの館もお互い様であるのでできるだけ協力する方向は一致しているが，指定文化財をはじめ最重要作品や貸出が重なっている作品，状態の悪い作品等には貸出を断ったり展示期間に厳しい条件を付けたりせざるを得ない場合もある。貸出の方向性が出た段階で借用希望館から貸出の申請書が提出され，決裁の上，貸出の承認書が交付される。

日本では貸出に関わる手続きや条件が貸出規程や要領に定められているため貸出の承認書は簡便な形式なものも多いが，海外では貸出同意書（loan agreement）と貸出条件書（loan conditions）が取り交わされる。貸出同意書には，貸出側と借用側の名前と住所，借用作品のデータやクレジットライン，保険，保険評価額や輸送にかかる経費負担，梱包の具体的な仕様や条件，作品随行員（クーリエ）や柵の必要性の有無，借用先と返却先の住所と担当者名等が確認され，両者の責任者が署名をして双方で契約書を保管する。貸出条件書には，会期，保険，梱包と輸送，取り扱いと展示，環境と警備，図版掲載と広報対応，所蔵者表記，貸出の取消等についての詳細が確認され，やはり署名の上双方で保管する。

実際の貸し借りの段では，日本では借り手側が出向くことが慣例となっているが，欧米では貸し手側が作品随行員として作品を貸与先に届けるのが慣例である。列品管理者もしくは学芸担当者が作品にアテンドし，作品移動時の随伴，飛行機に積み込み時の作品が納められたコンテナ番号の確認，開梱時や梱包時の作品点検への立会いなどの用務を行う。空輸では気密断熱性の強い二重構造の木箱が必要である。なお，博物館どうしの間では作品の貸借は通例無償で行われるが，一定の貸出料を徴収する館も存在する。また，保険評価額は取得価

額が基本であるが，取得時から時が経ち取得価額が現在の実勢価格からかけ離れている場合は保険評価額の見直しが必要となる。

　実際の作品の貸出，返却時には双方が立ち会って点検を行う。そのために収蔵庫の前室等に点検用の作業台や照明器具を備えておくことが必要である。借り手側は借用作品の点検用カードを準備しなければならない。カードには資料写真のコピーを貼付する欄と，貸出・返却時の立会い者の名前と署名ができる欄が最低限必要である。点検者は作品の状態についての特記事項を記すとともに，破損しやすい額や収納箱等の状態，紛失しやすい同梱物の確認等も怠ってはならない。点検後に両者の署名がなされたカードは可能であればコピーを取り双方で保管することが望ましい。事故が起きた場合，保険の支払いにも必要となる。

　点検後には借用者側で梱包を行い輸送車両に積み込むこととなるが，借用者側からの借用書と引き換えになされる（借用書は作品の返却時に返付される）。併せて保険証書の写しが渡されるが，事前に送付される場合もある。保険は補償内容がオール・リスク，ウォール・トゥ・ウォールである動産総合保険に加入する必要がある。輸送車両は精密機械などを輸送に対応したエアサスペンションと空調を装備したものの使用を通常は求める。

3　博物館における調査研究

（1）「学芸担当者」と「キュレーター」

　博物館法第3条には博物館の行う事業が列記されているが，そのなかに「四　博物館資料に関する専門的，技術的な調査研究を行うこと。」「五　博物館資料の保管及び展示等に関する技術的研究を行うこと。」という項目があり，調査研究活動が博物館の主要な業務に数えられることがわかる。ただし後者の五には，博物館資料保存論と博物館展示論で扱われる内容のみならず，現代では当然博物館教育論や博物館情報・メディア論で扱われる内容も含まれるべきで，博物館の現場においてもそれぞれの分野の新しい動向に対する注視を怠ることなく業務を不断に改善していく心掛けが必要である。博物館資料論ではとくに四について，すなわち学芸担当者の調査研究活動について扱うことにする。

学芸員を志す人には，博物館学の知識とともに，やはり各専門分野における研究調査の手法を習得し，専門的知識を十分身に付けておくことが期待されている。現場の職に就いたのちには，学会・研究会等に所属するなどして最新の研究動向をフォローし，関連する展覧会等にできるだけ足を運ぶことで知見を広めるなど，担当分野の責任者としての自覚や努力が求められる。

　もちろんそのための設置者や館による一定の環境整備や支援が必要である。たとえば，博物館には調査研究活動を支えるための充実した図書室が不可欠である。メトロポリタン美術館ワトソン図書室には100万冊近くの書籍，雑誌，展覧会カタログ，オークションカタログが所蔵されている。日本でも，国立では東京国立博物館資料館や国立西洋美術館研究資料センターなどが設置され，主に館職員や研究者に対して学術資料がその利用に供されている。公立博物館においてもこの面でのさらなる充実が求められている。また，博物館資料等についての調査研究の発表の場として『研究紀要』の発行も必要である。

　議論に入る前に，「学芸担当者」とは海外でどのような職務を行う職種なのかを確認しておこう。イギリス博物館協会の"curator"についての職務記述では，この語は「絵画，岩石，剥製，道具等，何であれ，もののコレクションに責任を持つ人に対して総括的に用いられる用語」であるとされている。実際には博物館の規模によりその職務内容に幅があり，国立博物館では担当分野のコレクションに関する詳細な知識を持つその分野の権威で，勤務の大半がコレクションについての研究や著述に費やされるとされる一方，地域の博物館や独立系博物館では学芸活動の専門家であることに加え，マーケティング，資金調達，学校との協働，展覧会の企画などずっと幅広い仕事を行う必要があることが特記されている。博物館法がもともと想定していた学芸員は研究に特化した学芸担当者というよりも，多様な業務に携わる2番目のタイプの学芸担当者であったことがわかるが，かといって調査研究活動が軽視されてはならない。

　キュレーターは先述の職務記述にあるようにコレクションに責任を持つ人物のことで，イギリスでは keeper とも交換可能な語である。最近では，キュレーターは単にコレクションの責任者であるばかりではなく，とくにアメリカ英語では，展覧会を組織し手配する人をも意味するようになっており，展覧会を企画・構成するという意の"curate"という動詞も誕生した。加えて，現代

美術の分野では機関に所属せずフリーランスに展覧会を企画するインディペンデント・キュレーターも多数出現している。日本ではカタカナでキュレーターという場合，むしろ新しい意味で理解されている場合も多い。

（2）コレクションの研究と公開

　ここではキュレーターの原義に戻り，伝統的な学芸担当者の仕事を紹介する。
　収集・保管に加え，学芸担当者の最大の職務は，コレクションを分類，研究調査し，目録等で公開していくことである。たとえば，東京国立博物館では，『東京国立博物館図版目録』が1960年より随時刊行され，これまでに50ほどが刊行されている。また，東京国立近代美術館では，『東京国立近代美術館所蔵品目録』を1973年より改訂版を含め9冊が刊行された。愛知県美術館では開館年度に『愛知県美術館所蔵作品目録』が刊行され，増補版が2003年に経費の理由もありCD-ROMで刊行された。ただし，この形式はその後のOSのヴァージョンアップにより動作しなくなってしまうので，現在では各館とも印刷媒体かウェブサイト上のデータベースでの公開のどちらかである場合が多い。
　所蔵作品目録は，作品や資料のコマ写真と基本的なデータのみを掲載することで，1冊にできるだけ多くを収載する簡便版と，作品毎に詳細なコメントを付す詳細版の2種類が存在する。どんな作品が存在するのかをいち早く知るには簡便版が適しており，OA化の時代にあってもその利便性が失われることはないが，経費が掛かるため最近では改訂版が刊行されないままになっている館も多い。独立行政法人国立美術館では，「独立行政法人国立美術館所蔵作品総合目録検索システム」を公開し，最新の収蔵作品の情報を提供するともに著作権のクリアされている作品については図版が付されている。日本では詳細版が刊行されたことはほとんどなく，一般向けに簡潔な解説のついた「名品選」が刊行される場合が通例である。
　ロンドンのナショナル・ギャラリーでも当初は簡便版しか存在していなかったが（簡便版といえども，作者帰属などで担当学芸員の見識が試される），1980年代からは各セクションの学芸担当により詳細版が順次刊行されている。たとえば，フランス17-18世紀絵画担当キュレーターのハンフリー・ワインは大部の『17世紀フランス絵画』を2001年に刊行したが，キュレーターのライフワークと

いってよい偉業である。個々の作品には，作品データと大判のカラー図版に加え，来歴，出品歴，関連作品，科学的な調査の所見が付されるとともに，作品について多面的な角度から極めて詳細に学術的な説明を行っている。欧米の大型館における研究に特化したキュレーターは，こうした所蔵作品研究を継続的に行うことをベースとして，前述した収蔵品管理にまつわる一連の活動や企画展に携わるのである。

ただし，メトロポリタン美術館の「収蔵品管理方針」にあったように在庫確認は基本的には学芸部門の担当であり，棚卸しを雑務と考えるべきではない。じっさい映画『ルーヴル美術館の秘密』では彫刻部門の学芸担当者が在庫確認に勤しむ様子が活写されている。

最近では，詳細版の機能をウェブサイトに担わせている館もある。たとえばメトロポリタン美術館の収蔵品データベース"The Met Collection"では，まず各作品の基本データと図版に加え，会場での簡便な作品解説が提供されている。著作権がクリアされたものについては極めて高精細な画像データが提供されている。その上で，学芸スタッフによる研究史をふまえた詳しい解説が供されるとともに，科学的調査の報告や来歴，出品歴，文献歴のドキュメンテーションが付されている。注目されるのは文献歴で，単に網羅的に文献データを記すだけではなく，新知見や新解釈が提出された重要文献については簡単なまとめが付されていることで，随時更新されて研究の現状が手に取るようにわかるようになっている。情報を随時更新できるウェブサイトの強みを活かした取り組みであるといえよう。さらに同館のウェブサイト上の関連学術記事へのリンク，関係する自館刊行物への案内も付されている。

（3）木村定三コレクションの調査

わが国においてもコレクション研究はさまざまな形で行われてきたが，公立博物館におけるまとまったコレクション研究プロジェクトの例として愛知県美術館の木村定三コレクションの事例を紹介しておきたい。

木村定三コレクションは，名古屋の美術品収集家木村定三氏（1913‐2003）とその遺族から2001年から2004年度にかけて寄贈された，総評価額54億400万円に上る3,200点を超えるコレクションである。パトロンとして支援した熊谷

守一作品216点をはじめ，美術館の旧来のコレクションの厚みを増す作品も多数存在していたものの，与謝蕪村や浦上玉堂などの文人画をはじめとする江戸絵画，仏像，陶磁器，茶道具，書跡，はにわなど，もともとの収集方針に該当しない作品も多数含まれていた。しかしながら，購入ではないこと，愛知県美術館のコレクションを充実させ，活動の幅を広げる極めて質の高いコレクションの寄贈であることから積極的に受贈が決められた。寄贈先に愛知県美術館が選ばれたことは，日頃の学芸活動の成果が認められた証でもあり，大変喜ばしいことである。

　木村定三コレクションは点数としてはそれまでの愛知県美術館の所蔵品数とほぼ同数に上るもので，しかも館の学芸員の守備範囲を大きく逸脱する作品も多数に上ったため，その整理と調査研究をどう進めるかが大きな課題となった。特に江戸絵画の整理，研究のために日本近世絵画を専攻する学芸員が新たに採用されている。木村コレクションの中核をなす熊谷守一作品については2004年に展覧会が開かれ，お披露目がなされた。重要文化財の与謝蕪村や浦上玉堂を含む文人画コレクションについては，伝統ある美術史研究誌『國華』第1346号（2007）で「特輯　文人画と南画　旧木村定三コレクション（愛知県美術館）」が編まれ，詳しい学術的な紹介がなされた。2008年には『木村定三コレクション名作選』が編まれている。その他の作品については館外の各分野の専門家の協力を仰ぎながら調査や修復が順次なされたが，2006年の時点ですでに60名以上に調査が依頼されたという。その調査研究成果は，『木村定三コレクション研究報告』『木村定三コレクション研究紀要』『研究紀要　木村定三コレクション編』等にまとめられており，そのほぼすべてが美術館のウェブサイトに公開されているので参考にされたい。

　とくに注目すべき研究プロジェクトとしては，鎌倉時代の仏画《愛染明王像》の修復方針を巡って美術史家と修復家を交えて行われたシンポジウム（2007），《高麗鉄地金銀象嵌鏡架》の科学的調査（2011），平安時代の《木造不動明王立像》の解体修理と胎内画像の発見（2012）などが挙げられる。《不動明王像》は状態が必ずしも良好でないため修復のための予備調査が行われた結果，解体修理が決断されたものである。その過程で胎内から如来形画像と江戸時代の修復由来書が発見されている。京都国立博物館の学芸スタッフに本格的

な研究調査が依頼され，修理で判明した新知見をふまえつつ，仏像については定説より古い12世紀前半まで遡る可能性があること，前所有者が突き止められること，胎内画像については14世紀後半の極めて貴重な作例であること，由来書により新たな来歴が判明したことなどが新知見として報告された。

　こうした一連の調査研究は遺族からの少なからぬ調査研究費の支援も得て行われたものである。文化財，コレクションを未来に継承する博物館には保管，調査研究の責務がある。そのためにやはり一定の予算が措置されるべきであろうし，研究費や助成金を申請，受入・管理が可能な体制づくりが必要である。科学研究費については，研究機関認定されていない大半の公立博物館の学芸員は比較的少額の「奨励研究」に応募できるのみであり，民間の研究助成も笹川科学研究助成，ポーラ美術振興財団や鹿島美術財団の研究助成など，きわめて数が限られているのが現状である。こうした状況を変えるには博物館概論でも提起したように，一定基準以上の博物館では文部科学省が定める「研究機関」認定の要件を満たすことを博物館登録の必要条件にしていくことが必要であろう。博物館についての理解不足から予算削減を主目的に館全体に指定管理者制度が導入された自治体の博物館は不幸である（芦屋市，川崎市など）。学芸員が流失することで収集家，寄託者とのネットワークは失われるであろうし，1年契約の雇用では木村コレクションのような中期的な展望に立った地道な調査研究活動など不可能である。設置者の自覚と責任が問われている。

注
(1) 列品管理という言葉は東京国立博物館で使用されている。学芸研究部に列品管理課というセクションがあり，その下に登録室が存在している。ただし，レジストラーという職種が確立しているわけではなく研究員が担当している。
(2) 「保存担当者については「文化的なコレクションを保存し，時に修復する人物」であり，「人工物が劣化する理由と様態について理解し，それらを長持ちさせる手法に通じている必要がある」としている。
(3) 和鏡篇古墳遺物篇，北海道・東北古墳遺物篇，関東 1 古墳遺物篇，関東 2 古墳遺物篇，関東 3 古墳遺物篇，近畿 1 漆工調度篇（文房具），弥生遺物篇

(金属器), 中国書跡篇, 小袖服飾篇, 近代洋画篇, 仏画篇, 浮世絵版画篇 (上), 浮世絵版画篇 (中), 浮世絵版画篇 (下), 能装束篇, 中国古陶磁篇, 中国陶磁篇 1, 中国陶磁篇 2, 日本書跡篇 (和様 1), 日本書跡篇 (僧侶筆跡・唐様), 中国絵画篇キリシタン関係遺品篇, 大谷探検隊将来品篇, 経塚遺物篇仮面篇, 仏具篇, アイヌ民族資料篇, 日本陶磁篇, 鐔篇縄文遺物篇 (土偶・土製品), 縄文遺物篇 (骨角器), やまと絵篇, 刀装篇, 封泥篇, 日本彫刻篇, 印籠・根付篇, 琉球資料篇, 朝鮮陶磁篇 (土器・緑釉陶器), 朝鮮陶磁篇 (青磁・粉青・白磁), 武家服飾篇, 近代彫刻篇, 古写経篇, インド・インドネシア染織篇, 中世古文書篇, 東洋彫刻篇 1, 近代日本画篇 (巻子・画帖), インド細密画篇。

(4) 『東京国立近代美術館所蔵品目録』(1973),『東京国立近代美術館所蔵品目録：絵画』(2004),『東京国立近代美術館所蔵品目録：水彩・素描／書／彫刻 (立体造形)／資料／戦争記録画』(2006),『東京国立近代美術館所蔵品目録：版画』(1993),『東京国立近代美術館所蔵品目録：岸田劉生 作品と資料』(1996),『東京国立近代美術館所蔵品目録：補遺』『東京国立近代美術館所蔵品目録：補遺 若林奮資料』(1994),『東京国立近代美術館所蔵品目録：工芸』(2003),『東京国立近代美術館所蔵品目録：デザイン』(2003)。

引用・参考文献

アメリカ博物館協会 (1967)『博物館列品管理の方法』(国際博物館会議日本委員会訳, 原著：1957) 国際博物館会議日本委員会。
伊藤寿朗・森田恒之編 (1978)『博物館概論』学苑社。
千地万造編 (1978)『調査・研究と資料の収集』(博物館学講座 5) 雄山閣出版。
柴田敏隆編 (1979)『資料の整理と保管』(博物館学講座 6) 雄山閣出版。
浅野徹 (1992)「序に代えて——愛知県美術館のコレクション」『愛知県美術館所蔵作品選』愛知県美術館, 5-9 頁。
倉田公裕・矢島国雄 (1997)『新編 博物館学』東京堂出版。
並木誠士ほか編 (1998)『現代美術館学』昭和堂。
加藤有次ほか編 (1999)『博物館資料論』(新版博物館学講座 5) 雄山閣出版。
加藤哲弘ほか編 (2001)『現代美術館学Ⅱ 変貌する美術館』昭和堂。
西野嘉章編 (2001)『真贋のはざま デュシャンから遺伝子まで (東京大学コレクション)』(http://umdb.um.u-tokyo.ac.jp/DPastExh/Publish_db/2001

Hazama／）東京大学出版会。
小川千代ほか編（2003）『アーカイブ事典』大阪大学出版会。
井出洋一郎（2004）『新版・美術館学入門』明星大学出版部。
東京国立博物館・博物館情報処理に関する調査研究プロジェクトチーム（2005）「ミュージアム資料情報構造化モデル」https://webarchives.tnm.jp/docs/informatics/smmoi/
大島一洋（2006）『芸術とスキャンダルの間　戦後美術事件史』講談社現代新書。
村田眞宏（2007）「木村定三コレクションの寄贈から今日まで」『木村定三コレクション研究報告書１』愛知県美術館，6 -12頁。
全国大学博物館学講座協議会西日本部会編（2012）『新時代の博物館学』芙蓉書房出版。
大堀哲・水嶋英治編著（2012）『博物館概論　博物館資料論』学文社。
青木豊編（2012）『人文系博物館資料論』雄山閣。
国立歴史民俗博物館（2015）『大ニセモノ博覧会　贋造と模倣の文化史』国立歴史民俗博物館。
金子伸二・杉浦幸子編（2016）『ミュゼオロジーの展開　経営論・資料論』武蔵野美術大学出版会。
〈特集〉アーカイヴは可能か？『芸術批評誌リア』39号，2017年。
キーゾル，ヘンリ（2017）「F for Foax　美術史の／における贋造」（岩谷秋美訳）『HERITEX』2, 215-236頁。
幸福輝編著（2018）『国立西洋美術館オランダ絵画・フランドル絵画』国立西洋美術館。
Wine, Humphrey（2001）*The seventeenth century French paintings*（National Gallery catalogues），London : National Gallery Company.
McCarthy, Conal（ed.）（2015）*Museum practice*, Malden, Mass.: Wiley-Blackwell.
イギリス博物館協会ウェブサイト：https://www.museumsassociation.org/home
"Collections Management Policy"（American Alliance of Musuem）": https://www. aam-us. org/programs/ethics-standards- and- professional- practices/collections-management-policy/
"Collections Management Policy"（The Metropolitan Museum of Art）: https://www. metmuseum. org/about-the-met/policies-and- documents/collections-management-policy

■□コラム□■

国立西洋美術館による松方コレクションの
カタログ・レゾネ作成プロジェクト

　先ごろ待望久しい大部な『松方コレクション　西洋美術全作品　第1巻　絵画』（平凡社）が刊行された。松方コレクションといえば国立西洋美術館のコレクションのことを指すが，この書籍，じつは西洋美術館の所蔵する松方コレクションについての"カタログ・レゾネ"ではない。

　カタログ・レゾネ（catalogue raisonné）とは特定の美術家の作品総目録のことを指し，個々の作品のデータ，来歴，出品歴，掲載歴などの学術的な情報を網羅的に収載するもので，その作成には膨大な労力と時間が傾注されている。著名な画家や彫刻家には決まって定本となったカタログ・レゾネが存在し，たとえばピカソでは33巻本のクリスチャン・ゼルヴォスの編纂したものが著名である。ピカソの作品はゼルヴォス（Zervos）の著作の何番であるかにより作品が特定され，たとえば，愛知県美術館の《青い肩掛けの女》（1902）は「Z. 155」である。カタログ・レゾネの呼称は特定のコレクションや版画工房の全制作作品の目録に用いられる場合もある。

　松方コレクションを形成したのは，造船業で財をなした松方幸次郎（1866-1950）である。イギリスの画家ブラングィンを助言者にコレクションを始めた松方は，モネから直接購入するなどして膨大な西洋美術のコレクションを築き，本物の西洋美術を日本で見せるべく1920年代初頭には「共楽美術館」を設立する構想を具体化しつつあった。

　しかしながら，関東大震災や世界恐慌による経済悪化に加え，奢侈品に対する関税が100%とされたことからコレクションの日本への輸入もままならなくなったことで美術館構想は頓挫することとなった。イギリスに保管された作品群は1939年に焼失し，フランスに保管された作品は敗戦により連合国側に接収された。国内に輸送されていた作品も相次

『松方コレクション　西洋美術全作品　第1巻　絵画』（平凡社, 2018）

いで売却を余儀なくされた。接収作品についてはサンフランシスコ講和条約（1951）を機に19点を除き370点が寄贈返還されることとなったのだが，それを収蔵展示するために建設されたのが国立西洋美術館である（1959年開館）。

　売却された作品にはすでにブリヂストン美術館（現アーティゾン美術館）や欧米の美術館などに収蔵されたものも多いが，さまざまな研究者が継続して旧松方コレクションの追跡調査を行い，いくつかは西洋美術館に買い取られたり（古くはクリヴェッリ（1963年度），最近ではセガンティーニ（2007年度）など），他の日本の美術館に購入されたりしている。焼失作品については2016年にリストが発見され，総作品が953点であること，約半数がブラングィンの作品であることなどが判明した。冒頭の『全作品』は，コレクションを預かる国立西洋美術館の学芸スタッフがその責務を果たすべく長年蓄積してきた膨大な学術情報をまとめ，旧松方コレクションを含めた松方コレクションの全貌を明らかにしたものである。地味ではあるが，きわめて学術性の高い国際水準のこうしたカタログ・レゾネの刊行が日本でようやく果たされたことを慶びたい。

（栗田秀法）

■□コラム□■

公開承認施設

　国宝を含めた重要文化財を，その所有者以外が展示する場合，基本原則，文化庁長官の許可が必要である。そのため博物館が館蔵品ではない重要文化財を展示する展覧会を企画した場合，所有者への借用にいたる手続きに加え，さらに文化庁への申請というまた別の膨大な労力が必要になる。

　しかしあらかじめ文化庁より承認を受けておくことで，その都度許可を得なくてもよい施設があり，それを「公開承認施設」という。公開承認施設であれば，重要文化財の展示に際し，展示後の届け出だけで済むという手続き上の簡略化が許されるだけでなく，県や市指定の文化財の手続き，あるいは大型海外展に対し国が行う国家補償の申請に関しても，前提条件が変わってくる。それゆえ，公開承認施設になれるか否かは，展覧会事業を行う館にとっては意外と影響が大きい。

　しかし承認の基準は厳しく，まず過去5年間の内に，3回以上の重要文化財公開の実績がなければ申請はできない。そして「保存及び活用について専門的知識又は識見を有する施設の長」「学芸員の資格を有する者であり，文化財の取扱いに習熟している専任の者が二名以上」といった条件を筆頭に，文化財のための環境やその他の細かい諸条件が続く。

　この基準を満たしていることを証明するためには，館長以下，学芸員全員の履歴書や，設置者，設備，防災体制，文化財のための環境，過去の展覧会実績などに関する詳細な書類を提出しなければならない。

　さらに承認の基準を厳しくしている条件として，提出書類が自己申告によるものだけではないことがある。防災体制については管轄消防署の意見書が必要になり，また初めて文化財を公開する場合，新築・改築した場合に必要になる，独立行政法人東京文化財研究所（以下，東文研）が作成する環境に関する「調査報告書」を添えて文化庁に申請しなければならない。本文112頁に掲げた表4-2は，この東文研が公表している基準値であるが，つまりこの基準がその館が「公開承認施設」として認められるか否かの，一つの基準にもなるのである。

（長屋菜津子）

| 第4章 | 博物館資料保存論 |

1　博物館における資料保存

（1）保存機能としての博物館

　英語圏では"Preservation"，"Conservation"と二つの単語で区別されているものが，日本ではその両方が「保存」と訳される。

　2015年11月17日にUNESCOは55年ぶりとなる博物館の国際的なスタンダードを示す勧告を採択した。「博物館及びその収集品並びにこれらの多様性及び社会における役割の保護及び促進に関する勧告」である。この第2章「博物館の主たる任務」の最初に「保存」があり，「調査」「伝達」「教育」と並ぶ。ここでの「保存」は"Preservation"の訳として使用されている。

　この「保存」の項の内容は次のようなことが書かれている。

　　第7項　遺産の保存（preservation）は，使用され，及び保管される場合に収集品の完全性を確保しつつ，安全，予防的及び修復のための保存（conservation）並びに博物館の物件の修復に加え，取得及び収集品の管理（リスク分析，危機対応のための能力の開発及び緊急計画の作成を含む。）に関連する活動から成る。
　　第8項　博物館における収集品の管理の重要な要素は，専門的な目録の作成及び維持並びに収集品の定期的な管理である。目録は，博物館を保護し，不正取引を妨げ，及びこれと戦い，並びに博物館が社会においてその役割を果たすことを支援するために不可欠な手段である。目録は，また，収集品の移動についての健全な管理を円滑にする。

　このように"Preservation"の方が活動の範囲が広く，管理的な意味合いも

含まれる。専門による職制の区分がはっきりしている博物館では，レジストラー（registrar），ドキュメンタリスト（documentalist）あるいはアーキヴィスト（archivist）という専門職もその役割を担っている。

　本章の主な内容は，「保存」のうち，おおむねこのUNESCOの2015勧告の第7項に該当し，第8項は「博物館資料論」が該当する。そして第7項は第8項が成立していないところでは成立しないので，本章もその前提で話を進める。

　図4-1は主な資料の劣化とその要因をまとめたものである。資料の劣化を抑制するための対策を，このチャートのいずこかに講じなければならないのだが，いずれも資料ごとに生じている劣化の傾向を早期に発見することが大切になってくる。そのために資料ごとの状態調査が必要である。またどんなに対策を講じていても，各資料はどこかのタイミングで積極的な処置（修復・修理）を行わなければならない時期を迎えることになるだろう。この章ではまず状態調査，そして現在，博物館資料に対して考えられている保存処置への考え方，修復理論について概観したのち，劣化抑制のための具体的な対策についての各論を述べる。

（2）状態調査の目的

　博物館における「状態調査」とは，どのようなことを言うのであろうか。博物館の現場では，似た言葉に「点検」や「調査」という言葉も使用される。実は日本の博物館学において，まだこれらの言葉の定義は定まっていないのが実情ではあり，冒頭で述べた"Preservation"と"Conservation"の混同が最も顕著に出る部分でもある。活動として似たような作業に思われても，本来の「状態調査」は目的が異なるので，言葉を整理しながら「状態調査」の目的を明らかにしてみよう。

　まず，「点検」という言葉で表すのは，全体の個数や付属品の有無など，主にリスト化されたものと比較する作業であることが多い。新規の収集品あるいはその候補など，まだリスト化（目録化）がされていないもののリスト作成作業も含まれる。おおむね「正常か，異常か」以上の結論を求めるものではないので，これを状態調査と混同してはいけない。しかしこれが冒頭で述べたUNESCO勧告第8項の内容であり，"Preservation"の基礎でもある。

第4章 博物館資料保存論

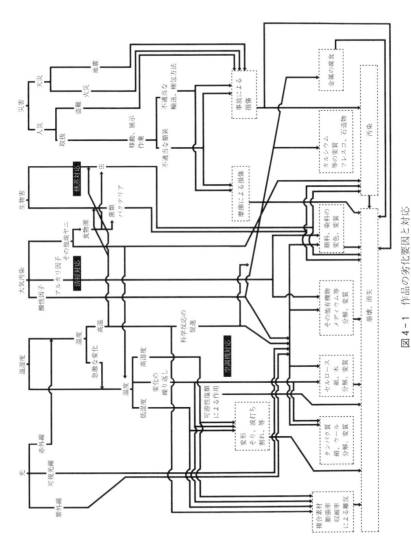

図4-1 作品の劣化要因と対応

出典：長屋菜津子（1994）「愛知県美術館の保存対策 その1」『愛知県美術館研究紀要』第1号、59頁。

次に,「調査」について見てみよう。博物館の調査は,目的によって大きく二つに分けることができるだろう。資料の価値や意味の追求を目的に調査がされる場合,これを「学術調査」ということが多い。一方,資料の価値や意味と無縁に,物質としての側面を客観的に観察し,その時点での状態を記録する調査も必要であり,これを「状態調査」という。状態調査は客観性が何より重要であり,判断以前の観察・測定・記録が重視される。そして蓄積されることで真の意味を持つ。状態調査も最終的には「状態が良い,悪い」の判断が付くのであるが,主要な部分はそこではない。実際の調査作業では学術調査と状態調査は確認する項目に重なりがあり,兼ねられる場合も多いのだが,目的が異なる点に留意したい。

　「点検」「調査」の語義を確認したところで,本題に戻ろう。「状態調査」で得る情報は二つのカテゴリーに分けられる。つまり「意図されたこと」と「現状のその結果」である。「意図されたこと」とは,作者もしくは他者(額装者等)が判断し取り入れたことであり,資料の製作技法,付属品の成り立ちなどである。これをまず見極め,続けてそれが現状,どうなっているかを観察するという観点が必要である。借用作品などに行う簡易な状態調査では,「現状のその結果」のみに省略される場合もあるが,所蔵品はとくに「意図されたこと」について詳細な記録を取る努力をしなければならない。「劣化していない」という判断を行う前に,「劣化していない状態」がどのような状態であるのかが記録されていないと,経年変化への観察の基準が定かにされない。そのような状態調査記録は数十年後にはあまり意味を持たないものになってしまう。

　定期的に状態調査を行うことで,情報が追加され経過が記録される。しかし付属品の改良や修理を行うと「意図されたこと」の情報が異なってくるので,調書を最初から作りなおす。しかし前の状態調査記録も新たな調書とともに保管されなければならない。近年,デジタル上で状態調査記録を管理するところが増えてきたが,この場合も状態調査の本来の意味を理解し,上書きにより古い情報を消去したり,アナログ時代の調書を廃棄してはいけない。

　なお,作品の個々の状態を示す単語について,まだ日本語ではスタンダードがない。人や工房によって,あるいは分野によって異なっているのが現状である。これは学芸員になってから所属する博物館での用語を学習するしかないの

だが，分野によって異なるということは知っておくべきであろう。用語もそれぞれ文化的背景を持っており，それはそれで尊重されるべきである。

しかし弊害もある。たとえば海外展の多い美術館業界では，油彩画の絵具層がなくなってしまった部分について，「欠」という言葉で記録する学芸員は多い。英語では"loss"と表記されるので，おそらくその訳として定着したものと思われる。しかし，たとえば中国など漢字を用いる言語圏では，また日本であっても，漢字文化を色濃く背景とした文化や歴史を扱う博物館の場合，「剥落」と「欠損」は明確に使い分けられている。この二つはいずれも絵具層が失われた損傷に使用されるが，「剥落」は自然発生的なものであり，「欠損」は人為的なものに使用され，原因が示唆されている。日本画の状態調書に安易に「欠」を使用すると誤解を招く。

同様のことは海外でも生じているようで，アメリカのレジストラー協会が状態用語を整理し，用語集を作ったことがある。そこで興味深かったのは"scratch（掻き傷）"という単語が姿を消していたことである。「掻き傷」も原因を特定した単語である。そのような単語を排除し，絵具層がなくなった状態なのか，擦傷なのかといった，結果のみを客観的に記録しようという試みである。現実にはアメリカの調書であっても"scratch"の単語を見ることは多い。しかし観察および記録の考え方が協議された結果としては評価したい。

状態調書は蓄積されて意味を持つということは先に述べた。記録される用語や表現も，その時代でのみ理解されるようなものは避けなければならない。たとえば，もはや「わら半紙のような紙」と書かれていても，どういうものを指すのかよくわからない。同様に現在は誰もが感覚的にわかる「上質紙」「再生紙」の区別も，30年後には理解されなくなっているかもしれない。記録を取る上では，普遍的な用語を使用することを心がけ，とくに比喩表現を用いる場合はこの観点に留意したい。

（3）資料の修復——踏絵イコン修復の具体例

修復技術は資料によって異なるので，ここでそれをすべて紹介することはできない。そこである例を通じて，現在，主流となっている博物館資料への修復への考え方を説明することとする。

20年ほど前に，あるシンポジウムで演者から次のような問いが示され，非常に話題になった。

　「ある博物館がイコンを収集した。そのイコンは17世紀にロシアで制作され，日本に入った後，踏絵として使用された経歴を持つ。板には無数の傷が入り，絵具層も落ちてしまった部分もあるが，残った絵具層も浮き上がり，今にも落ちそうな状態の部分もある。このイコンはどのように修復されるべきか？」

　まずこの「問い」の前提として油彩画の一般的な修復方法を説明しなければならない。カンバスに描かれた油彩画の一般的な構造は図4-2①のようになっている。油彩画の損傷の仕方にはさまざまな現象があるが，ここでは絵具層のみの損傷について考えてみたい。

　図4-2②は絵具層に亀裂（英：crack）が生じた状態である。図4-2③はさらに絵具層に対し水平方向に亀裂が入っている。この症状には「剥離」とか「浮き上がり」（英：cleavage）といった用語が用いられる。図4-2④はさらに絵具層がなくなってしまった損傷であり，状態調査の項で取り上げた「剥落」「欠損」（英：loss）の状態である。なお，「欠損」「欠失」は支持体や構造体の損傷に用い，絵具層・着色層の損失に「剥落」を使用することで区別している分野もある。

　オリジナル部分の尊守は博物館資料の保存理論の上では鉄則であるため「剥離」部分は固定が必要である。絵画の場合，修復の方針によって特に差が生じるのは，主に鑑賞の妨げになるような亀裂，剥落の部分への手当ての仕方である。油彩画の場合は次の処置が付加される。

　図4-2⑤は剥落部分に「充填」がされた状態である。これは修復家が加えたものであり，充填に使用される材料は，後にオリジナルを傷付けないようにその部分だけが除去ができる素材が選択される。

　図4-2⑥は充填された部分の上に，着色がされた状態である。このような着色を「補彩」という。ひと昔前はこの補彩部分が他のオリジナル部分に溶け込み，「どこが補彩かわからない」と言われるのが「うまい補彩」と評価されていたが，現在では商品でもない限り「鑑賞上妨げにならず，よく見ればオリジナル部分と補彩（オリジナルではない部分）が区別できる」レベルを目指して補彩が行われる。そのため点描でのみ着色を行ったり，縦線の重なりで着色を

第 4 章　博物館資料保存論

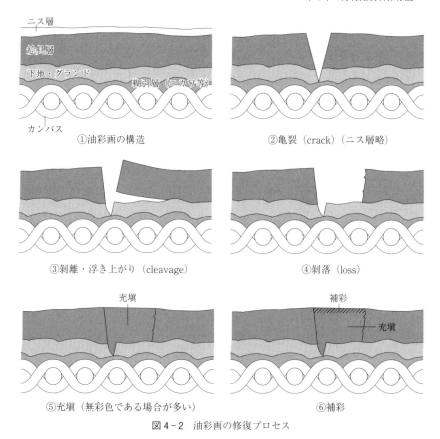

図 4-2　油彩画の修復プロセス

行ったりといった工夫がされる場合もある。なお補彩がオリジナルを覆ってはいけない。これもまた鉄則である。

　では冒頭の「問い」に戻ろう。シンポジウムにおいても具体的に作品画像が提示されたわけではないので，まずこの短い文から作品の状態を整理してみよう。

　まず，板絵であることから，板にもヒビが入っているかもしれないこと，そして傷が入っているかもしれないことがわかる。本来は板の状態はもっと詳しく調査され，状態を把握した上で処置の方法が判断されなければならないが，ここでは絵具層の問題に特化して先に進めよう。

103

絵具層については何がわかるだろうか。まず1点は，剥落した絵具層があることである。また，同時に剥離した（浮き上がった）絵具層があることも推測できる。

先も述べた理由により，放置すれば無くなる可能性のある剥離部分の接着・固定は必要不可欠であるが，次の工程である充塡と補彩の必要性，あるいはレベルの設定が，「どの地点を目指して修復されるべきか」という観念的な問題に直結する。17世紀に作家が「制作完了」とした時点を目指せば，傷の多くは手当てされる必要があるだろう。しかし，日本に入った後に，踏絵として使用された後の時点を目指せば，傷の一つ一つが選別されて，踏絵としての使用痕は残されなければならない。この「問い」が有名になった理由は，修復の目的によって処置の方法が異なるということがわかりやすくイメージされるからである。

このイコンが博物館の所蔵品であった場合，この方針の決定に密接な関係を持つのが「収集方針」である。その博物館が美術品としてこのイコンを所蔵としたのか，踏み絵というキリシタン迫害の歴史資料として収集したのかによって，修復方針が異なってくる。

いずれにせよ修復以前の状態調査は綿密に行われる必要があり，かつ修復のために「解体」の段階が生じるなら，その間に得られた情報も記録されるべきである。もし上記の資料が17世紀のイコンとして修復された場合は，日本で踏み絵として使用されてきた歴史資料としての多くの情報を失うことになる。どのようなものであれ修復作業は，多かれ少なかれ修復する対象が持っている情報を消去する作業にもなり，できるだけ多くの情報を引き出し，記録する努力を怠ってはいけないのである。

とりわけ美術品の場合，市場に出ているものは，ほとんど状態調査記録や修理記録が残されない。所有者あるいはその時代の嗜好によって，少しずつオリジナルから離れていく市場の欲求を止めることはできないだろう。しかし博物館はその資料の成立と継承，両方の時代背景に関する情報を保存することが重要であり，その意味において付属品を含めた状態調査および修復記録の蓄積は，博物館使命の一つであると言える。

また，修復は完全な「再生」にはなり得ない。よって学芸員は次項から詳し

く解説する劣化の抑制に対する対策を何より自分たちの使命と考えたい。

2 博物館の保存環境

(1) 温度と湿度の管理

　資料が物質でできている以上，自然摂理のなかにある。劣化にもいくつかの現象によるものがあるが，そのうち化学反応と生物劣化は，温度は低いほど抑制される（水分が凍結する温度以下を除く）。しかし資料は人間に利用されるために保存されるのであって，あまりにも低温状態ではそれを危うくする場合がある。そのため温度は人間にとっての適温の範囲内で，低い温度が選択されるのが通常である。ただしフィルム類は温度による影響が大きすぎるので低温で保存することが望ましい。いずれにせよ急激な温度変化は厳禁である。

　湿度は素材によって適正な範囲が異なる。表4-1は世界的によく用いられる指標であるが，日本の場合は，下記より若干高めの湿度をとる分野もある。

　ところで，湿度は温度と密接な関係を持つ。図4-3は空気線図と呼ばれるものである。X軸は温度を表し，Y軸は水分量（絶対湿度，空気1kg中に占める水分の重さ）を表す。右上がりの一番上の曲線は，その温度の空気に対し溶け

表4-1　国際文化財保存学会（IIC），国際博物館会議（ICOM），
　　　　文化財保存修復研究国際センター（ICCROM）の素材別推奨湿度

湿　度	相対湿度	
高湿度	100%	出土品（処置前，要防カビ処置）
中湿度	55〜65%	紙・木・染織品・漆
	50〜65%	象牙・皮・羊皮紙
	50〜55%	油彩画
	45〜55%	化石
低湿度	45%以下	金属＊・石・陶磁器（要脱塩処理）
	30%以下	写真フィルム

＊　塩化物塩を含む鉄製品の場合は，RH10〜19%でなければ腐食は進行する。
出典：Watkinson, D. and Lewis M. (2005) "Desiccated Storage of Chloride Contaminated Archaeological Iron Objects," *Studies in Conservation*, 50. 柳田明進（2018）「保管・展示時の鉄製遺物の劣化に及ぼす湿度の影響」『保存科学研究集会「金属製遺物の調査・研究に関する最近の動向」要項集』

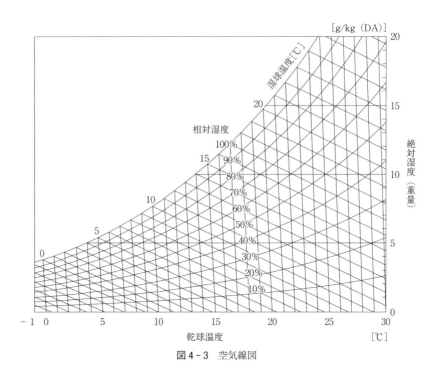

図4-3 空気線図

込むことができる最大の水分量を表す。温度が高いほど,溶け込むことができる水分の量は多くなる。

　湿度は一般的には「60％」などと,％の単位を付けて表されることが多いが,これは相対湿度といい,正確には「RH60％」と,相対湿度であることを表すRHを付けて上記絶対湿度と区別する。この相対湿度とは,その温度の空気に溶け込むことができる最大の水分量を100％とし,該当する空気に実際は何％の割合で水分が含まれているかを表す。空気線図上の,右上がりの曲線は各温度の同一％を結んだ線である。図上で,その温湿度を示すポイントから,その温度の一番上の曲線に達する距離が長ければ長いほど,その空気はまだ水を溶かしこむことができる量が多い。言い換えれば,その空気環境に置かれているモノを乾かすということである。そのため博物館資料の保存環境の指標には,相対湿度の方がより重視される。

　ここで留意しなければならないのは,同じ含水量の空気であっても,温度に

第4章　博物館資料保存論

よって相対湿度が変化するということである。完全に水分の出入りを遮断した密閉空間を作っても、その温度が変わると相対湿度は変化し、モノを乾かす能力は変わるということを知っておかなければならない。

　この空気線図上で簡単な演習を行ってみよう。

　（1）温度28℃、湿度 RH 80％の空気を表す、空気線図上の点を示せ。
　（2）この空気が温度12℃まで冷やされた場合の空気の変動を、空気線図上で示せ。
　　　　　　　　　　　　　　　　　　　　　　　　（解答は図4-4を参照）

　温度が下がるということは、X軸の方向にそのまま左に移動させていけばよいわけだが、温度が24℃の地点で、その空気が溶かすことができる水分の量を超過してしまう。1kg、28℃、RH 80％の空気には、約19gの水が含まれているのだが、12℃の空気には、約9gの水しか溶け込むことはできないのだから、残り10gの水はどうなるのであろうか。

　実はこれが結露水の正体である。夏の暑い日（28℃、RH 80％と想定しよう）、冷えた麦茶（12℃と想定しよう）をガラスのコップに入れると、ガラスの周りに水滴が付く。28℃、RH 80％の空気が12℃に冷やされた結果、空気中の水分（水蒸気、気体水分）が水（液体水分）に変化したのである。

　借用や新規収集などで、外部から資料を持ち込むとき、そこが素材に対して最適とされている湿度であっても、すぐに梱包を解いてはならない。それはその資料がそれまで置かれていた環境、また輸送中になってしまった資料の温度との急激な変化を避けるためである。梱包材を解かずに新たな環境に徐々に慣らしてゆくことを「慣らし」あるいは「シーズニング」という。

　また資料が異なる素材により構成されている場合、適正な湿度の範囲内であっても湿度の変化が繰り返されることによって劣化が生じる場合がある。また図4-2①（p. 103）に戻るが、油彩画の場合、支持体であるカンバスは多くの場合、麻の繊維と吸湿性の高い膠で出来ており、湿度が高いと膨張傾向を示す。これに対して絵具層は吸湿性が乏しい。このような複合素材によってできた資料に、繰り返し湿度変化を与えるということは、図4-5のような動きを与えることになり、結果、図4-2②と③のように亀裂や剥離を生じさせる。

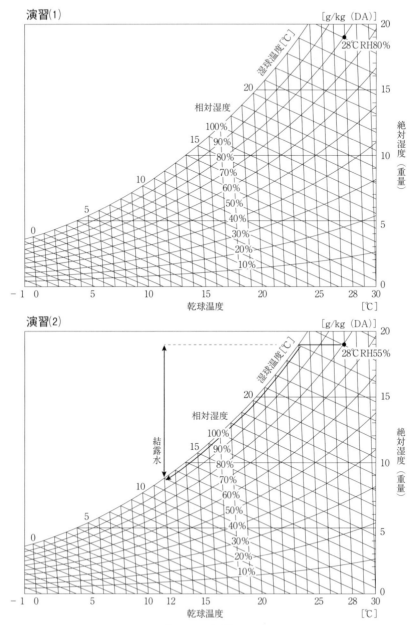

図4-4 演習問題

第4章 博物館資料保存論

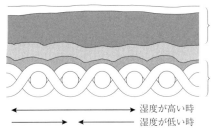

図4-5 油彩画の湿度変化による動き

よく似た現象は漆等の塗膜を持つ資料にも見られる。

資料周辺の温度湿度の変化を抑制するため，博物館ではおおむね二つの対応に重点がおかれる。一つは空調設備であるが，もう一つは「調湿剤」の活用である。調湿剤とは周囲の急激な湿度変化を緩和させる作用を持つものである。木材や紙なども調湿機能を持っている。しかし調湿剤として市販されているものは，木材などよりも格段に少ない量で湿度変化を緩和することができるため，密閉型ケースなどの展示に使用される。調湿剤は商品によって予め基準となる相対湿度が設定された状態で出荷されているので，資料に応じた品種を選択する。商品ごとにおおむねの使用量が示唆されており，調湿の能力には限界があるので，その能力を超えて吸湿，あるいは放湿をしなければならない状況の場合は，定期的に交換する必要がある。また繰り返し吸放湿を行うと，徐々にその能力も低下し，このためにも交換が必要になる。

（2）空気による劣化からの保護

空気の汚染物質は個体のものと，ガス状のものとの二つに大きく分けることができ，また取られる対策も異なる。

固体（粒子状物質）

空中浮遊塵，落下塵あるいは空中浮遊菌などをまとめて粉塵という。粉塵はその粒子の大きさ（粒径）により挙動が異なり，粒径が小さいほど拡散しやすく落下しにくい。図4-6は水滴が2m落下するのに要する時間を，粒径（相対沈降径）から計算しグラフ化したものである。実際の粉塵は水よりも比重が

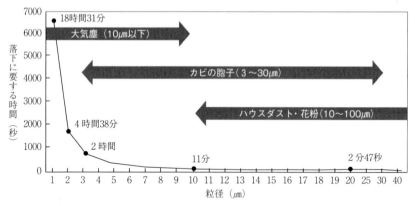

図4-6　粒径の差による水滴の落下時間差（落下距離 2m の場合）
出典：筆者作成（計算には $V_t = 0.003 \cdot d^2$ を使用）。

軽いものも多く，また形状が複雑なことにより空気抵抗が増えるので，この計算値より落下するのに時間がかかることが予想される。また現実の収蔵・展示空間では，気流もあるのでさらに落下しにくい。通常の空間では 2μm 以下の粉塵は落下せず漂い続けるとする文献もある。

　浮遊状態の粉塵への対策は，空調機内のフィルターや空気清浄機の導入が考えられる。しかし一般的な空調機のフィルターの場合，だいたい 3μm 以下の粒子にはあまり効果が無い。中性能フィルターや HEPA フィルターといった集塵を強化するためのフィルターの設置が望ましい。フィルター式の清浄器にはこのグレードのフィルターがあらかじめ備え付けられている。空気清浄機には，粉塵を帯電させて集塵するタイプがあるが，これはオゾン等ガス系の汚染因子を生み出す可能性があり，使用はフィルター式の清浄機に限るべきだろう。

　落下した粉塵への対策は清掃であるが，家庭用レベルの掃除機だと上記空調機のフィルターと同様，3μm 以下の粉塵が集塵できないどころか，かえって排気口から粉塵をまき散らす結果になる。収蔵庫のなかなどでは HEPA あるいは ULPA フィルター付きの掃除機を使用したい。日本では「クリーンルーム用掃除機」のカテゴリーに分類されている。

　ただ，たとえ ULPA フィルター付き掃除機を使用しても，掃除機が吸引するのは，おもに落下塵である。人が往来し，激しく作業を行っているところで

吸引清掃を行うのは実は効率が悪い。舞い上がった粉塵は空調機や空気清浄機のフィルターに引っかかれば良いが，そのまま翌日にはまた落下してくることになる。後の生物被害の項でも述べるが，特にカビの生えた資料を処置する部屋などは，カビの胞子の挙動を考慮する必要があり，これはたとえ空気清浄器が使用されている部屋でも同様である。

　一般的な清掃は目に見える粉塵を対象に，見たままの対応を行えばよいが，資料保存の観点から行う清浄化作業は，むしろ見えないレベルの粉塵が問題であり，その挙動を想定した手順の組立てが必要である。

ガス状の汚染物質

　ガス状で資料に対し有害な主な汚染物質には下記があり，発生源によっておおよそ以下の三つに分けることができる（（　）内はその発生源）。いずれも資料を変質・変色させる。

- 博物館の外からくるもの：硫黄酸化物（工場等），窒素酸化物（自動車等），塩化物（海）
- 博物館の建物や造作物から発生するもの：アルカリ物質（コンクリート），ホルムアルデヒド（合板，接着剤，木材用防虫剤，壁紙のコーティング剤），有機酸（木材，接着剤等），硫黄・硫化物（合成ゴム・接着剤）
- 人から発生するもの：二酸化炭素（呼吸）

　外からくる汚染因子は，取り込まないようにする設備投資が不可欠である。空調機の外気取り入れ口にフィルターを設置するなどの対策を講じる。

　内部に発生源を持つ汚染因子は，いずれも換気がまず重要な対策となるだろう。しかし資料がある室内に対しては，この換気が難しいことが多い。

　建物や造作物から発生する因子に関しては材料の吟味が重要である。最近では化学物質過敏症という人体への影響も考慮され，建物や内装材に使用される材料の基準がかなり厳しくなってはいるが，まったく出ないというものはない。博物館を新築・改築する場合，竣工後，資料を持ちこむ前に十分な期間（これを「枯らし」という）を設けるべきであり，開館のための計画にはこの期間を考

表4-2 室内汚染物質の上限目安濃度

物 質	濃 度
アンモニア	30ppb以下
ギ 酸	10ppb以下
酢 酸	170ppb以下
ホルムアルデヒド	80ppb以下
アセトアルデヒド	30ppb以下

出典：東京文化財研究所保存修復科学センター保存科学研究室「文化財公開施設の室内汚染物質測定に関するお問い合わせについて」
http://www.tobunken.go.jp/~hozon/announcement/ann3.html

慮する必要がある。建築に使用される材料はさまざまであるので，汚染因子も複合的に発生し相互に関与しあう。また汚染因子として材料から出てくるタイミングもさまざまである。開館後も造作物は展覧会のたびに製作されるのが常だが，これも資料が展示される前に十分な枯らし期間を設定して準備されるべきである。

表4-2は文化財を収蔵・展示する室内について，東京文化財研究所が公表している上限目安濃度である。いずれも単位が ppm ではなく ppb である。この単位の測定ということになると特別な測定機器がないと測定ができない。新築・改築の直後の環境調査には専門業者に頼むなり，測定機器をレンタルする費用の準備が必要である。

ここまでの精度ではないが，その後の経過観察や，造作物の影響などについて，もっと簡易な観察をする方法がある。これをモニタリングといい，今日，学芸員でもできる方法としては，変色試験紙法（㈶文化財虫菌害研究より「環境モニター」として市販）と，パッシブインジケータ法（㈱太平洋マテリアルから市販），北川式検知管（光明理化学工業㈱から市販，要専用エアーサンプラ）が挙げられる。

換気だけでは対応できない場合は，空調機内に専用のガス吸着フィルターを設けたり，室内にガス吸着シートを設置して対応する。ただしこのガス吸着シート類は，なんでも吸着できるというシートではなく，ガスの特定を行い，必要なシートの種類を選択しなければならない。

日常管理として二酸化炭素についてはある程度知っておきたい。二酸化炭素

は人間が発生源であり，室内に人が増えれば増えるほど多く発生する。法律上，1,000ppm以下と定められているのであるが，人の増減によって変化するものである。博物館で二酸化炭素濃度に応じて換気量を自動で調整するような機能を持つところはまずない。そのため実は入館者の非常に多い展覧会では，展示室内の二酸化炭素濃度が資料に影響を及ぼすほど上がっていることがあるのである。大学の講義中の教室でも2,000ppmまで上がることがあるという。満員電車のなかでは瞬間的に6,000ppmにも達すると言われている。

二酸化炭素は水に溶けることにより炭酸水となり，酸性物質として資料との接触により化学反応を引き起こす。3,000ppmで顔料が剥き出しであるパステル画の変色が認められたという実験結果を口にする研究者もいる。

ある展覧会での1日の二酸化炭素濃度を測定してみた。この展覧会ではあらかじめ多くの来館者が予想されたため，展示室内の滞留人数を1,500人以下とし，それを超える場合は入館制限を行うという設定が協議されていた。これは主催者側が，作品を鑑賞する際，1人当たりに必要な床面積を0.5m^{2}とした上で，展示室の総床面積から割り出した数字でもあった（ただし平均であるので，主要作品前の混雑は緩和されない）。なおこの展覧会は真夏に行われ，かつ温度湿度に敏感な作品であったため，換気量の増加という方法は選択できなかった。取り入れる外気量が増えるほど，温湿度のブレが大きくなるためである。

このときの記録によれば，この展示室の場合，その時点での滞留人数と二酸化炭素濃度が直接的に相関関係を示すのではなく，その時間の滞留人数とその1時間前の滞留人数との和に対し，おおよその相関関係を示し，滞留人数1,500人の状態が2時間続くと，二酸化炭素濃度が3,000ppm近くになることがわかった。また閉館後，来館者が帰った後も，濃度が通常まで下がるのにおおよそ2時間が必要であった。これはこの展示室内体積および換気量での結果であり，各博物館によって条件は異なる。毎回，混雑する展覧会で濃度計測を行う必要はない。一度，計測すればおおよその傾向と限度はわかる。しかし気分が悪くなる来館者が出るような展覧会で対策をなんら考えないのは，資料保存以前の問題でもある。

（3）光による変色・劣化

　壁にカレンダーを1年間貼っておいたものを外した時，カレンダーの貼ってあった部分だけ白く残り，周りが黄色く変色しているようなことを体験したことはないだろうか。光による変色，退色は身近にいくらでもその例を探すことができるだろう。資料を観察・鑑賞するには必ず光が必要であるが，光を浴びれば（「露光する」ともいう）ほとんどの資料は何らかの形で劣化するという前提を忘れてはいけない。この劣化は不可逆的に進行し決して後戻りすることはない。そのため博物館では必ず二つの対策が講じられる。

　一つは鑑賞に不必要な光を排除する対策，もう一つは露光を制御するという対策である。この二つについて，順を追って説明する。

　人間の目がモノを見るのに必要としている波長の範囲は実はそれほど広くない。人間が感知できる波長の長さの領域を「可視光」と呼び，波長が短い方から順に青紫，青，緑，黄色，赤といわゆる虹でお馴染みの7色が人間に感知される。そして可視光より短い領域に「紫外線」があり，長い領域に「赤外線」がある。これはまったく人間本位の区別であり，波長の長さ以外に何か明確な差があるわけではない。実際に昆虫の目が感知できる領域は人間のそれより短い側にシフトしており，人間には区別ができない紫外線領域を識別していると言われている。

　博物館の照明器具は，資料が適正に観察・鑑賞できる光源が絶対条件であるが，さらに人間にとって必要な可視光領域の光のみを発する光源が理想である。しかしそのような理想的な光源をなかなか人間は手に入れることができず，必ずと言ってよいほど人間が感知できない領域の光も付随して出てしまっていたため，この不要な光を選択的に吸収するフィルターを通して使用するなどといった工夫がされてきた。しかし近年は LED 照明の開発が進み，かなりこの点では改善が進んでいる。現在はむしろこの可視光領域のなかだけの波長の混合具合による，見え方（再現性，演色性）の方に関心が向いているだろう。

　ただしここで留意しなければならないことがある。LED 照明は上記のように，長年資料保存に携わってきた人々の念願であった「必要な可視光のみの光源」の実現を限りなく可能にしたが，LED 照明だから安心というわけではないということである。

第4章 博物館資料保存論

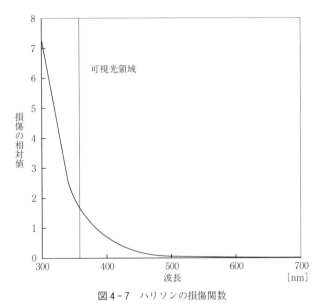

図4-7 ハリソンの損傷関数
出典：Harrison, L., (1954) "An investigation of the damage hazard in spectral energy", *Illuminating Engineering*, 49, pp. 253-257.

図4-7は「ハリソンの損傷関数」と呼ばれるものである。1950年代に新聞紙類の光劣化（損傷）を波長ごとに調べたもので，今も資料保存を考える上で重要な指標となっている。この表が示すように紫外線領域の方が損傷は激しいが，可視光もまた損傷を起こすだけのエネルギーを持っていることが分かる。やはり露光の制御は不可欠なのである。

なお現状，博物館の照明器具は過渡期にある。まだ蛍光灯，ハロゲンランプなどの光源が現役である所も多いが，本書ではその説明はほかの専門書に任せることとした。必要な場合は章末の参考文献を参照してほしい。

次に露光の制御に話を進める。面積 $1m^2$ あたりにあたる光の量を照度といい，単位は「lx（ルックス）」が用いられる。0 lxでは何も見えないことになる。

次の二つの表は，今も日本の博物館でよく用いられている露光制御の基準である。博物館学芸員となるには表4-3を，美術館学芸員になるには表4-4を，まずは頭に入れておきたい。なお，今も1970年代に提唱された表4-3にあるAの基準を基に管理を行っている館や学芸員が多いので，一応ここに挙げては

表4-3 日本の研究者が提唱してきた照度制限基準値

分 野	A	B
油彩画	300 lx 以下	150 lx 以下
日本画・水彩画	150 lx 以下	100 lx 以下
版 画	100 lx	80 lx 以下
染織品	100 lx	80 lx 以下
その他	200 lx 以下	150 lx 以下

出典：A　石川睦郎（1977）「照明の手引き――展示照明と列品の劣化」古文化財科学研究会『古文化財の科学』第20・21号81頁。
　　　B　東京国立文化財研究所保存科学部修復技術部（1991）『文化財の保存と修復―博物館・美術館等の保存担当学芸員研修会テキスト』39頁。

表4-4 国際的な照度制限基準値

光への敏感さ	ICOM の制限規定
非常に敏感（染織品，水彩画，印刷物等）	50 lx 以下（色温度2900k＊）
比較的敏感（油彩画，テンペラ画，木製品，漆器等）	150～180 lx（色温度4000k）
敏感でない（金属，石，ガラス，陶磁器等）	とくに制限なし。ただし300 lx を超える照度は必要ない。

＊k（ケルビン）。色温度。光の色味を表す単位。数値が高いほど青みを帯びた光になる。博物館ではおおむね2,500kから4,500kの光が使用されている。前文での説明のとおり，色温度が高いほど，損傷係数は高い。
出典：ICOM（1977）。

おくが，推奨はできない。

　しかしこの表の理解だけでは不十分である。世界の基準に比して，日本の基準の方が甘いという印象を受けるが，日本の場合，照度より展示期間を重視した制御が長く行われてきている。これは「展示」に対する欧米と日本の考え方の違いが大きい。「その壁にはその絵が」という固定的展示が主流だった欧米に対し，日本は床の間の絵が，季節・行事に応じて変えられるように，時折々に「しつらい」を変えるという文化の方が根強かったことが根底にあるだろう。日本の文化財保護法では，国宝や重要文化財に指定された多くのものについて，年間の展示期間を2か月（とくに脆弱と指定されたものは1か月）と定めているが，照度については付属する「公開に関する取扱要領」のなかで150 lx 以下という簡単な記載があるだけである。

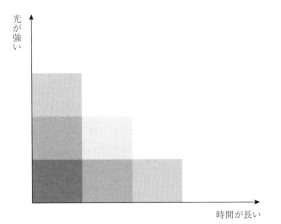

図4-8 積算照度の考え方

ところで人間の日焼けも光（紫外線）反応の一種であるが，曇った日に1日外にいるのと，快晴の日に，1時間直射日光を浴びるのと，どちらがより日に焼けるだろうか。これは一概に結論を言えない。どちらも日焼けをするのである。これを結論づけるには正確な照度と露光時間が必要になる。

図4-8は積算照度という考え方を図式化したものである。X軸が時間，Y軸が照度である。上記の日焼けの問題は，「照度×時間」で出された数値（積算値），図式上では網掛された面積を比較しなければ解答が出ない。つまり露光制御は照度だけでなく，露光時間によっても制御できる。1年間にその資料が浴びた光の総量として，この照度×時間を用いたものを年間積算照度といい，単位にはlx・h/yを用いる

日本画にも西洋の水彩画と同様に，紙に絵具で描かれたものも多い。ある日本画を先ほどの文化財保護法の条件で展示した場合を考えてみる。1日8時間，前表による奨励照度150 lxで露光されたとすると8時間×60日（2か月）×150lx＝72,000lx・h/yとなる。

一方，水彩画の欧米基準は，50 lxであるが1日8時間，年間300日展示（＝開館日数）したとすると8時間×300日×50 lx＝120,000 lx・h/yにもなり，実際にはこちらの方が光による損傷は進むのである。

しかし現在では，欧米でも脆弱なものについて期間制御を含め，年間積算照

度の考え方を取り入れるところが増えた。そのため資料ごとにその記録が蓄積できるようシステムを整備し始めている。日本では，文化財保護法で指定されたものは法によって制限がされているほか，展覧会などでは，期間中に展示替えを行い，期間を制限するなどといった工夫がされている。しかしまだ所蔵品ごとに年間積算照度の記録を蓄積できるようなシステムを整備できている所はないだろう。文化財の活用が重視されるようになった今日，こうしたシステムの構築が今後の日本の博物館の大きな課題となるだろう。

なお現在の日本の博物館でいささか誤解が生じているので，ここであえて取り上げておくが，「昨年度，この資料は3か月展示されているので，今年度は休ませる」といった表現が現場において定着している。期間制御の考え方により，それが留意されているのは良いことではある。しかし冒頭で述べた通り，光劣化は不可逆的に進行するものである。その資料が持って生まれた許容量のようなものをただ消費する一方向しかなく，その消費期間をできるだけ長くするために光制御を行うのであり，比喩的に使用される分には構わないが，人間のように休めば快復するということでは決してない。

また近年，世界的に異なる考え方が普及し始めているのでここで触れておく。従来はおおまかな油彩画や染織品といった資料の分野による基準で光制御を行ってきたのだが，これに変化が生じている。2004年に世界照明学会(International Commission on Illumination)が博物館資料の光劣化抑制のためのレポートを発表しているが，そこではたとえば色材について種類ごとに劣化の度合いが調べられ，光への敏感さによって分類がされている。そのほかの素材も同様である。よって一つの資料を構成する複数の素材の内，「最も光に敏感な素材を基に制限を考える」ということが可能になってきているのである。その結果，従来の様に「油彩画だから150 lx」といった管理の仕方ではなく，その油彩画に使用されている素材で「最も光に敏感な素材を基に」，たとえば「80 lx 以下」といった条件が油彩画であっても附されることが生じてきている。まだ日本では一般的な考え方にはなってはいないが，海外との貸出交渉等でこのような条件に直面した場合は，それが科学的な見地から導き出されたその館の管理基準であることを理解し対応する必要がある。

(4) 生物被害

虫やカビから資料を守る

　ある史学研究者の試算によると，江戸時代，江戸の大火で失われた貴重文書より，ネズミを含む生物被害により失われた文書の方が多いそうである。わが国で博物館資料を保存する上で生物被害対策は非常に大きな課題である。

　博物館資料に対する有害生物は大きく分けて①虫類（シロアリ，キクイムシ，ゴキブリ，ハエ等），②菌類（木材腐食菌，カビ（真菌類）等），③その他（ネズミ，鳩，カラス等）の三つがある。

　映画『メリーポピンズ』のなかで「２ペンスを鳩に」という有名な鳩の餌売りの歌があるが，今日，イギリスでは，歴史的建造物の近くで鳩に餌をやることは禁止されている。鳩による糞害で建造物や屋外彫刻の劣化が著しくなったためである。しかし日本の博物館での生物被害は虫類と菌類が圧倒的に多いので，本稿ではこの２グループを中心に生物被害対策について述べる。

①虫類被害への対策

　虫類はさらに「主に屋外に生息する種類」と「屋内に生息する種類」に分けられる。「主に屋外に生息する種類」は，博物館内への侵入経路を特定しそれを遮断する工夫を講じる必要がある。「屋内に生息する種類」は博物館資料に直接的に害を及ぼす。これにさらに「資料の外の虫（＝建物に住む虫）」「資料の中の虫」といった分類を行い，講じる対策を整理する。

　「資料の外の虫」はゴキブリ，ハエといった一般的に衛生害虫と呼ばれる虫類と多くが重なり，対策としては通常の衛生管理が重要になる。これらの虫は食害の他，糞などによる汚損被害などによって資料に影響を及ぼす。「主に屋外に生息する種類」と「資料の外の虫」の生息調査には，日頃の観察に加え，トラップ調査などを行う。代表的なトラップ調査は，粘着シートを伴ったトラップで，とくに人目を避けて夜間に徘徊するゴキブリのような虫に効力を発する。観察とトラップ調査の記録は，集計され蓄積されて意味を持つことが多い。侵入経路や生息区域，住処などを割り出すのに活用できる。

　「資料の中の虫」は，乾材害虫など一生のほとんどを資料の内部で過ごし，これを食害する，資料にとっては最も甚大な被害を及ぼすグループである。図

図4-9 キクイムシによる虫穴とフラス

図4-10 シバンムシによる虫穴

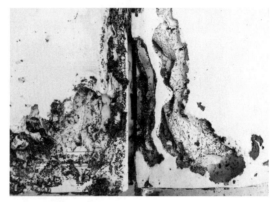
図4-11 シロアリによる食害と汚損

4-9はキクイムシによって,図4-10はシバンムシによって食害されている。このように資料の内部を住処とする虫の類は,幼虫期に内部を食い荒らし,成虫になる時に資料の表面に穴をあけ,外に飛び出してくる。その時に表面にできた穴よりも,内部の食害の方がはるかに被害の規模は大きい。

　残念ながら資料の内部にいる幼虫期の方が圧倒的に長いので,これらの虫はトラップにかかることはめったにない。館内への侵入も,ほとんどの場合,資料とともに入ってくる。借用品や新規収集品はよく観察をし,食害や虫のフラス（糞等）など兆候がないか確認することが重要であるが,幼虫時期は外に痕跡を出さない虫も多いため,このような資料をいきなり収蔵庫に入れてはいけない。ほかの所蔵品とは別の区画に収蔵し,半年程度の検疫期間を設ける。検

疫期間は定期的な観察が必要であるため，むしろ展示中の方が早く発見される場合が多い。この場合も兆候を発見した場合は直ちに隔離し，ほかの作品への感染を防ぐ。それから駆除の手法を検討する。

　図4-11はシロアリ被害にあった漫画の単行本である。木材だけでなく，紙やそのほかの素材であっても，資料の内部を食い荒らす害虫には，さまざまな種類があるので注意を要する。

　起きてしまった虫害には駆除が必要だが，駆除の方法には，高温処理や低温処理，低酸素処理といった物理的な防除や，薬剤を使用する化学的防除など，今日ではさまざまな選択肢がある。それぞれ一長一短があるので選択には専門家やその資料分野について十分に経験を積んだ先輩学芸員に相談することが望ましい。

②菌類による被害

　わが国の場合は，やはり菌類による被害はカビによる害が一番多いので，ここではカビ害を中心に対応を述べる。カビの生える条件には，カビの存在（胞子の存在）や温度，湿度（水分），養分の四つがあり，いずれが欠けても生育しない。このうち，温度は資料の保存環境としての適温と近いので，温度による制御は無理である。よって制御はその他の三つの条件を用いる。制御の方法に入る前に，ここでは漆にカビが生え，損傷を与える過程を見てみよう。

　ほとんどの場合，カビ発生の第1段階は，空中浮遊菌の落下である。残念ながら，カビの胞子が無い空間はいわゆる「無菌室」と呼ばれる特別な空間であり，特殊な設備でない限り実現できない。人間が通常暮らしている空間には，必ずカビの胞子はあり，それはあらゆる面に付着していたり，空中を漂っていたりする。しかしその量にはかなりの差があり，一般に埃の量と相関関係にあるといわれている。つまり「空気」の項で述べた通り，清浄な空気環境を心がけることは，菌類対策の上でもとくに重要な対策になる。

　次いで，胞子が何かに付着し，そこに適度な水分があると胞子は活動を始める。この「適度な水分」はカビの種類によって差がある。しかしおおむね65％以下では発芽できない。また65％以上の湿度であっても，その速度は温度とも関係するが，やはり湿度が高いほど成長は早い。

ところでカビはあらゆるものに生える。ガラスや鉄，プラスチックなどにも生えるのである。しかしカビにとって養分としやすいものと，そうでないものがある。発芽したばかりの胞子が，いきなり漆を分解し養分としているわけではない。では最初の成長を支える養分は何であろうか。それは人間の手垢であったり汚れであったりすることが多い。もちろん素材そのものがカビの養分になりやすいもの，たとえばデンプンを主体とする糊などは最初から本体が養分となる。しかし漆やガラス，油彩画や紙などの場合，カビが生えているからといって，必ずしも資料の素材そのものに被害が及んでいるわけではなく，表面の汚れにとどまっていることもある。

　しかしこれを放置するとカビは成長し，またそのカビを養分とする他のカビの発芽を促進させ，複数種類のカビの塊（コロニーという）を形成し始める。植物の根にあたる部分をカビの場合は菌糸という。この菌糸から，成長とともに有機酸が分泌され，資料の素材が侵食され始めるのだ。

　以上からカビへの対応は，湿度制御，清浄な環境，そして早期対応が何より肝要である。菌類対策としての清浄化活動には，清掃に加え，洗濯も必要になってくる。汚いままの白手袋の使用は，かえってカビの成長を助長する。また収蔵庫内では作品の固定のために晒（サラシ），点検台では白布をよく使用するが，これらも定期的に洗浄しないと，カビの温床になることを忘れてはいけない。

　なお収蔵庫に入る時，靴をスリッパに履き替えることをルール化している施設は多い。土には多くの微生物が生息しているため，非常に有効な手段であると言える。しかし，たとえば布製のスリッパは使用する人の汗を吸湿し栄養を蓄える分，土よりもさらにカビ・ダニの温床になる。洗うとは言わないまでも，定期的に太陽光で干すなどの処置が必要だろう。とはいえ一般家庭でもあり得ないレベルの低い清浄度の収蔵庫などは論外である。

　カビはRH65％以下では活性化しない。では湿度RH70％ではどの程度の活性化をするのだろうか。温度25℃の環境下で，いわゆるコロニーを形成するほど成長するには，実は何か月という時間がかかる。この間に発見できるに越したことはない。では早期発見をするにはどうすれば良いのであろうか。今ほど空調設備が整っていなかった時代の先輩学芸員たちは，収蔵庫を開けて入った瞬間の匂いの情報を重視したという。「客人その他を収蔵庫に先に入れない」

という慣習が残っているところはまだあるが，これはその意味も同時に引き継がれていれば，理にかなっている。確かに匂いは非常に有力な手がかりである。

次にはやはり一つ一つの資料の点検ということになるが，素地が黒いものは比較的早く発見されやすい。最初に生えるカビは白いモワモワとしたタイプが多いからである。しかし地が白いものは見過ごされやすく，被害が大きくなってから発見されることが多い。すべての資料にこれを適用する必要はまったくないが，明らかにカビ臭がし，かつ場所が特定できない場合は紫外線投光器やブラックライトを使用するのも手段である。活性化しているカビは水分が多いため蛍光を発し，浮かび上がる。

カビが生えたことが観察された資料は直ちに隔離し，その素材に無理のない範囲で含水量を下げる。またそれが置かれていた空間の湿度を下げる工夫をする。同じ室内であっても空気が滞留し，局部的に湿度が上がっている場合もある。あるいは前述の結露の結果によって水分が供給されているかもしれない。その改善はその館の学芸員の責任である。しかし資料に生えてしまったカビの処理は，素材や前述のとおり成長の度合いによって処置が異なるので，専門家やその資料の分野に対して十分な経験を持つ先輩学芸員に相談するべき事項であり，迂闊に資料に手を出すことは厳に戒めたい。

IPM プログラムによる予防

このように被害が起きてからの対処方法ではなく，起きる前の予防を重視し，それを実現するためにさまざまな手段・方法・工夫を組み合わせて対策を行う考え方を IPM プログラム（総合的有害生物管理：Integrated Pest Management）という。これは本質的な考え方を言うのであり，具体的な手段については選択肢が非常に多いという利点がある。ここではすべての選択肢を列挙することは到底できないが，有効な手段の幅は非常に広いということだけは知っておきたい。たとえば ICOM の『博物館の基本』などのなかでは，「伝統的な方法を無視すべきではない。たとえば博物館に猫を飼うのはねずみ駆除の一番安くて簡単な方法であろう」と述べられており，世界のさまざまな博物館事情のなかでは，このような方法も取り入れられている。

「IPM プログラムは革命であってはならない。常に進化することが必要であ

る」という言葉がある。虫害が起きると駆除という対応に追われ，原因の分析が置き去りにされがちであるが，それでは被害はくりかえされる可能性が高い。常にその館で実現可能な工夫の組合せについて実行と反省を繰り返すことが必要である。

3　危機管理計画

（1）博物館の抱える災害リスク

「博物館の危機管理計画（Disaster Planning）」とは，本来，対象を「来館者，職員，資料」すべてとし，人に対して取られる活動も，資料に対して取られる活動も，相互に矛盾しないよう，総括的・効率的に組み立てられた計画のことを言い，博物館経営全体の中で位置づけられなければならないものである。この観点から，既に生物被害対策の項で述べたIPMプログラムも本来はこの危機管理計画の一部として考えられるべきであるが，本書では資料を対象とした活動に特化し，慣例に従い「環境」の項に含めた。同様にこの項も博物館の危機管理計画の内，資料を対象とした活動に必要な基本的な考え方と知識のみを取り上げる。しかしいずれも博物館が持つべきである危機管理計画の一部分であるという前提は忘れてはならない。

博物館にとってのリスクにはさまざまなものがあるが，おおむね人災と天災に分けられる。

人災とは人によって引き起こされる災害の総称である。盗難，火災（まれに天災によるものもあるが，ここでは人災に含める），そしてヴァンダリズムなどである。人災は天災に比べ，原因や規模が想定しやすく対策もそれにそって立てられる。一方，天災は地震・火山噴火，風水害などといったものであり，自然の驚異は計り知れず，想定は難しい。可能な限りの予防を行い，人事を尽くして対応するしかない。天災に対しての完璧な予防策はないとした上で，常に被災後の対応とセットにして考えられるべき事項である。

（2）人災の予防
防犯対策

　治安が比較的良い日本であっても，過去に盗難事件がないわけではない。大きな事件としてはたとえば1968年，京都国立近代美術館の「ロートレック展」では，フランスから借用していた油彩画が盗難にあっている。この事件では後日，作品は発見されフランスに返却されているが，調査の過程において内部犯行が疑われ，盗難の夜，当直だった守衛が自殺するという痛ましい事件に発展してしまっている。

　博物館では多様な防災対策を講じており，また設備やシステムの開発も年々進んでいる。しかしもちろんその詳細をここで語るわけにはいかない。ICOMの下にも防犯に関する研究会組織がある。ほかのさまざまな研究会が情報を積極的にインターネット上で公開している ICOM においても，この防犯に関する研究会の情報だけは非公開である。その意図はもちろん防犯のためである。

　学芸員の資格を得る上で，実習などで博物館に行く機会が増え，これらの防犯のための工夫を目にすることもあるだろうが，決して口外してよいことではない。

　なお昨今，展示室内で撮影を許可する館が増えてきているが，ひと昔前，展示室内の撮影が禁止されていた理由の一つに，防犯カメラの位置や角度を分析されないためということがあった。最近は防犯カメラも自動で角度が変わったり，そもそも防犯カメラのみに頼る防犯計画でなくなったことが解除の理由の一つであるだろうが，やはりそのような画像が多く出回るのは好ましくない。展示室内を撮影する場合でも遠慮するべきであろう。

　また海外の常識からみれば，日本の博物館は無防備ととられ批判される場合があることも知っておきたい。たとえば TV 番組などで作品を搬送する車が映し出されたり，搬送用の箱が博物館のブログに掲載されたりすることがあるが，治安の悪い国では博物館がそれを許可するということが信じられないという反応を示す場合もある。今日，インターネットで公開した画像は世界中どこからでも見ることができる。とくに海外からの借用作品などを扱う場合は留意したい事項である。

　なお，この章の冒頭で UNESCO の勧告を挙げたが，防犯のための基礎は目

録つくりとされている。最低限「どのようなものなのか」を示す資料がなければ、盗難にあった場合、被害届を出すこともできないからである。

　盗難はもちろん例外はあるが、やはり売却を前提とした犯罪であることが多い。つまり盗難品が売れるから盗むのである。そのため国際博物館会議の倫理規定では、盗難品の売買情報に触れた場合、これを通報する義務があるとしている。とくに学芸員は収集活動に携わることが多い。この義務は重く受け止めたい。世界の文化財や博物館資料の盗難届けは、インターポールの盗難品リスト、ICOMのレッドリストといった形で、インターネット上で公開されている。

火災と消火活動

　火災は一度起きれば、最も早く資料を損傷あるいは消滅させてしまう。そのため博物館では設計段階から資料から火の気を遠ざけることが一般的である。しかし近年では、現代美術のために持ち込まれた電気器具からの火災など、資料そのものから発生する例があり、やはり消火に対する基礎知識は知っておくべきであるだろう。

　火災には次のような種類があり、火災の種類によって初期対応が異なる。

- 普通火災（一般可燃物）
- 油火災（石油などを含む）
- 化学火災（金属火災ともいう）
- 電気火災（変圧器や配電盤など）
- ガス火災

　博物館職員が行えるのは初期消火の範囲である。一般的に初期消火とは炎が天井に到達するまでとされている。

　初期消火でまず必要なのは、まず上記のうちどの火災なのであるかという判断と、どんな消火器具があり、どれを選択するべきかという判断である。消火器具には消火器のほかにも、布団毛布などで叩く、砂を掛ける、消火栓を使うなどが考えられるのだが、たとえば油火災に水は使用厳禁である。電気火災の

場合も，水の使用は感電や周辺機器のショートなど，二次災害の恐れがある。電気火災は発災元から近い電源を落とすことが消火と同等に重要なことである。

消火器にはＡ火災（白地に黒）：普通火災用，Ｂ火災（黄地に黒）：油火災用，Ｃ火災（青字に黒）：電気火災用の三つの表示があることを知っておきたい。もちろん，そこにある消火器が必ずしもＡＢＣいずれの火災にも対応したタイプであるとは限らない。また，消火器の使用は職員のみが行うのではなく，来館者であっても出火していれば初期消火のためにそれを使用できるということを忘れてはならない。消火器は水消火器（水系消火器ではない）以外，いずれも資料に付着した場合，資料に重大な損傷を与える。

博物館施設では資料の水損を避けるため，基本，資料のある空間にスプリンクラーを設置することが避けられている。かわりに消火設備として，ハロゲン化物1301消火設備，不活性ガス消火設備を持っている施設が多い。いずれも人体に対しても資料に対しても有害である。

このように，火災が生じた場合，火災そのもののリスクと消火活動によるリスクとの天秤，加えて人命といった難しい判断が，一刻の猶予もなく連続する。日頃からそのような場合，どの段階で誰が判断をするのか，あらかじめ決めておかなければ到底対応はできないであろう。それを含めた平素のルール作りおよびそれに即したトレーニングが不可欠である。

ヴァンダリズム

ヴァンダリズム（Vandalism）とは，本来，尊ばれるべきものを，それがゆえに破壊したり汚損したりする行為のことである。2001年，世界最大のバーミヤン石仏が極端かつ過激な一部のイスラム教信仰者らによって破壊されたことは記憶に新しい。日本でも明治維新直後，廃仏毀釈により多くの仏教美術が破壊された。また近年では重要文化財指定の建造物に落書きをするといった事件が報道されるが，これもヴァンダリズムの一種である。

1980年には　東京国立近代美術館で展示中の梅原龍三郎23点ほか16作家の作品38点が，ズタズタに切り裂かれるといった事件が起きている。これはその一瞬前まで普通の作品鑑賞者だったものが，発作的な激情にかられ，作品を破壊しようとしたものである。

このように博物館資料はこの世に一つしかないものとしてシンボル化されたり，あるいは芸術作品として人間の感情に揺さぶりをかける力を持つがゆえに，破壊の対象になることがある。あらゆる可能性を考え，あらかじめ挙動不審な来館者について，展示室監視員から職員，警備員へと，どのような情報伝達を行うのか，またどのような段階で警備員を配備，あるいは警察に通報するのか，その判断を誰が行うのかなどは，あらかじめ決めておく必要がある。これも火災と同様，平素のルール作りおよびそれに即したトレーニングが不可欠である。

（3）天災への対応

　天災は地震・火山噴火，風水害等である。いずれも自然の驚異によるもので予想は難しい。しかし日本の場合，国として災害対策基本法を定め，地方自治体ごとに防災計画を立てている。まずは自分が所属する博物館の立地条件を確認し，自治体がどのような災害対策を講じている地域であるのかを知っておくことが必要である。自然を相手にした対策に完璧はないが，それでもそれに対して先人が積み上げてきたものが博物館には多く蓄積されている。ここでは地震を例にそれを含めて概観しよう。

地震対策のさまざま

　地震対策は，単純に言えば，転ばないよう，落ちないようにすることである。阪神・淡路と東日本，いずれの大震災の後も，被災した博物館では綿密な被害調査が行われた。調査結果の分析はいろいろな形でされているのだが，特に関係者を驚かせた点が二つある。

　一つ目は，日本の文化の中で発達した伝統的な形式には，そもそも地震に強い形式もあるということである。掛け軸は適度な間隔で展示してあったものは，素直に揺れに従うことで損傷を免れ，屏風は揺れが続くなかで自然に閉じられてゆき，閉じきってから倒れているものもあった。むしろそれを止める「揺れ止め」「屏風止め」と称されるものが使用されている方が，被害が大きかったことが統計として浮かび上がっている。損傷はいずれも揺れに自然に従おうとする資料の動きを，「止め」の金具が局部的に抑えたために生じている。

　また収蔵庫内では，日本の伝統的な収納方法によるものの方が，総じて被害

が少なかった。桐箱やタトウを使用した収納方法がとられている所の方が被害は少なかったのである。興味深いことに，桐箱がさらに風呂敷で包まれていたものは，風呂敷が棚板との間の滑り止めの役目と，たとえ落下しても中の飛び出し防止の役目を果たし，損傷の予防に大きく貢献していたことである。

　二つ目は，展示室は収蔵庫と異なり鑑賞上の問題がある分，制約が大きく，収蔵庫より被害が大きいと想定されていたが，現実はそうはならなかったことである。展示室は多くの人の目に触れ，また来館者の安全の確保という観点からも，ある意味「きちん」と資料が置かれている。もちろん，そこには先人から引き継がれたテグスによる固定や，壺の底に重石を入れるなどといった工夫がされているという前提である。

　ところが実際に収蔵庫内で被害が多かったのは，前述の桐箱の収納と話が矛盾するようであるが，そのような博物館が先人から引き継いできた，その分野の資料に応じた「きちん」とした収納に至っていないものが，多くの被害を受けたことである。問題はいわゆる「仮置き」である。地震対策は論理以前に，常識と先人の知恵を取り戻し，油断を排除することから始めるべきかもしれない。ただ若干，現場で誤解や過信を招いている部分があるので下記に注釈を付ける。

　まず一つは免振台への過信である。免振台はすぐれた地震対策装置である。しかし免振台は揺れを軽減させる装置であり，完全に静止を実現させる装置ではない。よって免振台の上の資料が不安定な形状の場合，免振台そのものに固定するなり，重心を下げる工夫するなり，追加の処置が必要である。

　またテグスの扱いについても配慮が必要である。軽いものであるならテグスは有効な手段である。しかしテグスは切れるものであることを頭に入れておきたい。また技術が未熟だと，テグスを固定する釘が抜ける場合もある。引張強度から概算すると，テグス5号で約6kg，3号で3.5kgしか耐えられない。これに揺れからくる加速度が加わると，もっと軽いものでも振り切られてしまうだろう。またテグスが切れなくても，テグスが資料にかかった部分が擦れたり，柔らかいものであると，資料の方が負けて，凹んだり傷ついたりする。

　さらに固定剤の利用については細心の注意を払わねばならない。ある種のジェルが地震対策として市販されているが，そのジェルが素材に影響を及ぼす

ため，使用できる素材は極限られている。またジェルを一度用いた台は，見た目取り除かれたように見えても，成分が残っていることがある。次の展示で影響を及ぼしやすいもの，たとえば紙製品などを置くと，長い展示期間中に紙に油分などが移り，資料を変色させるといった害を及ぼす。一度ジェルを使用した台は，ほかの資料の展示に使用するべきではない。

なお今日の博物館では，展示作業を外部の展示作業員に委託することが増えた。そのため，たとえばテグス掛けといった特殊な技術を学芸員が習熟する必要はなくなったのかもしれない。しかしその作業の確認の責務は，あくまで学芸員にある。もし地震が起こり，テグス掛けの釘が抜けたことにより作品が転倒するということがあったとしても，それを作業員の責任にしてはいけない。最終の安全確認を怠った学芸員の責任は免れないことを肝に命じたい。

対策導入の基本的な考え方

しかしそもそも日本のように古来より地震を多く経験してきた国の文化のような収納方法をとらない収納などでは，新たにその館に応じた工夫が必要になってくるだろう。その時には注意すべき点がある。とくに複数の学芸員が出入りし，資料を扱う博物館では，その全員がそれを取り入れ，継続させようと納得した手法でなければ定着はしないということである。

阪神・淡路大震災では，箪笥の下敷きになるという犠牲者が多く出た。これは地震による振動のため，引き出しが徐々に前に飛び出し，その結果，全体のバランスが前に傾き箪笥本体ごと倒れてしまったからである。

マップケースという引き出し付きの棚について地震対策を取り入れる過程で，ある館に，このような事例がある。そのマップケースは全体の形状としては高さに対し床面積は十分にあり比較的安定な形状であると判断された。しかし引き出しが前に飛び出せば重心が移動して前に倒れる。よって引き出しの飛び出し防止を行うべきであるというところまでは，協議に加わった全員の見解が一致した。ではその飛び出し防止をどのようにすれば良いかという点では，二つの意見に分かれてしまった。晒木綿を使って，前面でX型に縛ろうという案と，物干し棹のような棒を，前面に縦に渡そうという二つの意見である。この館では二つの同型マップケースにそれぞれの手法を並べて取り入れ，1年後に全学

芸員の多数決で使い勝手の良い方を選ぶこととした。結果，物干し棹形式が採用になったのだが，ここで重要なのは，いずれがすぐれた手法であるかではなく，決定までの過程においてどれだけ多くの学芸員に周知徹底できたかということなのである。

（4）被災地における文化財レスキュー

　文化財レスキューとは被災した資料を救出し，安全な場所に移動，一時保管し，劣化がそれ以上進まないように応急措置を行うことであり，いかなる場合も博物館資料を対象としている場合は，記録を伴わなければならない。応急措置を受けた資料は続けて保存処置，修復作業へと続くのだが，「救出・移動・一時保管・応急措置」が非常事態の環境の中で行われるのに対し，「保存処置・修復作業」はほぼ平常と変わらない環境で行われる。

　よって文化財レスキューは被災地での活動である。ここではまず人命，続けてそこに暮らす人々の生活が優先され，文化財レスキューもそれを阻害しないように計画され実行されなければならない。そのためには現地の情報収集や，関係諸活動との連絡調整など，本質的なレスキュー活動に入る以前から，膨大な作業が必要となる。

　個人での活動は効率が悪いというだけでなく，関係諸活動との調整が欠如しがちであるため，かえって被災地の迷惑になる場合もある。文化財レスキューは確実な情報伝達機能を有する組織的な動きが要求されるのである。

　今日では日本博物館協会を始め，いくつかの博物館が加盟する任意団体，あるいは学会が災害時の相互援助の活動を団体の活動として位置づけ，さまざまな取り組みを開始している。一つの博物館が加盟する任意団体は複数ある場合が多いので，複層のネットワークに属することになる。これは災害の発生地域に応じて，災害後もっとも機能する組織を選ぶ上で有益なことである。文化庁もそれら諸団体のネットワーク等をさらに統括的に結ぶ「文化財防災ネットワーク（CH-DRM Network, Japan）」を設立した。学芸員となった場合，その館が直接的にどのようなネットワークに属しているのか，そこがどのような災害対策を構築しているのかを知っておくことが重要である。

参考文献

石崎武志編（2012）『博物館資料保存論』講談社。

公益財団法人日本博物館協会編（2016）『博物館資料取扱いガイドブック［改訂版］』ぎょうせい。

Timothy Ambrose and Crispim Paine 著／財団法人日本博物館協会訳（1995）『博物館の基本』尚友会館。

東京文化財研究所編（2011）『文化財の保存環境』中央公論美術出版。

独立行政法人文化財研究所東京文化財研究所編（2001）『文化財害虫事典』クバプロ。

文化庁文化財部（2001）『文化財の生物被害防止に関する日常管理の手引き』。

文化庁文化財保護部（1997）『文化財（美術工芸品等）の防災に関する手引き』。

稲村哲也・本田光子（2019）『新訂　博物館資料保存論』財団法人放送大学教育振興会。

文部科学省生涯学習政策局社会教育課（2008）『博物館における施設管理・リスクマネージメントガイドブック基礎編』。

三浦定俊・佐野千絵・木川りか（2016）『文化財保存環境学［第2版］』朝倉書房。

■□コラム□■

クーリエ（作品随行員）

　大型海外展を行うと，世界中のさまざまな博物館から作品とともにクーリエがやってくる。若干，国によって雰囲気が異なることは否めないのだが，アメリカ博物館協会は「美術品運搬のための実務要項」の中で，クーリエは「美術品が公式に借り手の美術館に引き渡されるまでは，貸し手の美術館の代理人を勤めるクーリエが，美術品保護の全権を握るものとする」と役割を規定している。具体的な責任としては「梱包に立ち会い監督し，新しい環境への順応期間を置いた後，梱包を解き，貨物の輸送前，輸送後の作品のチェックに責任を持つ」を挙げている。

　この要項では輸送中の不測の事態にも対処する能力など，さらにクーリエに要求される詳細な記述があり，「生命に危険が及ぶ場合を除いて，美術品の保護が最優先である」と，クーリエの高度な専門性と責任の重さを明確にしている。アメリカの大きな博物館では，館長ですら定期的にこれを受講しないと館の公式なクーリエにはなれない「クーリエ研修コース」があり，常に最新の情報を伴う再教育を行った上で作品に随行させているところもある。

　ある展覧会で主催側のスタッフをしていた時に，次の様な経験をした。ある借用作品に軽微ではあるがカビが生えていた。その作品の所有者とは協議により，処置は乾式クリーニングのみで対応することとなったのだが，それを見ていた他館のクーリエ（彼はある米地方美術館の館員であった）が殺菌処置（燻蒸）を主張しだし，こちらがいくら現状では非活性であることを説明しても納得しようとはしなかった。しかしそのやり取りを聞いていた他のクーリエ（同じく米大美術館）が，「燻蒸はできるだけしない方向が今の世界的な動向らしい。僕がここへ来る直前に受けた研修ではそうなっていた」とささやくと，直ちに黙ってしまった。

　日本にはクーリエの仕事内容や資格条件に関して定めたものはないのだが，やはり自分がクーリエ業務に就く場合には，これを明文化している国のものに目を通し，学習しておきたいものである。

　　　　　　　　　　　　　　　　　　　　　　　　　　　　（長屋菜津子）

■□コラム□■

博物館資料と科学調査

　今も昔もテレビでは犯罪調査に関するドラマには人気があるが，そこに登場する鑑識方法や犯罪の物証のあり方がここ20年，大いに様変わりしている。
　少し古いドラマで，現場を暗くし，何やら液体をシュッシュと吹きかけ，血痕を浮かび上がらせるといったシーンを見たことはないだろうか。これはある種の試薬が血液と反応をして発光することを利用したルミノール試験という鑑識方法であるが，昨今のドラマではこのようなシーンはほとんど見られない。代わりに用いられているのが「ポリライト」である。ポリライトは特定域の光だけを発し，それに対して試料が発する蛍光により目視を容易にするもので，ルミノール試験のように，「試薬をかける」といった現場に「手」を加えるものではない。このように対象を変化させない調査方法を非破壊調査という。
　博物館資料の調査でもこのポリライトは使用されている。左図は，14世紀に作られた厨子の前扉の内側の写真である。周辺にはその残骸は残されているが，中央はほとんど画像が剥ぎ取られてしまっている。しかしこれにポリライトを当てると右図のように，元あった千体観音像が浮かび上がる。テレビドラマに出てくるような科学調査方法で，博物館資料の調査に使用されていないものはないといってよく，同様に日進月歩の発展を遂げているのである。
　生物被害対策で一頃主流であった，収蔵庫でのガス燻蒸があまり奨励されなくなった理由の一つに，ガス燻蒸が資料の持つ DNA を破壊すると分かったことがある。生物学では DNA 解析が，進化の過程に関する研究や分類学に大きな影響を与えている。そのため自然史博物館における博物館資料が今までとは異なる情報源として重要な意味を持つようになった。科学的調査方法の発展は学問そのもののみならず，博物館における保存方法にも少なからず関与していると言っていいだろう。

（長屋菜津子）

《黒漆厨子》
(愛知県美術館所蔵，
木村定三コレクションM616)

左：順光撮影
右：ポリライト撮影
(撮影協力：奈良国立博物館，㈱文化財保存)

第5章　博物館展示論

1　常設展示の構想から終了まで

（1）常設展示をつくる
博物館の設置目的と趣旨

　常設展示は博物館の目的や理念を形に表したもので，いつ行っても長期間にわたって展示構成が大きく変わることがない展示をいう。当たり前ではあるが，展示する空間がなければ展示はできない。博物館の機能には，収集や保管や研究などがあるが，展示は一般の方の目に最も触れる部分であり，一般的にも博物館といえば展示，展覧会という認識は強い。常設展示が博物館の目的や理念を示すとはどういうことであろう。その基本的なあり方は設置条例によって大枠が示される。

　日本博物館協会が調べた全国の博物館園の数は2021年度末で合計4,484館である。その内訳は登録博物館943館，博物館相当施設430館，博物館と類似する事業を行う施設その他3,111館となっている。[1]博物館法第19条の規定で公立の登録博物館は教育委員会が所管し，博物館法第29条の規定で博物館に相当する施設は教育委員会が指定することになっている。現在，博物館の運営は2003年9月に施行された地方自治法の一部改正によって指定管理者制度が始まった。これにより博物館の運営は直営または指定管理者のどちらかになった。

　しかしながら，公設民営となっても各地方公共団体が定めた条例によって博物館の設置目的や設立趣旨は明文化されており，管理の指定を受けた法人その他の団体であってもその目的や趣旨を順守することになる。例として，所在地域の異なる4施設について定めた四つの条例を見てみよう。

新宿区立新宿歴史博物館条例　昭和63年4月1日　条例第12号
（設置）
第1条　区民の教養の向上及び文化の発展に寄与するため，新宿区立新宿歴史博物館を設置する。
（事業）
第3条　博物館においては，次に掲げる事業を行うものとする。
(1)　新宿及び新宿に関連する地域の歴史及び文化に関する資料の収集，保管，展示及び利用に関すること。

東京都江戸東京博物館条例　平成4年10月12日　条例第149号
（設置）
第1条　江戸及び東京の歴史と文化に関する資料を収集し，保管し，及び展示して都民の利用に供するとともに，都民の江戸及び東京の歴史と文化に関する活動並びにそれを通した交流の場を提供し，もって都民の教養，学術及び文化の発展に寄与するため，東京都江戸東京博物館を東京都墨田区横網一丁目四番一号に設置する。
（事業）
第2条　館は，前条の目的を達成するため，次の事業を行う。
　一　江戸及び東京の歴史と文化に関する資料の収集，保管，展示及び利用に関すること。
　　（以下，略）

金沢21世紀美術館条例　平成16年3月25日　条例第1号
（目的及び設置）
第1条　本市は，世界の多様な美術表現を広く市民に公開するとともに，芸術活動への参画を通じたさまざまな出会い及び交流の機会を提供し，もって本市の新たな文化の創造とまちのにぎわいの創出に資するため，美術館を設置する。
（事業）
第3条　美術館は，第1条の目的を達成するため，次に掲げる事業を行う。
(1)　近代及び現代を中心とする美術に関する展覧会，講座，研究会などの開催に関すること。

第 5 章　博物館展示論

練馬区立石神井公園ふるさと文化館条例　平成21年6月18日　条例第38号

（目的）

第1条　この条例は，（中略）<u>練馬区ではぐくまれてきた文化</u>（以下「練馬区の伝統文化」という。）<u>の継承および発展を図り，新たな地域文化の創造および観光振興に寄与すること</u>を目的とする。

（事業）

第3条　ふるさと文化館は，第1条の目的を達成するため，つぎに掲げる事業を行う。

(1)　<u>練馬区の伝統文化に係る資料の収集，保管および展示</u>に関すること。

(2)　<u>練馬区の伝統文化に係る調査および研究</u>に関すること。

(3)　<u>練馬区の伝統文化に係る展覧会，講演会，講座等の主催および援助</u>に関すること。

(4)　<u>練馬区の観光振興に寄与する情報の提供</u>に関する。

(5)　<u>練馬区が保有する文化財の保管</u>に関すること。

(6)　<u>ふるさと文化館の利用</u>に関すること。

（下線部は筆者加筆）

　地方公共団体のつくる博物館の多くは，このように条例によって設立の目的や事業の大枠が定められている。近年は，直営に限らず指定管理者制度によって運営を任されている企業や NPO 法人もあって経営は多様化しているが，博物館の条例そのものを変えることはない。

　日本の地域博物館といわれる県立，区市町村立の博物館の多くは高度経済成長期に集中して建設されている。道路や学校をつくる公共事業を進める途中，建設予定地から遺跡や遺構が出て，歴史的な価値のある遺物や考古資料をもとに博物館をつくる計画が持ち上がることもしばしばある。あるいは地域住民から大量の絵画コレクションが自治体に寄贈されたことで，その保管と展示をするための美術館をつくるという例もある。経済が順調で財政的にゆとりがあると文化政策にも目が移り，博物館やホールをつくる首長も少なくない。また，県史や市史など新たな自治体史をつくる過程で，学識経験者らの調査研究の成果を本だけでなく，博物館で資料を保存し，展示で地域の歴史を表したいという要望が編纂委員会や教育委員会などから上がることもある。最初のきっかけ

はさまざまでも、税金で建設される以上はいずれにせよ、具体的な事業計画や予算措置が議会で承認されて初めて建設の構想準備に入るのが通例である。

東京都江戸東京博物館の場合は、生活文化局が所管する知事部局主導の博物館としてほかの都の文化施設の建設も含めて進められた。1979年に都知事選挙で初当選した鈴木俊一都知事は、当時膨大に膨れ上がった東京都の財政赤字を1期目で黒字化し、財政上の目途がついた3期目から都庁舎の新宿移転、東京国際フォーラム、江戸東京博物館、東京臨海副都心と次々と開発の手を伸ばした。有識者を交えて1980年にまとめた「マイタウン構想懇談会報告書」をもとに、「マイタウン東京 '81東京都総合実施計画」に自らのビジョンを盛り込み、1982年には「東京都長期計画」を策定して事業計画の理念と目標を明確化させたことが大きい。近年の博物館設置条例では、「にぎわいの創出」や「観光振興」を掲げる博物館も出てきている。

展示の構想から施工に至るプロセス

公設の博物館の多くは条例によって設置の目的や理念が明確化されて、その理念を念頭に開館後の事業は展開される。その多くのプロセスは次のようなステップを踏む（図5-1）。

基本構想の段階では、構想は抽象的なものであることが多い。基本計画から建設地の候補、必要な施設、展示種類、テーマや主要な資料が決められる。さらに、学芸員の資料収集計画や調査研究、学校連携や教育的な配慮、広報や集客計画が組まれていく。基本設計を策定する段階になると、展示構成、展示方法などを確定していくため学芸員の専門性とアイディアが本格始動する。協力者として外部の研究者や教育関係者を招いたり、場合によっては企業や各種団体との交渉もある。この段階で学識経験者や行政・教育関係者などで構成する

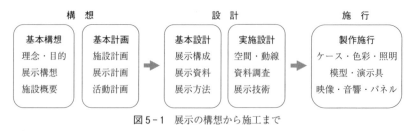

図5-1　展示の構想から施工まで

展示委員会や展示監修者を定めて，よりよい展示を作り上げていく協力者体制を組織することが多い。

　実施設計になると専門業者を入れて，空間構成や動線図，平面図や立面図など資料の大きさや見せ方を具体化するため，資料個々のケースや演示具の仕様，レプリカやジオラマの製作，展示空間の照明や色彩設計，解説系のグラフィックや映像音響などを考えながら，展示デザインやプランを共同で作り上げる。学芸員のラフスケッチや頭にイメージしていた内容を，専門の業者が最終的に設計図面に起こし，展示施工会社が見積もりを出したり，入札をしたりするまでに仕上げるのが実施設計である。イメージではなく正確さや緻密度が要求される。

　展示の構造は机上で考えるものの，実際に展示空間を見据えると，展示面積やケースの数によって規模が変わる。大項目は部屋やフロアなどの入口に設けられ，中項目は部屋やフロアを一定の空間で区切るように立て，小項目は中項目内の区切られた空間をさらに細かくコーナーに分けて，ウォールケースやケースの単位で構成する。壁面には主に小項目に付随する解説パネル（年表，図表，写真）が架けられ，ケースに展示された個々の資料にはそれぞれタイトル，作者，時代年代，所蔵情報の基本情報と100〜200字程度の解説をつけた資料キャプションが置かれる。

（2）展示をみせる
展示方法の工夫

　常設展示をどのようにつくり，みせるかは，博物館の大きな役割であり，学芸員の重要な仕事である。常設展示は，いつでも地域の歴史や文化，美術や芸術を市民に示すことができ，市民の知識教養を高めるための社会教育活動の場である。当該地域の歴史をどのように示すのか，市民にどのような美術を見せるのか，展示を構成する資料の選定やストーリーが重要になる。

　常設展示のストーリーを考える場合，大まかに三つの類型がある。①時間展示・時代順展示，②テーマ・部門展示，③作家・作品別展示である。

①時間展示・時代順展示

　歴史系博物館の常設展示の場合，古い時代から新しい時代へと時代順展示で展開されることが多い。考古資料を中心とした旧石器時代，縄文時代，弥生時代，古墳時代。朝廷や貴族により政治や文化が創出される奈良時代，平安時代。武士の台頭と地域の民衆の歴史が次第に明らかになる鎌倉時代，室町時代。戦国末期の大名ら信長，秀吉，家康の活躍とその後に続く町人や農民らの生活文化が盛んに表れる江戸時代。近代に入ってから政治や経済や文化の新たな展開が続く明治時代，大正時代。震災・戦争を越えて高度経済成長期に都市化が進む昭和時代。おおよそこうした時間軸に沿って展示がつくられることが多い。

　通史展示とも呼ばれるこうした時間軸に沿った展示は，その時代の資料が豊富であればできないことはないが，高度経済成長期に多く建設されたいわゆる地域博物館ではみな苦労を抱えているのが現実である。

　地域の歴史を示す場合，原始古代の考古資料と近世の村の古文書資料，近代以降の印刷物とモノ資料は豊富にあって展示資料に事欠かない。しかし，奈良時代，平安時代を特徴づける貴族の資料はどこでもあるわけではない。中世戦国期の武士の資料では大名クラスになれば別であるが，小さな武士団の動きを知る資料は少ない。さらには中世の農村資料や道具の類は少なく，神社仏閣も由緒のある大きな宗教施設でないかぎり，戦国期に焼失したり廃仏毀釈で廃寺になったりと資料が散逸していることもままあり，展示をつくるには資料の絶対数が少ないのが実情である。

②テーマ・部門展示

　博物館の目的に合わせて，テーマ別に構成するスタイルの展示である。たとえば，江戸東京博物館の常設展示がその例であろう。1993年開館時点，江戸東京400年の歴史を都市の形成やそこに暮らす人々の生活と文化をとおして示す博物館として開設された館である。巨大な常設展示は，大きくは「江戸ゾーン」「東京ゾーン」「通史ゾーン」に分かれ，大項目として8つ，中項目で図5－2のように19の構成から成り立っている。

　ほかにも，千葉県立中央博物館の本館の常設展示では，「房総の自然と人間」を全体テーマとして，「房総の自然誌」「房総の歴史」「自然と人間のかかわり」

第5章　博物館展示論

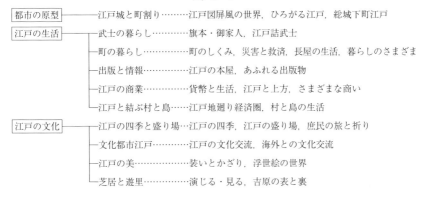

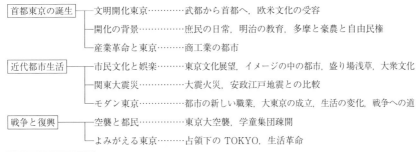

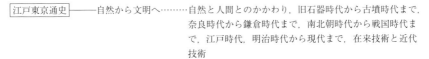

図5-2　江戸東京博物館の展示構成
出典：東京都江戸東京博物館『江戸東京博物館要覧　1994』（財団法人江戸東京歴史財団，1994年）
　　　より筆者作成。

の三つの柱で展示室が分かれている。その動線に沿って「房総の地学」「房総の生物」「海洋」「生物の分類」「小動物」の五つの部門展示があり，終わりに「房総の歴史」では先土器時代から現代までの時間軸に沿った展示が展開される[2]。

　また，新潟県立歴史博物館の常設展示もテーマ展示を強調した展示構成である。新潟県の歴史と文化を紹介する「歴史展示」と縄文文化を全国・世界的な視点から紹介する「縄文展示」に大別される。「歴史展示」では「新潟県のあゆみ」で時代順に並べた通史展示を最初に展開し，さらに豪雪と米どころ新潟の歴史と文化に特化した「雪とくらし」「米づくり」を展開する。さらに「縄文展示」では国宝の火焔土器をメインに「縄文人の世界」「縄文文化を探る」を展開する[3]。

　沖縄県立博物館・美術館の博物館の常設展示は，沖縄の自然・歴史・文化を「海洋性」「島嶼性」という二つの側面から展示している。総合展示と専門分野ごとの部門展示からなり，部門展示では，自然史，考古，美術工芸，歴史，民俗の五つの部門展示室を設けて，収蔵資料を活用しながら特化した形で展示をしている。ここでは展示替えを多く行い，常設でありながら可変性を持たせた展示を展開している[4]。

③作家別・作品別展示

　文学館や美術館の常設展示でよくみる展示構成である。時代順に並べながら，その時代を特徴づける作品を並べたりする場合である。弘前市立郷土文学館では「津軽の文学者たち」と称して，常設展に津軽ゆかりの文学者「陸羯南」「佐藤紅緑」「葛西善蔵」「福士幸次郎」「一戸謙三」「高木恭造」「平田小六」「太宰治」「今官一」「石坂洋次郎」（石坂洋次郎記念室）の10人を生年順に展示している。

　山口県立美術館の常設展示は「主な収蔵作品」として，山口県にゆかりのある作家31名をあげて，その代表作品を展示している。沖縄県立博物館・美術館の美術館では「コレクション展」として沖縄県出身またはゆかりのある作家，アジア諸国の近代美術作品を展示する。主に，ニューコレクションシリーズ（新収資料展）や沖縄の美術を編年的に紹介する展示を実施している。

第5章 博物館展示論

　常設展示の存在意義は，地域住民にとって地域の歴史，自然，美術に関する基本事項を学習する空間だということである。そこに住む人であれば子どもから大人まで多くの人が知ってもらいたい，知るべき事柄を示しているのが常設展示である。

動線の設計

　展示の内容やメッセージをどのように伝えるかは，資料の見せ方や解説の仕方にも左右されるが，ストーリーをどう構成して，資料を配置するか，ケースの並びをどうするかという展示空間のつくりによっても大きく変わる。とりわけ学芸員が苦労するのは，動線の設計である。展示の出入り口と，資料の大きさや数，展示構成を組み合わせて来館者の動きをどう設計していくかは，準備段階から大きな課題になる。ラフスケッチを何度も書きながら，ストーリー展開を損なわず，できるだけ単純でわかりやすく，交錯の少ない動線を引くことは結構難しい。館の展示室の物理的な制約も大きな壁である。

　動線の設計に際して，多くの展示で共通する人間の行動パターンが指摘されている。それは時計と反対回りにめぐる傾向があるということである。日本の古文書や手紙の類は右から文字を書き，絵巻も右から左へと描かれていることから，右から左へと資料を見ていく移動は自然な動きである。それをあえて左から右へ強制的移動させると，短い場面を見るのであれば左からでもよいが，長い絵巻を見る場合は不自然な行動となる。すべて反時計回りで移動することは難しいし，その必要性もないのかもしれないが，資料の性格や人間の行動をも視野に入れて資料の配置や動線を考えることが必要である。

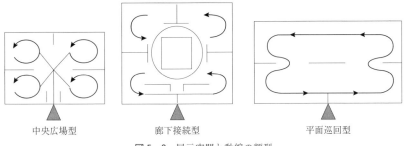

中央広場型　　　　廊下接続型　　　　平面巡回型

図5-3　展示空間と動線の類型

143

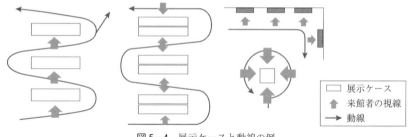

図5-4　展示ケースと動線の例

（3）解説に込めるメッセージ

　常設展示室には資料そのもの以外に，文字を使った解説パネルなどの展示グラフィックが多数配置されている。また映像音響の機器を使った固定モニターによる説明，来館者が展示室内を移動しながら説明を聴く音声ガイド（イヤフォンガイド，オーディオガイドともいう），さらにはボランティアによるツアーガイドやコーナーガイド，学芸員によるギャラリートークなど人を介した展示解説も盛んに行われている。

　常設展示は博物館の顔であり，いつでも見られる空間である。したがって，博物館が目指す目的や理念，メッセージがそこに込められていることになる。モノを展示して，モノで理解してもらう展示が理想だとしても，なかなか完全には伝わらない場合が多い。なかでも美術展示では絵画作品のタイトル，作者名，時代年代といったシンプルでコンパクトな資料キャプションが比較的多い。作者の意図や研究者の作品解釈を掲示することもあるが，来館者の感性で自由に鑑賞してもらおうという考え方がそこにはある。

　どちらかというと資料をじっくりみて自由に鑑賞してもらう美術展示に対して，歴史展示では資料の一つ一つの説明が極端に長かったり，専門的であったりすることがある。歴史展示はその目的や趣旨をはじめ，展示コーナー解説，資料解説，年表や人物写真，構造図や概念図など，解説パネルが極めて多い。そこには，歴史を正しく知ってもらいたいという博物館や学芸員側の配慮が強く反映されているとも言えるが，一方的な知識の押しつけとも言える。

　2016年12月，中央教育審議会の答申において，資料から読み取った情報から，比較したり関連づけたり，多面的・多角的に考察したり，表現する力の育成が

盛り込まれた。簡潔に言えば，資料を読んで考えて総合的に理解する主体的な学びの必要がここに示されている。2020年の次期学習指導要領の改訂に向けて学校の歴史学習に大きな転換点が来ているなか，歴史展示におけるコミュニケーションのあり方も今後大きく変わることが予想される。

（4）展示の評価とコミュニケーション
展示の客観的評価
　博物館の展示に対する「評価」に近年注目が集まるようになった。税金を使った展示に対して，その業務を一手に担う学芸員の一方的な自己満足で終わることがあってはならないという観点から，経営・運営者側が展示を評価する場合がある。

　たとえば，よく「来館者数が10万人を突破した」などと報道されることがある。来館者の数だけで展示の評価は決められないが，人々の興味関心の高さや知的好奇心を満足させているバロメーターの一つであり，設置者や経営者側としては入館者数と展示にかけた経費との費用対効果をみながらの数字の評価が大きい。

　常設展示の評価としては，担当した学芸員の評価，展示全体の目的や理念が来館者に伝わったかどうか，展示空間のつくり，わかりやすさ，ユニバーサル・デザインの導入など，評価の対象となる項目や範囲は極めて多岐にわたる。展示に対し来館者はどのような反応をしたか，満足度はどうか，市民の教養，学術，文化に寄与することができたかなどを客観的に判断して，よりよい展示をつくり，博物館活動の活性化につなげるための評価制度は大切である。一方で，その評価が博物館運営や学芸員の人事考課につながる場合もあり，その扱い方や何を評価するのかについては極めて綿密な計画と方法を要する。満足度調査に対しては人によって感じ方が異なるため，より慎重な調査が必要になる。

学芸員による展示の評価
　学芸員がする評価・検証としては，観察法（行動調査）がある。展示室で来館者の行動を日々観察することがまずは大事である。動線のなかでの滞留箇所やスルーされるコーナーなどを見て，動線を思い切って変えたり，パーテー

ションで区切ったりするなど，些細な改善がよい変化をもたらすことがある。来館者の満足度・期待度は資料の前での滞留時間，つまり熟覧の様子である程度わかるであろう。

来館者とのコミュニケーション

展示は博物館事業のなかでも利用者との接点・関係を最も強固につなぐ場であり，人々の教養，調査研究，レクリエーションなどに資する教育空間であるといえる。学校以外において知識や教養を高める施設があるから社会教育施設として博物館は位置づけられるのである。しかし，来場者の反応や評価を聞くと，「いっぱいあって混乱した」「どんな内容なのかよくわからなかった」「疲れた」などという声を聞くことがある。博物館と来館者の間のこうした齟齬は，博物館の主張が利用者に伝わったかどうか，理解してくれたかどうか，博物館の評価に関わることであり，利用者の知的満足度の程度を知ることになる。

そのため博物館では，展示を見終わった方に，記述式のアンケートをお願いしているところが多い。アンケート項目は，「性別，年齢，職業，どこから来たか，来館理由，何回目の来館か，展示内容，ご意見・ご感想」を求めるものが一般的である。来館者が3～5段階の評価をするか，選択肢から当てはまる項目を一つないしは複数選び，意見感想は自由記述でアンケートボックスに投函するスタイルが多い。この方式で一定の数値化が測れるものの，回答するかどうかは来館者の意思に任せているため，意見感想は未記入だったり，回収率そのものが悪かったりする。また小中高などの団体客が入った時は，いたずらされる場合もしばしばである。

来館者の意見や理由などを正確に聞きたい場合は，対面式のインタビュー調査を実施したり，大規模館の場合ではリサーチ会社に委託したりして情報を集めることもある。こうした来館者の直接的な声は，展示に対する来館者の意見や感想がダイレクトにわかる貴重なデータである。前述のアンケート調査は1枚の紙の質問に答えるスタイルで，展示の見せ方，見え方，わかったかどうかなどに集中した。そのため展示の目的や全体の趣旨に対する理解度，教育的な効果を検証する分析にまでなかなか至らないことが多いが，インタビュー調査は踏み込んだ質問をインフォーマントの顔を見ながら聞き出すことができる。

その分，インタビューする側の力量が問われる。

　より積極的な情報収集のために，学校の教員を対象にインタビューをしたり，来館者の中から高齢者や地元以外の方や外国人などとターゲットを絞って情報を聞き取ったりする方法もある。これらの情報を集約し，分析確認することで今後の改善につながる大事な材料となるのである。歴史系博物館の場合，常設展示に対する学校関係者のアンケートでよく目にするのは，教科書と連動していないことや専門的で学習者に難しい，団体利用に不向きという指摘である。

　展示を通した来館者と博物館とのコミュニケーションが今後大きな課題になる。博物館が意図する目的や理念の理解を学習目標とすれば，常設展示を通してどのように来館者に伝わり，理解されたのか。また，来館者の新たな課題や学習への展開につながったのか，その到達度や理解度や展開度を測ることで，双方向のやり取りが博物館の改善や向上につながるに違いない。展示のもつ教育的な効果や理解度に着目した評価をもっと掘り下げていく必要がある。

2　特別展示の企画運営

(1)　特別展示をつくる

特別展示の種類

　常設展示が博物館の普段の顔だとすれば，特別展示・企画展示はよそ行きの顔，つまり特別に着飾ったハレの展示で，毎回違う顔を見せる展覧会だと言える。特別展示と企画展示の違いは，館の規模や館種によってまちまちなところがあり，明確に決められているわけではない。国内外から資料を借りて展示するのが特別展示で，企画展示はあるテーマを設けて館蔵資料を中心に選定して企画される展覧会をいう場合もある。常設展示と異なり，館も学芸員も力の入れ方が普段とは違う点では企画展示も特別展示も共通していると言える。また，常設展示に関連する展示を部分的に大きくして2週間から1か月程度実施したり，子ども向けのわかりやすい展示を夏休み期間だけ限定で行うようなものを企画展示と称し，別室で1か月から2か月程度長期間にわたって展示するものを特別展示と区分する館もある。ここで述べる特別展示は，常設展以外に期間限定で実施される展覧会について取り上げることにする。

特別展示を大きく分けるとき，まず展示空間が屋内か屋外かという区別がある。川崎市立日本民家園や明治村のように最初から野外に展示する博物館もあるが，屋外展示には数えないことが多い。また展示する期間の長短で分ける場合がある。資料の借用期間や保護の観点から長期に展示することを避けて40日や60日など短期に限定し，開催期限を決めて年に1回から数回開催されることが多い。また，季節展示も限定的な特別展示ということができる。
　移動展示も特別な展示の部類に入る。博物館の外に出て，学校や公民館，病院や老人ホームなどを会場に展示をするものである。介護福祉施設などでは，入所者の子どものころ遊んだ玩具や農作業で使った農具を持ち込むことで，資料に触れながら使い方や当時のことを思い出させ，体の機能改善や脳の活性化などにつなげる展示である。学校など子どもを対象にする展示では，あらかじめ展示する資料をセットにしてパッケージとして貸し出したりすることもあり，貸出展示とも言う。
　これら常設展示以外の場所で，特別な展示として広く活用されているケースも少なくない。しかしながら，博物館で特別展示と言えば，博物館の施設内に特別な展示施設が用意されてあって，そこで年間を通じて最も短期間で大規模に行われる展示事業を指すことが一般的であろう。博物館の事業運営としては，常設展示が無料もしくは比較的低料金で設定されているのに対して，企画展示は別料金をその都度設定して特別の観覧とするところが多い。国立の博物館においても特別展観覧料金は一般で1,500～1,600円である。戦後の社会教育の法制化をめぐって図書館も博物館も無料化を目指し，博物館法の第23条で原則無料がうたわれた。図書館は実現したものの，博物館は採用されずに今日もなお日本のおよそ70％の博物館が有料となっている。[5]
　特別展の類型のなかで，主催・共催の関係から分類することもできる。一般的に博物館単独主催の場合は，「○○県立歴史博物館主催，○○県教育委員会後援」といった主催事業での開催スタイルである。共催事業として開催されるのは，新聞社やテレビ制作会社，出版社などとの共催である。博物館事業に理解があり，自社の事業部が世界中を飛び回って展覧会の企画を博物館に持ちかけて来る場合と，大学や個人の研究者の調査研究から一緒に企画を練り始め，海外の未公開コレクションの研究や，新発見資料の判明をもとに展覧会企画を

立てて共催相手を探すという二つのアプローチがある。多くの場合は前者のケースが多い。

まず自主企画で主催する特別展の開催を概観してみよう。通常，博物館の常設展示を中心として，その一部を切り取ってクローズアップする特別展示がある。また，常設展示の趣旨に外れないなかで，学芸員が独自に企画を立てて開催する特別展示も多い。

地方自治体の地域博物館が実施する特別展では，当該地域の歴史を明らかにすることが目的であるので，その地域に関わる出来事や事件，特徴ある産物や技術，人々の暮らしや行事，マチの発展や移り変わりなどを取り上げて展覧会を企画することが多い。また，同じ行政区域であっても町場の商業地，山間の集落や漁村，島嶼部というように地理的な違いがあったりする。その地域ならではの歴史や文化の特性を，順次計画的に企画していく展覧会もある。また文学館などでは，常設展でその地域にゆかりのある作家を多数並べているが，ある作家の生涯や作品に特別に光を当てて，奥の深い展覧会を組むことがある。

このように特別展示の幅は非常に広く，規模も内容もまちまちであることを認識しておくべきである。最終的にはその博物館がどのような計画で展覧会を企画し，何が特別展示で何が企画展示なのか各自見極める目を持つことが大事である。

特別展示の企画から開催まで

いわゆる特別展示・企画展示に話を戻そう。常設展示が固定的な展示で何年も大きく変動をしないのに対して，年間を通じて比較的大規模な事業でしかも毎回異なるテーマで繰り広げられる展示がどのように作られているのかを概観する（図 5-5）。

展示の企画は，大きく二つに大別できる。一つは博物館が独自に考える自主企画で進める事業，もう一つは，先に挙げた新聞社や出版社，またはほかの博物館が企画を持ち込んで開催される事業である。

前者の場合は，個人もしくは複数名の学芸員が専門性を活かして調査研究の成果を展示にする事業であり，2，3年から長い場合は数年かけて取り組む展示である。国や県，区市町村の博物館で行われる特別展のオーソドックスな開

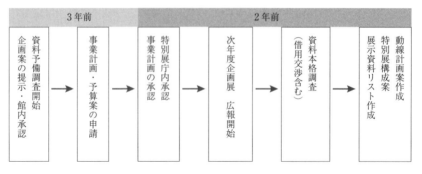

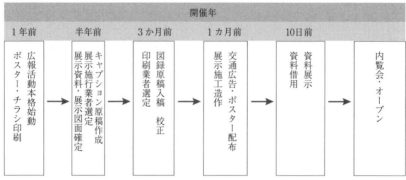

図 5-5 特別展の企画から開催までの行程

催の形であると言える。

　後者の持ち込み展の場合は、新聞社の事業部が独自に海外などの美術館と出品交渉し、日本国内の美術館で展覧会を開催する場合である。この場合も構想から実施まで3年からそれ以上の時間をかけて開催にこぎつけることが多い。ほかの博物館で企画された展覧会をほかの博物館で順次開催するケースを巡回展と呼ぶが、海外から借用して展覧会を開く大規模な場合は、全国各所で開催する巡回展として開催し、博物館と共催関係となる新聞社や出版社などのメディアをフルに活用して集客数の向上を目指す場合が少なくない。

　学芸員の関わり方としてはいくつかのパターンがある。自主企画の展覧会を自館で開催するのであれば博物館が当然主催者となり、学芸員は企画から会期の終了、資料返却の最後まで責任あるポジションに着く。持ち込み展や巡回展になると、〇〇展開催実行委員会を結成して実行委員会方式を採用することも

多い。学会や大学の研究者や専門の有識者を長に据え，会場となる博物館の学芸員を複数並べて開催する展覧会である。新聞社がプロデューサー的な立場で，海外の博物館と日本の博物館との間に入り，巡回展の形で企画を実現させていく場合，この実行委員会方式を採用する場合が多い。

　この場合の学芸員の役割は自主企画と違って複雑である。積極的に関わる場合は，実行委員会の長を団長とする調査団などに随行したり，資料調査や展覧会の出品リストを作成し，資料キャプションを執筆したりする場合がある。一方，あまり積極的に関わらない場合は，新聞社と実行委員会の主要スタッフが中心となって博物館の展覧会会場を移動し，そのたびに展示施工会社と資料運搬業者によって展示の準備や撤収作業が行われる。会場となる博物館の学芸員は資料の受け渡し，展示作業の進行管理だけを見る，いわば貸し館に徹する場合もある。

　自主企画の特別展示と持ち込み企画の特別展示のどちらが良いか悪いかは一概に言えない。博物館の趣旨や学芸員の専門性などが活かされ，来館する利用者の興味関心を高め，満足度や理解度が高くなるのであればどちらもメリットとすることができる。しかし，自主企画の特別展も学芸員の独りよがりな展覧会であったり，持ち込み企画が博物館の設置目的や趣旨に反して，人寄せのためだけの展覧会を開催したりして，入館者数も伸びなかった場合は各所から批判の声も上がるであろう。いずれにしても，予算や展示の規模が大きい事業になることは間違いないので，どのように特別展を実施し，学芸員がどのように関わるかは，博物館の方針や年間の事業計画など担当部署を中心に十分な議論と意思決定を経て実行に移すことが肝要である。

他館からの資料借用

　持ち込み展示であろうと自主企画であろうと他館や所蔵者から資料を借用するケースが多いのが特別展示である。学芸員が最も神経を使うのが，資料の移動および展示にともなうダメージや破壊である。一般的には展覧会の計画段階で所蔵先とは出品交渉で内諾を得ていることが多い。実際の借用は，展覧会の規模にもよるが，始まる直前となる場合がほとんどである。

　資料を借りる際は実際の展示期間とその準備や移動の日数を加えて借用期間

を明記する。学芸員が神経を使うのは，資料のコンディションチェック，つまり資料の状態確認である。借りる場合に所蔵者と資料一つ一つの状態を確認する。梱包し，移動して，博物館に搬入した際にも，開梱して資料の状態を確認し，移動にともなう変化やダメージがないかどうかをチェックする。展覧会開催に向け資料の展示が行われると，とくに注意を要する資料については目視で毎日のように状態を確認する。

　展覧会が終わって撤収をする際も，資料チェックを行って梱包し，資料返却を開始する。借用先の所在地でまとめて効率よく返却する計画を組むが，借用時と変わらず異常がないかどうか，所蔵機関の学芸員や所蔵者と一緒に資料の状態を確認して返却を終える。

　最悪の場合を想定し，資料借用から返却までの期間，資料の輸送業務を委託する業者を介して動産総合保険に入る場合が多い。所蔵者の評価額や国際市場価格が保険料算定の基礎価格となる。海外から日本に資料を借用する場合，地震や火山などの大規模災害，逆に日本から海外への資料貸出に際しては国際テロや紛争などを反映して，保険料が高くなる傾向にある。たとえば，保険料算定に際して2000年ころは評価額×0.1％後半程度であった保険率は，2008年には0.25％と高騰した[6]。そのため，文化庁などでは国際的な美術資料の借用などにともなう保険料金の負担軽減を国が補償制度の導入を進め，2011年4月に「展覧会における美術品損害の補償に関する法律」が公布，同年6月1日に施行され，国が各館の展覧会事業を支援する仕組みが整備された。

（2）展示をみせる
　特別展の見せ方の工夫
　常設展示も特別展示もほとんどの博物館では別々に用意されているが，その面積については常設展示の方が圧倒的に大きい。その空間のつくり方や構造については，国や県，市区町村などの自治体によって異なるが，おおよそ展示構成や展示ストーリーが考え抜かれているためか，展示する資料に合わせてケースやステージが用意されるなど，細部にわたって空間の使い方や展示ケースの仕様が統一化されている。

　一方，特別展示室の方は1年に複数回，しかも短期間のなかで考古展示や歴

第 5 章 博物館展示論

ウォールケース

ハイケース

ローケース

展示ケースの組み合わせ*

図 5-6 展示ケースの種類
＊奥に固定式のウォールケース，手前右に単体ハイケース，手前左にローケースがある。

史展示や美術展示など多様な展覧会が開催される。特別展示室全体のつくりはシンプルで，出入り口は構造躯体の関係で多くは固定であるが，展示空間の間仕切りやケースの配置についてはフレキシブルに変えることができる仕様が多い。固定型のロングのウォールケース（壁面ケース）があったとしても，単体可動型のウォールケースやハイケース（行燈ケース），可動型のローケース（覗きケース），天井からの吊るしなど，展示する資料の形状や特徴，展示企画の方針などによって自由に選定して使われることが多い（図 5-6）。

　四角形を基本とする展示空間が一般的ではあるが，なかには円形などの空間もある。博物館全体の建築設計が建築家のデザインに委ねられていることが多い今日，外観デザインに比して展示室内の使い勝手にまで配慮した設計は少ない。いずれの博物館もさまざまな課題を抱えているが，直接展示に関わる空間

の来館者の動線・順路をスムーズにするために，あるいは来館者が資料をよりよく見ることができる空間を実現するためにも，建築家と学芸員の相互協力は必要不可欠である。

　博物館の建設で最も重要なことは，来館者が利用する空間，学芸員が資料整理や展示作業や準備をする準備室，資料を保管する収蔵庫，案内係や清掃スタッフ，ボランティアがいる部屋などを区分して置くことである。これを「ゾーニング」という。

　展示室と学芸員がメンテナンスや資料運搬などで出入りする展示準備室が隣接していることは言うまでもない。資料と学芸員専用の出入り口を確保することは必須項目であり，収蔵庫との連絡で一般客と同じ廊下やフロアを使用するのは警備上問題が大きい。さらに受付スタッフ用のブースや音声ガイダンス機器の貸し出しスペース，チケットやチラシや図録などの印刷物のストックヤード，さらには警備や監視員らの常駐ルームや電気・機械・清掃スタッフの作業スペースや休憩室などの部屋の確保が必要である。

　こうした博物館における一般来館者のための利用空間と，博物館業務に携わる契約スタッフや学芸員の展示作業や資料運搬のための空間は明確に分け，交錯しないことが前提となる。さらに，人や資料の安全対策に配慮したものであり，何よりもわかりやすいことが大事である。

　特別展示のシンプルな空間をどう使うかは毎回違う。展示のストーリーや資料の大小などをその都度考え，展示面積の大小や形を念頭に置きながら企画を考える。その上で資料を確定し，ケースを配して，来館者の動線を検証するというのが理想ではあるが，実際は，あれもこれもと展示資料を増やしたところですべて希望通りに展示できるとは限らない。展示空間の大きさや利用できるケースの数や種類によって展示内容が決まってしまうことはよくあることである。

空間・動線の設計

　展示空間の使い方では，大きくは三つのパターンに分けられる。中央広場型，廊下接続型，平面巡回型である（図5-3）。展示の性質により来館者が展示室内をどのように動くのか動線を考えてケースを配置し，来館者を誘導する必要がある。展示の構成やストーリーを伝えるための動線ではあるが，混雑時の安

全対策や緊急時の避難誘導のことをあらかじめ想定して動線を用意しておくことは，消防や警察への届け出に際しても安全性を確保した特別展であることを示すよい材料となる。

　動線には，完全強制動線，半強制動線，自由動線のパターンがある。歴史系博物館の場合は，時系列に沿ったストーリー性の強い展示が用意されることが多いので，強制動線のケースが多い。しかし，美術館などの展示では，展示空間をゆったり広く使い，来館者の興味にまかせて見たい作品から動けるように自由動線で設定するケースが多い。

　これらはあくまでも一般的傾向を示しているだけで，こうでなければならないという規則はない。実際には強制動線と自由動線の組み合わせ型も多く，展示室の構造や来館者の人数によっても変わることがある。そのため特別展示室には間仕切りを設置して，空間レイアウトを替えやすくしている場合もある。

　近年の傾向のなかで注目すべき状況としては，館の特性や垣根を越えた展示の工夫が見られるようになってきたことがある。たとえば美術館が縄文土器を並べてその文様の美や躍動感を味わうように仕掛けたり，その逆に歴史博物館で屏風や絵巻物を並べて，戦国合戦の様子や農家の1年を理解させるような展示が行われたことがある。展示に「こうしなければいけない」といった縛りはなく，最終的には「展示の意図」が来館者に伝わるかどうかである。資料解説のキャプションが必要最小限で，資料をできるだけ多く提示する提示型であったりすると，どのような工夫で展示意図を伝えるのか，美術館の動向が注目される。

　一方，美術展示以外の歴史や文学などの人文科学系の博物館では，展示資料の脇で解説パネル，写真パネル，図表パネルなどを駆使して理解を促す説示型の展示が多く見られる。近年の傾向としては来館者に資料をじっくり見て考えてもらい，資料の理解と学びを促進する教育型の博物館も増えてきている。

展示の形態

　展示を何かしらの基準によって分類すると多くの切り口を見出すことができるが，たとえば人文歴史系の博物館において多くみられる展示の形態としては，静止展示，動態展示，参加・体験展示，実演展示，さらにはワークシート活用

表5-1　展示分類別の展示形態

展示分類基準	展示の形態
見学者の展示への参加の有無による分類	受動態展示 能動態展示（体験展示・参加型展示）
展示の動感の有無による分類	静止展示 動態展示 映像展示 演示（実演展示・実験展示）
資料の配列法による分類	象徴展示 単体展示 集合展示 時間軸展示 構造展示
資料の組み合わせによる分類	組み合わせ展示（パネル・模型・映像） 三連展示

出典：青木（2000）をもとに筆者作成。

展示などの形態を挙げることができる（表5-1）。

　受動態展示は，資料と来館者の関わり方で最も一般的な展示形態といえる。多くの博物館は「来館した人が見る」施設であり，館側は「展示（資料）を見せる」施設という双方の関係で成立するが，一般的には館から来館者への一方通行的な受動態（受け身）展示の関係が強い傾向がある。

　他方，能動態展示とは来館した人が体験や参加を通じて感じたり，理解したりする展示のことである。公衆電話を使ったことのない人が，街頭にあった電話ボックスに入って，ダイヤル式の電話を触り，受話器から聴こえる声や音を通して公衆電話を身体で理解するといった具合である。参加型展示は体験展示をさらに細分し，知的参加に限定した体験と定義される。資料などの前に置かれたクイズパネルやミュージアム・ワークシートを使って来館者が積極的に展示に関わる仕掛けのある展示となる。

　静止展示とは，資料の見せ方において最も基本的で，どこの博物館でも最も多く採用されている展示形態である。来館者にとってじっくり資料を見ることができる状態である。一方，動態展示とは，静の反対にあたる動きのある展示ということである。これら静と動の展示が，来館者に注意を促す大きな作用を

持つと同時に，静の緊張関係を弛める息抜き効果と動による臨場感の増幅効果をもつとされる。映像展示でも静止画と動画があり，静止画であってもマルチスクリーンによるスライドショーは動態展示に入る。展示室内であっても，シアターコーナーでの映像によるビジュアル資料の情報量の多さが来館者に与えるインパクトは大きい。また，静止画や動画をシアターホールなどでインタラクティブ映像で展示するなかで，学芸員や案内スタッフが来館者にクイズを出題することで来館者とのコミュニケーションを取るような形で，参加型展示に展開することも可能である。映像に合わせて学芸員や案内のスタッフが実際に資料を見せたり，実験をして見せたりする「演示」（実演展示・実験展示）は来館者を巻き込み，理解・納得させる力は大きい。

　象徴展示とは，博物館エントランスホールや展示室入口，展示室内のコーナーのシンボル的な存在を強調する展示を言う。非常に大きい，高価である，珍しい，芸術性が高い，地域を代表する，といった特徴ある資料やレプリカが，館の，展示の「顔」として設置される。

　単体展示は，ある資料のみが独立で展示される展示形態である。象徴展示も単体展示であることが多く，単体のケースでじっくり見てもらえるメリットに加え，宝石や茶碗や仏像などを一点だけ展示して，まわりから独立させることで，展示空間の照明や資料そのものへのスポットを工夫してより一層感動的な見せ方も可能になる。

　集合展示とは，同じ資料，同じ仲間の資料を多数並べて展示することである。たとえば鍬を1本展示しても展示映えしないが，地域の農作業で使われる多種多様な鍬を多数並べることで来館者を圧倒すると同時に，比較できるように系統的に並べることで教育的展示にもつながる。埋蔵甕（まいぞうがめ）から出た大量の中国古銭や，ラベルデザインが洒落たマッチなど，比較的小さな資料を数多く並べることでインパクトを与える展示である。

　時間軸展示とは，歴史系・自然系を含む時間軸展示で，発達や変遷，行程や過程や系統を示す展示もこの形態に入る。

　構造展示とは，一次資料と一次資料の組み合わせによってそこから新たな情報を得ることを目的とした展示形態である。擂鉢（すりばち）と擂粉木（すりこぎ）の組み合わせがわかりやすい。それぞれ単体ではどのように使われるのか不明瞭であるが，二つを

並べたり，擂鉢の中に擂粉木が入っていたりすると使用方法や目的がわかるので，民俗展示などで教育的な効果が期待できる展示である。

　組み合わせ展示は，一次資料と二次資料の組み合わせによる展示である。ここでの二次資料とは図，写真，模型，映像などとの組み合わせとなる。さらに三連展示とは，一次資料と情景模型に映像を加えた三つの要素から構成される展示である。

　このような展示形態をみると，美術展示は二次元の絵画か三次元の立体物そのものを見せることに重点があり，解説パネルや資料キャプションは比較的シンプルである。一方で，歴史展示の方は資料が多様なため，資料の特性や事実関係，資料的価値をどうわかりやすく説明するか，学芸員の見せ方やパネル，映像に大きく依拠しているように思われる。

（3）特別展示のメッセージ
展覧会を通じて伝えたいこと
　博物館の自主企画の特別展示では学芸員の専門性や日常の調査研究が重要な鍵を握る。同時に，博物館として特別展示を開催する目的や趣旨がある。展示は表現であり，メッセージである。特別展を開催することは，広く利用者に向けてメッセージを送る手段となり得る。その類例をいくつか紹介しよう。

　長年の計画からようやく博物館建設が進んでくると，開館までの段階で市民に向けた予告的な展覧会，つまり開館予告展が開催されることがある。会場はまだ博物館が建設中なので，劇場ホールや市役所のロビーのような場所であったり，商業用展示専用の催事フロアであったりする。開館予告展の最大の目的は，いつ・どこに・どのような博物館ができるのか，どのような資料を展示するのか，どのような事業や講座があるのかを事前に広く知らせることである。地域住民の関心を高め，認知度を上げる最大の広報手段となる。

　いよいよオープンとなると開館時に特別展を開催することがある。開館記念特別展である。ある意味で新しい博物館の地域住民へのお披露目興行となることから，費用や規模を最大限に用い，また新発見資料や斬新な展示手法などを駆使した新規性・奇抜性の高い目玉事業として大々的に行うことが多い。開館時における新しい常設展示に花を添えるような特別展示になることが多いが，

その後の館の方向性を示唆するシンボリックな展覧会であるとも言える。
　その後の博物館での大きな特別展は，博物館開館10周年であったり，自治体の市制施行50年，友好都市30年などの周年記念展の類である。博物館や自治体にとっての節目であり，振り返りをしながら，次の時代への継承を考えることが目的である。開館時から行われたポスターを一堂に並べたりして回顧するケースも少なくない。江戸開府400年，明治維新150年，関東大震災90年といった類も同じである。
　持ち込み企画の特別展でもこうした周年記念に類するものは多い。さらに目立つのが「本邦初公開」「今世紀最大」「名宝」「秘宝」，あるいは「里帰り」「生誕〇〇年」「没後〇〇年」といった類のキャッチフレーズを冠した特別展である。これらもまた博物館からのメッセージとしてみることができるが，こうした広報における常套句は人々の興味関心を高め来館を促すワードであるが，これらが展示のメッセージだとすると極めて表面的なもので残念な気がする。展示の意図やメッセージとは，資料一つ一つの持つ歴史的・美術的価値の重要性や貴重性を伝える意味もあろうが，それ以上に展覧会全体を通して何を伝えたいのか，博物館や学芸員のメッセージを示していくことが本質であろう。

情報発信と広報・普及事業
　特別展示の広報活動では，展示の企画段階から共催・後援の組織が関わることがある。先に記した新聞社やテレビ局などのメディア系の持ち込み展の場合，新聞，雑誌，テレビ・ラジオの媒体を持つことから，最大限の広報活動を提供してくれる。
　大型の展覧会の場合は，年度単位で次年度計画が決まっていることがほとんどである。その場合，新聞の正月元旦号で早々と新年度の展覧会情報を掲載する。直近になれば博物館側から詳細な開催プレスリリースを発表し，紙面広告，講演会の案内など積極的に広報を展開するようになる。一般的にはポスターやチラシを制作して，ほかの博物館や大学，観光案内所，図書館や生涯学習施設などに掲示を依頼する。交通広告では，駅貼りのポスター，電車やバスの中の吊り広告を使って広く広報をするが，広く広報すればするほど経費がかかることも事実である。そのため，新聞社や出版社などの企業との共催や後援は展覧

会事業を開催する上で最大のうまみであり、協働作業の一環として航空各社、トラック輸送会社など各社企業にスポンサーになってもらうなど、企業との協力体制は展覧会を成功させる大きな力になっていることは間違いない。

普及事業としては、講演会、学芸員の展示解説、体験講座などの催しが一般的である。講演会は展覧会全体のコンセプトや総合テーマに関わる高い知見から、その研究課題に長年取り組んできた研究者が登壇することが多いが、著名な芸術家やタレントなどの文化人にも登場してもらって、100人単位の大人数を対象に知識教養を高める事業でもある。

学術的な内容をさらに濃いものにするのであれば、いわゆる専門家によるシンポジウムやパネルディスカッションである。学芸員の展示解説は土日を中心に何回か、会場全部や一部を取り上げて行うものである。一度に大勢の人を対象にできないものの、展示資料を前に、詳細な説明をすることができる。

展示ガイドとして、ボランティアなどの人を介したガイドが進んでいるが、特別展示において近年大きく発展したのが音声ガイドの導入である。入口で使用料を払って首からガイド機を提げ、耳にイヤホンをしてチャネルを合わせると有名タレントのナレーションが流れ、資料説明を聴きながら展示室内を巡るものである。ラジオ受信やデジタル再生などさまざまなスタイルがあるが、業者委託製作やガイド機を複数そろえるための経費がかさむことは否めない。しかしながら、外国人向けや子どもなどニーズに合わせた対応ができる利点があり、何よりも前衛芸術の解説や歴史展示の時代背景の説明、美術工芸品をわかりやすく案内してくれることで利用者の反応は悪くない。またスマホでも対応できる技術革新が進んでおり、動画やＶＲ（ヴァーチャルリアリティ）の先端技術で楽しみながら見られるシステムや教育的活用も含めてさらにガイド機能は進化していく様相を呈している。

3　展示の経営学

（1）博物館サービスとマーケティング

日本博物館協会は「博物館倫理」に関する調査研究報告書において「博物館は、設置目的や使命を達成するため、人的・物的・財源的な基盤を確保する」

という博物館の原則をうたっている。博物館の安定経営を考える上では，この「ヒト・モノ・カネ」のバランスよい運営が博物館の基盤となることを意味する。

　どこの館も深刻な財源不足にともなう職員の削減や有期雇用の学芸員や勤務日数が限られている非常勤学芸員が多くなっている今日，公設直営館でも指定管理者による館でもヒトの問題は同じである。人件費がかかるので常勤職員は頭打ちで，指定管理者が有期雇用で採用しても，経験不足もあって専門的な立場でじっくり資料を調査研究し，企画を立てて展覧会を実施していくことが難しくなる。慣れた頃には雇い止めとなる。

　博物館にとって最も重要なのは展示するモノである。資料購入費もままならない館が多いなか，大胆なテーマ企画を打ち出すには，所蔵資料を基にしながらも他館からの資料借用を前提にして特別展を考えることが求められる。学芸員の展覧会テーマを展開する上でも，来館者の満足度を上げるためにも必要な条件になるであろう。限られた予算のなかで，どこから何点資料を借りるか，最終的にはカネとの相談になる。

　ヒトもモノも上手に活用し，運用していくことはもちろんであるが，常設展にしても特別展にしても展覧会を運営していくためのランニングコストを計上して回していく必要がある。事業を展開する上でカネの手当はどうしても必要な経費である。そのためには，博物館の運営や展示に対する評価が公平公正になされ，その結果を受けて展示の改善や来館者の満足度を高めることに向けられているかどうか，マーケティングの方法を用いた新たな経営手法を積極的に取り入れる必要性がある。

　博物館のサービス提供に対して展覧会開催にかかった経費を盛り込んで利益を得ようとするのであれば，利用者からはそれ相応の入館料を取ることになるが，現状では国立の博物館や都道府県の大規模・中規模館では500円から1,500円前後に設定され，市区町村の博物館では，無料あるいは100円から500円程度ときわめて低く入館料が設定されている。展覧会開催の経費やさまざまなサービスに対して低額な入館料で設定されているのは，自治体の財政配分，つまり税金によって地域住民の教育や教養に寄与する事業と認められているからである。

展覧会において来館者が少ないという事態は費用対効果としての問題もあるが、展覧会の質や評価を真摯に受け止めて、PDCA サイクル（Plan 計画→Do 実行→Check 評価→Action 改善）によって事業である展覧会の分析検討をしていかなければならない。入館料が低いからといって博物館サービスの質を落とすことはできない。財政事情の悪さからヒトもモノもカネもバランスが崩れ、ハードもソフトも改善できずに何十年と放置されてきた博物館では、「暗い、硬い、臭い、変らない」という評価をいつまでも解消できない。博物館に対する来館者の評価は、展覧会や展示資料の良し悪し、解説の理解度、ガイドの内容、ワークショップなどの満足度や楽しさなどが指標となるが、これらは客観的に示しにくい。

　博物館は、利用者が何を期待し、どのような要望を博物館に求めているかを的確に把握するために積極的にコミュニケーションを取る機会と方法を設けることが必要である。来館者調査はきわめて重要で、展覧会は教育的な知的満足を来館者に提供するものであって、学芸員の自己満足からなされるものではないことを理解しなければならない。

（2）博物館の広報
広報の方法と重要性

　展覧会における経営の最初のステップは広報であり、その最大の目的・役割は各種催し物の周知である。博物館の広報では、どのような催し物を、いつ、どこで、いくらで開催するのか基本情報をわかりやすく、的確なタイミングで発信することが求められる。同時に「リード」「キャッチコピー」によって人々に興味関心を持たせ、来館に結びつける重要な宣伝でもある。つまり展覧会の「お知らせ」「ご案内」は、いかに博物館の展示事業を知ってもらうか、またいかに多くの方を博物館に足を運んでもらうかを考えて発信するものである。

　展覧会広報の内容としては、開催前の予告、開催中のお知らせ、展覧会終了のお礼と段階的に発信することが多い。開催前の予告では、年間スケジュールとしてリーフレットや1枚刷りの印刷物などによって告知することも少なくない。しかしリーフレットタイプや1枚刷りの年間計画の紹介では、会期とタイ

第 5 章　博物館展示論

博物館に初もうで　　　すみにオケない桶のはなし　　至上の印象派
東京国立博物館　　　　江戸川区郷土資料室　　　　　ビュールレ・コレクション
　　　　　　　　　　　　　　　　　　　　　　　　　国立新美術館

図 5-7　展覧会のポスターとチラシ　　＊CD／108UNITED

トルくらいしか伝わらない。本格的な展覧会の開催予告は，大規模館の特別展などの場合は開館のおおよそ3か月前辺りからプレス発表を行って広報活動を開始する。同時に，ポスターやチラシ類を印刷し，役所や博物館内はもとより，図書館や公民館などの社会教育施設，都内や県内などの博物館施設に掲出を依頼して広報活動を行う。それに加えて，ホームページ等での告知や各自治体が定期的に発行する無償配布の印刷物の影響力は，地域博物館の広報手段としては無視できないのが現状であろう。

　大規模館になると広報担当の事務担当者と展覧会担当者と綿密な計画と摺り合わせによって広報活動を展開するが，日本の博物館の多くは展覧会担当である学芸員が責任を持つ。担当学芸員は，展覧会開催の趣旨や見どころ，主な展示資料や講演会などの関連事業の紹介，そして会期や開館時間や料金などの基本情報を入れた原稿と写真を数枚揃えてラフな原案を作り，それを印刷業者に委託する。

広報にかかる経費

　ポスターやチラシ（図5-7）を作ること自体は，色やレイアウトなどのセンスの問題はあるが，作業そのものはそれほど難しいことではない。しかし，これらポスター等を鉄道の駅貼り広告や，車内つり広告などの交通広告や新聞広

告に掲載したりするには莫大な経費がかかる。

　交通広告では，JR東日本を例にしてみよう。山手線・中央線・京浜東北線の主要3線鉄道路線の40駅を対象に，B0ポスターの駅貼り7日間で約250万円。同じく，主要3線鉄道路線社内中吊りB3横サイズの7,550枚（1両1枚）のシングルの掲出では，季節や月，平日や土日など条件にもよるが，平日2日間で約376万円である。交通広告も鉄道会社によって日数，駅や路線の指定，掲出も多様な組み合わせやサービスを用意しており，それによって料金も変わるので予算と広報戦略を考えて利用するかどうか決定する。

　テレビ・ラジオCMも東京でのある広告会社の例であるが，テレビスポット15秒CM1回の放送料金で視聴率1％10万円程度。5％の視聴率に1本15秒を流すと50万円の経費が掛かることになる。同じ条件で1日2本首都圏民放4局で流すと400万円。視聴率によって値段は大きく変わるが，効果を考えると1局5本ずつ20本を流すとすれば4,000万円となる。一般的にCM制作費で平均1,000万円ともいわれるので総額5,000万円となる。ラジオスポット20秒間1回の宣伝でも10万円程度の経費がかかる。台本作成，収録スタジオ，ナレーター手配などの制作費は放送費用とは別である。

　新聞広告では，朝日新聞の全国版朝刊の場合，5段×1/2で862万円，全面15段では3,985万円。日本経済新聞の全国版朝刊の場合，5段×1/2で387万円，全面15段では2,040万円である。東京本社版や地方版を利用すると掲載料金は下がるが，もちろんデザインやレイアウトにかかる経費は別である。5段×1/2サイズの同じ広告を5大紙に載せるとしたら約1,500万円相当になる。

インターネット・SNSの活用

　インターネットによる情報発信は，企業はもとより役所でもいまや当たり前となり，公式ホームページから広報するスタイルは定着したといってよい。SNSが今一番注目される広報媒体であるが，かつての言い方であれば口コミに近い。誰かが展示を見て「あれいいよ」と日常会話のなかで広めていた博物館の情報が，今ではSNSを介してどんどん拡散する時代である。来館者が広報宣伝役を担ってくれているといってもよい。

　こうしたテクノロジーが日々発展するなかで，館長や学芸員の声や写真が

ホームページに掲載され，普段はあまり知られることはない展示作業やバックヤードの様子，収蔵資料などが画像で紹介されることで，博物館の親しみやすさを知らせる大きな力を秘めている。同時に，展覧会の評価そのものや，入場制限や待ち時間の長さ，レストランメニューの良し悪し，ホスピタリティやサービスの悪さなど，来館者の批判や酷評がSNSによって掲載されるケースもあり，博物館にとっては大きなリスクを伴っていることも理解しておかなければならない。

(3) 展覧会におけるマスコミの役割
展覧会企画の持ち込み

公立博物館の単独主催の展覧会の広報は，予算的な制約もあって必ずしも広報展開が十分とは言えない。しかし，国立や都道府県や政令指定都市などの大規模・中規模の博物館での展覧会開催の場合，テレビ局や新聞社などのマスコミが展覧会企画をパックの形で提案してくる場合がある。博物館との合意ができれば共催となって，マスメディアの持つテレビや新聞を十二分に利用した広報を展開することが可能となる。後援や協賛は，展覧会事業の一部を自社が得意とするノウハウを活かしながら支援することになる。

日本の美術館では，海外の美術館のコレクション展や資料を借用した企画展開催が多い。マスコミの事業部などが海外支局のある国や市の美術館や役所の文化担当に働きかけ，展覧会テーマの企画をプロデュースする。この場合，日本の大学教授や学識経験者らを専門的なキャップとして同行させることで，先方の学芸員（curator）から研究上の信頼を得ると同時に，マスコミ側は企画のプレゼンや資料の賃借料を美術館側と交渉する。

最初は，資料調査（展覧会テーマに沿った借用資料リストの作成）で1年以上かけて何回か訪ねることになる。一方，日本国内ではテレビ局や新聞社の事業部が研究者を代表にして展覧会実行委員会を発足させて，専門分野の研究者や巡回展を予定している美術館学芸員を構成員に加えて展覧会開催の組織づくりを始める。同時に全国で巡回展を計画するために，札幌，仙台，東京，名古屋，大阪，広島，福岡，沖縄などの主要都市の美術館と交渉して巡回展会場を確定させていく。国内の主要都市を巡回するとなると年間2，3館程度となるが，

巡回展会場を確保するには，交渉する美術館側の展覧会企画などの計画があるため，少なくても2年から3年以上の先を見据えた時間的な余裕がないと持込企画の展覧会の受け入れは難しい。

　海外から資料を借用して日本で展覧会を開催する場合，展覧会の大胆な企画力や価値付けが重要になる。「本邦初公開」「里帰り」「周年記念」「新発見」と銘打って展覧会の付加価値を高め，協賛企業を募るとともに，来場者を増やすことで入館者収入を上げる営業努力が求められる。マスコミが共催・後援に入ると広告協力はもちろんであるが，会社の人脈や取引先，購読者などをターゲットにした来客動員が期待されるとともに，テレビ番組の制作や関連書籍の出版販売も展示企画の内容によっては実現することになる。

行政や民間企業との協働

　持ち込み企画による巡回展開催のメリットは，高額な賃借料や輸送負担や保険料を各館が分担することで展覧会開催を実現することにある。収益事業として展覧会を実施する興行的な要素がないわけではない。新聞社などにとっては，博物館や美術館施設が少なかった1960～70年代に，展覧会事業をデパートの催事場や公会堂で開催してきた実績と歴史は現在もなお続いているといえる。[11]

　文部科学省・文化庁・外務省などの官庁の後援を受けたり，海外からの資料運搬での協力を航空会社と交わし，国内の美術品輸送の協力を運搬輸送会社と交わし，図録やポスター・チラシなどの印刷に向けた大手印刷会社との協力関係を築くなど，行政や民間会社との人的，金銭的，技術的な協力を取り付けることで，展覧会開催に向けた組織の強化と金銭的な支援体制を確固なものにしていく。外部の組織にミュージアム・マネジメント能力に優れた経験豊富なスタッフがいれば，学芸員は展示資料の確定や原稿執筆などの業務に専念することができる。

　このような営業活動による各社との契約や協力の取り付けは，新聞社やテレビ局が企画を持ち込んできた展覧会だからこそできるのであって，民間会社のノウハウやネットワークをフルに活用して展覧会開催に向けた準備がなされていくのである。公立館の単独の自主企画では，教育委員会などが後援することで学校関係者への周知，文化庁などの国の機関の名義掲載によって国が支援し

表 5-2　文化庁の支援事業

年　度	支　援　事　業
2002 - 2006	芸術拠点形成事業（展覧会事業等支援）
2007 - 2008	芸術拠点形成事業（ミュージアムタウン構想の推進）
2009 - 2010	美術館・歴史博物館活動基盤整備支援事業
2011 - 2012	文化遺産を活かした観光振興・地域活性化事業（ミュージアム活性化支援事業）
2012 -	被災ミュージアム再興事業
2013 - 2014	地域と協働した美術館・歴史博物館創造活動支援事業
2014 -	美術館・歴史博物館重点分野推進支援事業
2015 - 2017	地域の核となる美術館・歴史博物館支援事業
2018 -	地域と協働した美術館・歴史博物館創造活動支援事業
2018 -	地域の美術館・歴史博物館クラスター形成支援事業

出典：文化庁ホームページより筆者作成。

ているという宣伝効果を高めることはできるものの，公立館として特定の民間企業との金銭的な支援を含む協力関係は公共性の観点から難しい点が多い。

（4）展覧会への助成と外部資金
「観光立国」と博物館

　21世紀における日本経済の成長戦略の重要な柱として立案されたのが観光と文化であった。2006年観光立国推進基本法が制定され，観光立国推進基本計画が策定された。戦後培ってきた「文化や教育をもって人を育てる」から「観光で人を呼ぶ」という大胆な経済成長戦略を打ち出したのである。経済産業省ではアニメ・漫画・ゲームを成長産業として位置づけ，クールジャパンを世界に発信し，日本のサブカルチャー・ポップカルチャー，日本の伝統文化である祭りや和食や着物，さらにはおもてなしなども売り出して政府のインバウンド政策を推進させている。

　バブル崩壊から約30年，日本社会が低迷するなかで政府は，さまざまな規制緩和によって打開をはかろうと制度改革を推進する。それに応じるかのように博物館の社会的役割も変化してきている。社会教育施設としての博物館は，観光立国日本の集客施設として期待され，地域社会の文化や芸術の中核となると

ともに，地域振興やまちづくりの拠点としての役割が求められている。

　不確実な状況のなかで各省庁が取り組んできたのが，成長戦略としての新たな柱として期待が高まる観光やアニメなどの分野への助成である。博物館に対しては所管官庁の文化庁が表5-2のような支援事業を展開させている。

　平成25年度から始まった「地域と協働した美術館・歴史博物館創造活動支援事業」では10憶1,000万円の予算がつけられ，平成30年度から新規に始まった「地域の美術館・博物館クラスターの形成」では12億4,800万円と増額されている。「クラスター形成支援事業」とは「地域の文化財の魅力発信，地域振興，観光振興，多言語化による国際発信，ユニークベニューの促進など，美術館・歴史博物館を中核とした関係機関との連携による文化クラスター（文化集積地）創出に向けた地域文化資源の面的・一体的整備に関する取組みを支援する」ことを目的とした支援事業である。

　具体的には，①地域の歴史，地域の有形無形の文化財との連携，地域の人材交流，②地域の文化施設等との連携の取組みを展開する地域の美術館・歴史博物館を中核とする文化クラスターの形成を目指した事業を支援するとしている。

　文化クラスターとは，政府の成長戦略の一つとして2017年6月9日の閣議決定のなかで挙げられた言葉で，「上野文化の杜」などをモデルとしている。上野の持つ歴史的建造物や史跡等の歴史的資源，桜の名所や池などの自然環境に恵まれ，博物館や美術館やホールなどの文化施設や大学などが集結している上野で，各機関・団体が相互に連携して協力することで，文化芸術資源の潜在価値を顕在化させ，その資源を有効活用していくことで国際的なシンボルとなることが期待されている。

　単独館だけの活動に終始するのではなく，面的なひろがりと組織的なネットワークによる文化資源の協働的な有効活用をねらった事業支援だということがわかる。この背景には観光庁が打ち出している日本版 DMO（Destination Management/Marketing Organization）が色濃く反映されている。つまり，地域の「稼ぐ力」を引き出し，地域への誇りと愛着を醸成する「観光地経営」の視点に立った観光地域づくりのため，多様な組織や関係者と連携・協力して合意形成などを取りつつ，マーケティングなどのデータに基づく戦略を策定しながら進めていくことが求められている。

第 5 章　博物館展示論

外部資金と博物館運営

　日本政府の国家戦略に呼応した金銭的助成は，日本の未来を切り拓く大きなプロジェクトではあるが，補助金という性格から展覧会推進のための補助金なのか，補助金を得るための展覧会事業なのかという点では厳しい面もある。補助金を得たらすべて成功するのかどうか，持続可能な美術館・歴史博物館の活動が確立されるのかどうか，成功事例がはたして全国レベルで実現可能なのかどうかという懸念は常につきまとう。

　しかしながら，金銭的な支援によって隣接する博物館や大学や企業とも連携した大型展覧会の開催が可能となり，ボランティアなどの一般市民を巻き込んだ事業展開や人材育成の起爆剤としても期待できる。中小規模の博物館で小さな事業であっても個性的でユニークな取り組みによって持続発展的で，地域住民の満足度の高い事業がそれぞれの地域で展開される契機にもなる。国の助成システムは財政事情が厳しい博物館の現状では重要な施策の一つである。しかし，外部資金に頼り切った事業展開は，支援が打ち切られた後の自立運営を念頭に入れておかなければ自分の首を絞めることになりかねないリスクがあることも認識するべきである。

　民間企業や財団法人等の支援は，文化財支援，展覧会事業支援など数は少ないかも知れないが，いくつかの団体の支援の仕組みがある。たとえば，独立行政法人日本芸術文化振興会が実施する「芸術文化振興基金」は，美術の展覧会事業を対象としている。公益財団法人花王芸術・科学財団では日本の美術館・博物館などが企画開催する国内外の展覧会を助成対象にしている。また，公益財団法人三菱 UFJ 信託地域文化財団では美術展への助成事業を展開している。ほかにも，公益財団法人朝日新聞文化財団はプロあるいはプロを目指す芸術家が発表出品する芸術活動を助成しており，公益財団法人西枝財団は芸術・文化を担う若手企画者（キュレーター）の育成を目的に，現代美術や伝統文化・工芸・デザインと文化全般を広く周知する古民家での展覧会企画を助成している。

　さらに独立行政法人国際交流基金では日本関連の展覧会の海外での開催について助成をしている。また一般財団法人地域創造では公立の文化施設の公演や展覧会，三つ以上の地方公共団体が連携して行う事業を「地域交流プログラム」として助成対象にしている。

(5) 支援から協働
企業メセナと CSR
　メセナ (mecénat) は，芸術文化支援を意味するフランス語で，日本では「日仏文化サミット '88～文化と企業」を機に企業メセナ協議会が1990年に発足した。そこでは「即効的な販売促進・広告宣伝効果を求めるのではなく，社会貢献の一環として行う芸術文化支援」という意味でメセナが知られるようになり，その後「企業が行う社会貢献活動」と解釈されるようになった。

　メセナは社会貢献活動ということで会社のマンパワーを提供したり，文化施設運営，コンクールの開催顕彰事業など幅が広いが，文化活動を会社自身が主催したり，芸術団体や芸術家らの活動に直接資金提供・協賛をするケースも多い。会社のイメージ広報戦略としても，製造業や小売業の企業が文化芸術事業を実施する博物館や美術館を支援したりすることは多く，日本の文化芸術を大きく支える力となっている。しかしながら，90年代から始まった企業メセナの気運は，バブル崩壊後の日本経済の低迷によって展開が鈍ったことは否定できない。企業メセナは大企業中心で，中小企業には自社の利益よりも文化芸術支援というマインドはなかなか定着していないのが現状である。

　CSR (corporate social responsibility) は，企業の社会的責任と訳される。企業が法人格を持つ組織的な団体（企業市民）であることから，利益を追求するだけでなく組織活動が社会に与える影響に責任を持ち，ステークホルダー（利害関係者）である消費者，投資家，社会全体のあらゆる要求に対して，企業の事業活動を通じて自主的に社会に貢献する責任を指すものである。企業が博物館を設置して広く会社の技術や自社の歴史を社会に広めたり，学芸員実習を受け入れて人材育成に協力したりするケースもある。また，家具メーカーのなかには，長年の自社のノウハウを活かして有害ガスで空気を汚染させないインセクターボードを独立行政法人国立文化財機構東京文化財研究所と共同開発して展覧会や文化財保護の製品開発で社会貢献を果たしている企業もある。

博物館に課された社会的責任
　近年，地球規模の課題となっているのが SDGs (Sustainble Development Goals：持続可能な開発目標) である。2015年9月の国連サミットで採択された持

続可能な開発のための17のグローバル目標と169の達成基準のターゲットで，2030年までに達成しようとする国連加盟国193か国の具体的な開発目標のための行動指針である。日本でもSDGsの言葉の拡大が見られるが，大きな運動にまでは至っていないようである。博物館では，水問題，エネルギー問題，気候変動，環境問題，自然破壊，生物多様性の課題，人権問題を真剣に受け止めて，展示を通じて積極的な啓蒙活動を行っている。

たとえば国立科学博物館でもサイエンスミュージアムネットを構築して地球規模の生物多様性情報の集積発信活動を行っている。外務省所管のJICA国際協力機構の体験型展示のあるJICA地球ひろばでは，2018年の夏の期間にSDGsの展覧会を開催し，貧困，保険医療，教育，子ども，紛争，水，相互依存などのテーマで途上国の現状や日本とのつながり，JICAの活動を展示で紹介している。学生の写真コンテストによるSDGsの普及，多くの科学系博物館でSDGsをテーマにシンポジウムや博物館活動と結びつけて広く紹介している。こうした取り組みは企業の支援や協力，行政の取り組み姿勢が大きく影響しているともいえる。

展覧会や博物館への支援や助成とは，単なる金銭的な支援や協力に終わるものではない。国や地域の政策的なニーズに応えながら，そのニーズを博物館としてどう取り上げ，展覧会としてどう地域住民に広く知ってもらい，いかに多くの来館者を集めるか，そのためにどのような連携活動ができるかどうかに尽きる。上意下達の展示ではなく，市民とともに，企業とともに，地域とともに考える展示，協働で参加してつくる展示や博物館活動が大きな目標になっている。

こうした博物館活動を推進するために，博物館の学芸員や職員がコーディネートし，マネジメント能力を持って活動する経営的手腕が期待されているが，これまでの学芸員は資料については発言をしても，経営的な面では企業担当者に任せっきりということもある。共催契約や後援内容に基づく業務の住み分けや分担が徹底されているともいえるが，展覧会のリーダーシップや博物館のガバナンスの面で，博物館と企業との協業がしばしば問題にあがる。

博物館の資料の収集，保管，展示，研究という活動は，学芸業務の根幹である。それらを通じて博物館は，地域文化の拠点としてさまざまな課題解決の中

核となって存在する。また企業や学校や市民と連携し、支え合いながら、共に展覧会を企画していく協働力が求められる。そのために具体的なニーズ調査を実施し、それに見合った企画を立て、世界の動向や国や自治体の目標を理解しながら博物館活動として何ができるか、どのようなメッセージを展示で情報発信ができるかを考えていく必要があるだろう。さまざまな組織と協働したサービス提供を可能にする経営的手腕が学芸員にも必要であるといえる。

注
(1) 『博物館研究』第659号, 2023年4月, 13頁。
(2) 千葉県立中央博物館　常設展　http://www2.chiba-muse.or.jp/www/NATURAL/contents/1517498506207/index.html（最終閲覧日：2018年4月）
(3) 新潟県立歴史博物館　常設展　http://nbz.or.jp/?page_id=9（最終閲覧日：2018年4月）
(4) 沖縄県立博物館・美術館　博物館常設展　http://okimu.jp/museum/permanent/（最終閲覧日：2018年4月）
(5) 財団法人日本博物館協会（2009）『地域と共に歩む博物館育成事業　日本の博物館総合調査研究報告書』。
(6) 第6回文部科学省政策会議（平成21年11月11日）配布資料より「美術品の国家補償制度について」。http://www.mext.go.jp/b_menu/seisakukaigi/syousai/siryo/1290778.htm（最終閲覧日：2018年5月8日）
(7) 財団法人日本博物館協会（2011）「博物館倫理規定に関する調査報告書」3頁。
(8) 交通広告ドットコム　株式会社むさしの広告社　https://www.transit-ad.com/line/jreast/（最終閲覧日：2018年8月26日）
(9) 広告ダイレクト　廣告社株式会社　https://www.kokoku-direct.jp/massmedia/tvcm/, https://www.kokoku-direct.jp/massmedia/radiocm/（最終閲覧日：2018年8月26日）
(10) 新聞広告申込サイト　新聞広告jp　http://shinbun-ad.jp/price.html
(11) 志賀健二郎（2018）『百貨店の展覧会　昭和のみせもの　1945-1988』筑摩書房。

⑿　観光庁ホームページ「観光立国推進基本法」「観光立国推進基本計画」
　　http://www.mlit.go.jp/kankocho/kankorikkoku/index.html（最終閲覧日：
　　2018年8月26日）
⒀　文化庁ホームページ「地域の美術館・歴史博物館クラスター形成支援事業」
　　http://www.bunka.go.jp/seisaku/bijutsukan_hakubutsukan/shien/cluster_
　　keisei/（最終閲覧日：2019年1月25日）
⒁　公益社団法人企業メセナ協議会　https://www.mecenat.or.jp/ja/（最終閲覧
　　日：2018年8月26日）
⒂　株式会社オカムラ　オカムラのCSR 2017　持続可能な社会をめざして
　　http://www.okamura.co.jp/company/csr/（最終閲覧日：2018年8月27日）

引用・参考文献

青木豊（2000）「展示の分類と形態」『新版　博物館学講座』第9巻，雄山閣出版，
　　31-73頁。
青木豊（2003）『博物館展示の研究』雄山閣，240-275頁。
新井重三（1981）「展示の形態と分類」『博物館学講座』第7巻，雄山閣出版，
　　3-343頁。
倉田公裕・矢島國雄（1997）『新編博物館学』東京堂出版。
佐々木朝登（2009）「Ⅴ　展示」加藤雄次・椎名仙卓編『博物館ハンドブック』
　　雄山閣。
梅棹忠夫編（1980）『博物館の世界』中公新書。

■□コラム□■

企画展と出品交渉

　企画展の成功の鍵は出品交渉にあるといって過言でない。企画展の準備には，学芸員があるコンセプトに基づく企画書を作成し，おおよその所蔵先のデータを含んだ理想のリストを作成することがまずは必要である。個人や企業の所在先の情報を入手するためには学芸員や館のネットワーク力がものをいう。企画内容の適否，出品交渉の難易度や開催経費の観点から開催に向けた判断が下される。展覧会は単独開催の場合もあるし共同企画として複数の館を巡回する場合もある。巡回の場合は各館が持ち寄る共通経費（輸送費，保険費，グラフィックなど）の管理のためにマスコミの事業部門等のような元締め的な組織が必要な場合がある。

　出品交渉にあたっては，日本では出品依頼の正式な文書を送る前に何らかの打診を行うことが通例である。海外には特に事前交渉なしに館長あてに借用希望理由を記した出品依頼の文書を送付しても差し支えない。もちろん，重要作品や個人所蔵家の場合には直接出向いて企画内容を説明する場合も多く，海外出張も必要となってこよう。

　現代美術展では作家に新作を依頼することも多い。その際注意が必要なのは制作にまつわる経費の費用負担である。滞在や輸送の経費に加え，制作費や謝金の有無，作品の買い上げの予定の有無など，細かい点まで事前に文書で確認しておかないとトラブルになることもある。最近では，「表現の自由」等をめぐって行政等との争いが起きた事案もあることにも留意したい。

　現実の問題としては，常設展が中心の海外の美術館からの著名作品の借用は困難を極める。貸出の可否の決定には，貸出館からの将来の借用の可能性が大きな判断要素となるため，西洋美術のコレクションが手薄い日本の美術館は借りる一方でいささか旗色が悪い。かつて，ある海外作家の回顧展の出品交渉の途上で作品の状態が悪いという理由でかなりの作品が断られた経験があるが，1年後に行われたヨーロッパの大美術館の回顧展にはそれらの作品がほとんど展示されていた。眼福といってよい充実した展観であったものの，館の格の違いを痛感するいささか苦い体験でもあった。

（栗田秀法）

■□コラム□■

グラフィック

　博物館の展示室で目立つものといえば，壁面などに掲示されたグラフィックである。説明文や図表や写真などのパネル類による視覚表現を指す。かつては印刷の技術や経費の問題から数を制限し，枚数も控えめであったが，パソコンやプリンターの普及にともない，業者委託せずともある程度のものが用意できるようになった。それでも材質や色，文字の種類（フォント）などの統一や一定の水準を求める場合は，専門業者に製作委託することで，情報伝達のクオリティを上げることが可能であろう。

　一番の問題は，どのような情報を，どう伝えるかである。来館者の声によくあるのは，「文字が小さい」「説明が長い」「内容が難しい」「パネルが高すぎる・低すぎる」「距離が遠くて見えない」である。

　グラフィックパネルの種類には，サイン（博物館全体の誘導），展示コーナーサイン（展示構成の区画・扉の役割），展示解説パネル（大型，中型，小型＝展示構成の大項目，中項目，小項目に対応），キャプション（資料プレート，ラベル，ネーム，題箋などとも言う），操作パネル（映像モニターや解説用機器の操作説明パネル）がある。

　歴史系博物館では，展示解説パネルの類が展示空間をかなり占める。地図やグラフや概念図などは大型パネルで示し，中型パネルは展示セクションを解説し，小型パネルは資料キャプションのプレートに加えて，情報を補足したりする場合に用いるなど，情報量や多様な使い方に対応する。しかし，統一感が欠けていたり，資料が比較的小さいのにパネルがやたら大きかったり，枚数が多かったりすると来館者へのストレスになり，展示をよりよく理解してもらうためのグラフィックが逆にマイナスになることもある。

　日本美術の中で六曲一双の本間屏風をウォールケースに並べて展示する場合，キャプションプレートの大きさや位置で悩むことが多い。展示ケースの床面に置く場合はプレートサイズを大きくし，屏風の左右に同じプレートを置くことで見やすさを配慮する。近年，透明フィルムに文字を印刷して，ガラス面に貼る場合があるが，それぞれ一長一短がある。

（鈴木章生）

■□コラム□■

展示の政治学

　歴史のなかには戦争や災害などのマイナス面，負の遺産もある。美術の世界でも作家たちの芸術活動のなかで，体制を批判し，戦争の悲惨さを描いた作品や作家たちのメッセージが込められた作品も少なくない。それらの展示をしなければならない場合，何を伝えることが重要なのか考えさせられる場合が多々ある。

　たとえば，アメリカのスミソニアン博物館群の一つ，国立航空宇宙博物館で第二次世界大戦50周年記念展覧会が企画されたが，その際広島に原爆を落としたＢ29型戦略爆撃機エノラ・ゲイを展示するかどうかで大きな論争を巻き起こした。結局，エノラ・ゲイの飛行搭乗者らおよび退役軍人会から展示反対の意見書が出され，展覧会が中止になった。博物館の姿勢と元軍人らの意見の相違，アメリカ合衆国政府の見解と歴史研究者の解釈など複雑な関係が展覧会の開催を左右する大きな問題に発展した。戦争を扱う展示では，その戦争がどのような理由で戦争状態になったのか，その解釈や判断ひとつで国際問題にも発展しかねない。

　また大災害を教訓として残そうと展覧会を開催しても，実際に被害に遭われた被災者の心情を考えると，目の前の写真や記録を前に生々しい記憶がよみがえり，心理的な被害を与えかねない。

　あるいは，外国の少数民族の生活や文化を展示することでこの民族の文化を知る機会を提供しようと企画した展覧会が，逆に偏見と差別を生むことになるかもしれない。学芸員の解釈と意識は，被害者，被災者，マイノリティーの方々の意識と同じであると言えるかどうか。展示の必要性の有無や方法論などを問う慎重な議論と判断がそこには求められる。公立館であればそれはなおさらということになる。

　博物館は，学芸員がどのような立場で，どういう意図・メッセージをもって展示を開催するのか，責任ある回答を持たなければならない。同時に公平な視点で展示を行わなければ，展示そのものの評価，学芸員の資質に関わる大きな問題になることを示唆している。

（鈴木章生）

第6章　博物館教育論

1　博物館の学び

（1）教育の場としての博物館

　戦前は満州の国立中央博物館で学芸官として勤務し，戦後は文部省事務官として博物館法の成立に関わった木場一夫は，博物館員の心構えについて次のように述べている。

　　博物館は広い意味において，人々の将来の幸福に対して委託された財産すなわち文化財を保持し，それの持つ力を社会に放射する公共機関と考えられるから，その価値は人々の感情的ならびに知的生活に対して与えるサービスに比例しているということができる。

　　　　　　　　　　　　　　　　　　（『新しい博物館　その機能と教育活動』）

　木場によれば，博物館の職員が，研究者であれ，一般公衆であれ，学童であれ，その利用者に対してできる限り良いサービスを提供できることによってこそ博物館の理想と目標に接近することにつながるのであり，社会教育機関としての博物館では，「研究と教育が車の両輪のようにきわめて調和的になされるべき」なのである。実際，欧米の主要な美術館では研究部と教育部が独立した組織として設けられており，それぞれにキュレーターとエデュケーターが配置されていることはよく知られている。

　博物館法において，学芸員は「博物館資料の収集，保管，展示及び調査研究その他これと関連する事業についての専門的事項をつかさどる。」とされ，必ずしも教育普及活動が明示的に示されているわけではない。他方，博物館の業務については，博物館資料の収集，保管，展示の項目の次に教育普及活動が，

「一般公衆に対して、博物館資料の利用に関し必要な説明、助言、指導等を行い、又は研究室、実験室、工作室、図書室等を設置してこれを利用させること。」として明示的に示され、調査研究活動はその次にきている。指摘のあるように、教育機能と研究機能の双方を内在させた博物館と研究機能を優位に内在させた学芸員との間には不均衡が存するのであり、そのことがわが国において博物館教育が発展してこなかった一因とも言われている（犬塚『反博物館論序説』）。

　日本の美術館ではじめて普及課が置かれたのは1970年の兵庫県立近代美術館においてであり、1979年には板橋区立美術館に「教育普及担当学芸員」が配置された。また、教育委員会所管の博物館では、学校との連携のための普及要員として何名かの教員を博物館に配置しているところもある。もちろん教育普及に従事する職員が配置されたことは喜ばしく、一定の成果が挙げられてきたことも事実である。しかし、数年後には学校現場に戻る教員が大半であるとすれば、教育普及のノウハウが館において中期的に育成・継承される体制になっているかというといささか心もとないのも事実である。

　2011年の文化庁の調査によると、教育普及事業を担当する専門部署を設けている館は、全体の2割未満と少数である。専門部署を設けている館においても、その部署に配属されている職員数の平均値は約5人であり、他部署の職員が教育普及事業を兼務するケースがままある。博物館全体の教育方針を策定している館は4割にとどまっており、なかでも教育普及事業を担当する職員が博物館全体の教育方針を策定している館は半数以下である。

　地方博物館から始まった教育普及活動の重要性は国の博物館にも認識されるようになっており、1988年には国立科学博物館に教育部が設立され、94年には国立西洋美術館に教育普及担当の研究員が配置されている。1989年の学習指導要領改訂で中学の美術の授業に鑑賞活動が組み込まれるようになったことも注目される。さらに2011年に文化庁によって現職の学芸員を対象にミュージアムエデュケーター研修が設けられたことは、ようやく教育普及活動が収集・保存、研究と並んで、博物館の中心的な業務と認識されはじめたことを物語っている。

　アメリカ博物館協会は1992年の文書「卓抜と均等（Excellence & Equity）：教育と博物館がもつ公共性の諸相」において、知的厳密性と多様な社会の幅広い

層を包摂することを博物館の活動の核心に据えた。「コレクションが博物館の心臓部であるとしたら、我々が教育と呼ぶようになってきたもの、即ち、資料と考え方を分かり易く、かつ刺激的な方法によって提示しようとする努力こそが博物館の精神である」からである。日本の博物館における教育普及活動の歴史はまだまだ浅いが、その分伸び代も大きい。本章では、博物館の教育機能に関する基礎的能力を養うべく、博物館における教育活動の基盤となる理論や実践に関する知識と方法について代表的なものを取り上げる。

(2) 眼に訴える教育

わが国における博物館学についてのはじめてのまとまった著作『眼に訴へる教育機関』を1930年に著した棚橋源太郎（1869-1961）は、その緒論において「眼に訴える教育」の重要性を次のように述べている。

> 今日欧米の学校教育に於ては、この眼に訴える教育が頗る強調せられて、学校を各種の公開実物教育機関に引率し、或はそれ等から貸出す標品、模型、掛図、幻燈及び活動写真映画の類を盛に学習上教授上に利用して、学校だけでは到底企図し難い有意義な教育を施し、偉大な効果を挙げつつあるのである。　　　　　　　　　　　　　　　（『眼に訴へる教育機関』）

こうした「百聞は一見に如かず」の考えに依拠する教育論は、ヨハン・ハインリヒ・ペスタロッチ（1746-1827）に端を発する実物教授、直観教授の延長上にある。また、教育における日常生活や社会生活の経験を重視するジョン・デューイ（1859-1952）はその著書『学校と社会』において理想の学校を論じているが、そこにおいて第一に必要とされたのが充実した産業博物室であったことも思い起こされよう。

日本において実物教育（眼に訴える教育）が実績をあげられないでいる理由として、棚橋は、わが国では「昔から学問と云えば必ず本を読むことであり、書籍に依るの外、他に方法がない」と考えられており、どんな研究をするのにも常に書物万能の悪い習慣に陥り、より根本的で優先されなければならないはずの実物実験の真価を十分に認めることができなかったことを挙げている。東京

高等師範学校在職中に「児童の観察科郷土科及理科の教授」に特別の興味を抱いて眼に訴える教育方法の研究に没頭し、欧米留学中にも現地の中等諸学校における理化博物の実験教授法に接してその発見的姿勢に大きな価値を見いだし、科学的な思考を育成すべく帰国後に『新理科教育法』(1913)で紹介に努めた棚橋ならではの述懐といえよう。

　もちろん、東京博物館（国立科学博物館の前身）の館長を務めることになった棚橋は博物館の重要性を学校教育の関わりからのみ重要視したわけではない。欧米の博物館では、学芸研究の機関として、観覧者に供される陳列品の何倍もの研究資料が所蔵され、研究者は特別収蔵庫で希望に応じて閲覧可能になるとともに、専門的な知識をもった館員が研究上の相談に応ずる体制が確立しており、「今日先人の業績を参考し、新奇な発見創作を行おうとするものは到底博物館を無視することが出来なくなった」としている。他方、社会教育機関として、近年の博物館が規模を拡張し、展示品を一般来館者に対して精選し、展示品が一見してわかりやすく、面白く興味深いものになっていること、図書室や講演室を設け、知識と教育経験の豊かな館員が展示品の解説を行うなどして「公衆の教育と常識の養成」に努めていることを強調し、社会教育施設の中で博物館ほど利用が容易で効果が顕著なものはないと述べている。

　このように、海外の博物館の事情によく通じ、自ら博物館の運営にも携わった経験のある棚橋は当時としては実に高い水準の見識を示しおり、自ら制定にも深く関わった戦後の博物館法にもその理想が色濃く反映している。しかしながら、彼が博物館に寄せた期待と熱意はその後どこまで受け継がれたのか、戦後の博物館の歩みを振り返るにつけ、いささか心もとないと言わざるを得ない。

（3）構成主義的な学び

　現在の博物館教育の世界で非常に大きな影響力を持っているのはジョージ・E・ハイン(1932-)の『博物館で学ぶ』であろうか。ハインは博物館が教育的役割を十分に遂行するためには明確な教育方針が必要であるとし、それを打ち立てるための土台として、教育理論について知識に関する理論と学習に関する理論、教え方の理論という三つの側面から詳しい議論を行っている。

　知識に関する理論には実在論と観念論の両極の理論が存在している。前者は

知識が学習者から独立して存在するとするもので，後者は知識が内面にあり，学習者によって構成されるとする。実際には研究者によって両者の間でさまざまな立場が提唱されている。

　学習に関する理論にも受動論（伝達 - 吸収論）と構成論の二つの立場が存在する。前者では，学習は漸進的であり，受け身の（受動的）内面に一つ一つ付加されるものであるとする。他方後者では，学習は能動的で，内面の再構築を導くものだとする。ここでも両者の間でさまざまな立場が提唱されうる。

　その上でハインは，知識論と学習に関する理論のそれぞれ二つの立場を交叉させることによって四つの教育理論を打ち立てている。①実在論と受動論による「解説的教育論」，②実在論と構成論による「発見的学習論」，③観念論と受動論による「刺激反応理論」，④観念論と構成論による「構成主義」である。

　①「解説的教育論」は指導者から学習者への情報提供が大部分を占めるもので，伝統的な学校教育におけるように，「真実」とされる知識が規則正しく段階的に提供される。博物館の展示では，始まりと終わりのあるストーリーを提示することでそれが「真実」であることを主張するような場合がそれにあたる。学習目標に向けて順路に沿った段階的な提示や易から難への階層的な提示が意識されていることが特徴である。

　②「発見的学習論」は，着地点は「解説的教育論」とほぼ同じであるが，そのプロセスにおいて能動的な発見を促す参加型の学習理論である。棚橋の眼に訴える教育も大きくはここに分類できよう。最近の博物館では，ワークシートやワークショップ，ハンズオンなど，さまざまな工夫を導入することにより楽しく学べるように工夫を凝らしているところも多い。

　③「刺激反論理論」は洗脳・教化の，いわば刷り込みの理論と言えるもので，表立ってこうした方式をとる博物館はないにせよ，特定のイデオロギーに立った博物館は実際には存在する。しかしながら，文化帝国主義の観点からみれば西洋の規範的な学問にもイデオロギーが潜んでいたわけで，あらゆる博物館が本質的には図らずも刺激反応理論を採用していたことになることに留意したい。

　④「構成主義」は，学習者の能動的な参加によって「意味を成す」自分なりの知識を構成することを求める理論で，解釈的教育論とすることもできる。各自が構成した自分なりの知識は一つの解釈として妥当性を持つとともに，その

結論は開かれている。現実には少ないが，ランダム・アクセスを許す構成主義的な展示では，「見る人にさまざまな観点を提供し，資料の多様な解釈法を認め，提供された資料に関して異なる見方や異なる「真実」に言及する」ものとなる。2000年に開館したテート・モダンが試みた常識的にはありえないような比較を可能とした時代，流派を超えたテーマ別の所蔵作品展示などは構成主義的展示の一例といえよう。

　多くの博物館では「解説的教育論」に基づいて基本的な構成を組み立て，要所に「発見的学習論」的な仕掛けを取り入れている。ただし，学問体系は固定的なものではなく，絶えざる見直しや変更に開かれているものであるとすれば，知識というものは既存の知識と学習者の構成とがらせん状に絡まりあって更新されていくものである，と考えるのが生産的であるように思われる。他方，専門分野の学問体系に通じていない多くの博物館利用者に，個々の展示物自体から物語を紡ぎだし，自分なりの意義を見いだせるようなリテラシー，解釈の技法を身につけてもらうことができたとすれば博物館の利用の形もより主体的なものとなってくるであろう。次節ではそうした可能性を秘めたものとして注目されている対話型鑑賞法についてみることにしよう。

2　対話型鑑賞法

(1) アートカード

　近年，児童・生徒に美術への関心をゲーム感覚で楽しみながら高めるツールとしてアートカードを作成する美術館が増えている。アートカードとは，所蔵作品のイメージを絵葉書大の台紙に多くは作品データなしで数十枚印刷したもので，利用の手引きや作品解説等が別冊で付されている。国立美術館でも2008年に国立4美術館のコレクションによるアートカードが作成され，学校等への貸し出しとともに現在では市販もなされている（図6-1）。もともとは団体見学の事前学習の一助に作成されたものであるが，見る，考える，聞く，話すといった多面的な力を養う機会にもなるということで，それ自体の可能性も注目されるようになっている。

　筆者も大学の授業で愛知県美術館から鑑賞学習補助ツール「あいパック」と

第6章 博物館教育論

図6-1 国立美術館アートカード・セット
出典：http://www.mitsumura-tosho.co.jp/webmaga/kansho/01/detail02.html

「あいパックプラス」を拝借して大学生にゲームを体験してもらう機会を設けているが，大人でも非常に楽しいもので，初対面の受講者の間でも意外なほど和気あいあいとゲームに熱中している。似ている作品2点を選んで説明するマッチングゲームや，任意の色カードや感じカードに合うアートカードを選ぶ「ぴったりカード」など，比較的初歩のゲームをしてもらうだけでも，受講者からは次のような前向きな感想が出てきた。

- 絵に全く興味がなかったが，体験していると好奇心をそそられ，絵の名前が気になったので後で調べたい。
- 作家の意図とは異なる自分なりの視点で自由に作品を読み解き，美術に触れられることは大変興味深く，芸術が身近に感じられた。
- 同じ作品を見ても人によって感じ方が全く異なっているのは興味深く，いろんな人の見方を聞いたり自分の見方を伝えたりする場を持てて楽しかった。
- 他者の意見を聞いて考えるなかで多様性を受け入れることも学べるので道徳の授業でも活用できる。
- 絵の共通点やその絵を選んだ理由をそれぞれ発表する際，ほかの人の表現力や説明の仕方を学べるなど，国語の授業でも活用できる。

京都国立近代美術館において教員向けの「アートカード・ワークショップ」が行われて成果を上げたように，教職課程や一般教員の研修にも広く導入されれば，とかく難しく考えられがちの美術鑑賞が身近となり，学校によって美術館や博物館が積極的に活用されるための起爆剤になる可能性を秘めている。

（2）二つの視覚

　先述のアートカードの感想には，「同じ意見だと感じることもあれば，自分が全く思いつかなかったような見方も知れて新鮮だった」というコメントもあった。自分ではよく見ているつもりでも実は一面しか見えておらず，他人の発言を受けてハッとしたということなのだろう。アートカードのひとつの効用としては，自分の固定的な見方が他者の見方によって相対化され，さらに新たな気づき，見方へと発展していく可能性を秘めているということだ。自己の認識の否定の契機を介したいわば弁証法的な経験を経て，作品は新たな相貌を現すのだと言えよう。
　ここで思い起こされるのが17世紀フランスの画家ニコラ・プッサンがそのパリ滞在中（1640－1642）に時の王室建造局総監スュブレ・ド・ノワイエに披歴した次の言葉である。

　　　　ものを見る二つの方法があることを知らねばなりません。ひとつは単純に見ることであり，もうひとつは注意深く熟視することです。単純に見ることとは，見られる事物の形態と類似を自然に眼のなかに受け入れることに他なりません。それにたいして対象を熟考しつつ見ることとは，眼に形態を単純かつ自然に受け入れる行為を超えて，特別な注意を払ってその対象をよく知る方法を求めるものなのです。よって，単純な外見とは自然な行為であり，私が展望と名づけるものは理性の任務であると言うことができます。
　　　　　　　　　　　　　　　　　　　　　　　（矢橋『仮想現実メディア』）

　もともとは遠近法に関連して述べられたものであるが，別のところでプッサンが「完全さの備わった事物は，急いでではなく，時間をかけ判断力と知性を働かせて眺めなくてはならない」（栗田『プッサンにおける語りと寓意』）と述べた

ように，作品は注意深い視覚によってこそ観者に開かれるものであることに注意を促している。

　筆者の専門である西洋美術史を例に少し話を進めてみよう。作品の段階的な理解に関しては，美術史家エルヴィン・パノフスキー（1892 - 1968）がイコノロジー（図像解釈学）に関連して提示した3段階のモデルがよく知られている。

　第1段階は自然的意味で，たとえば人物が何をしているか，どんな感情を抱いているかというような日常言語的な意味がそれにあたる。第2段階は伝習的意味で，フリギア帽を持つ，あるいは被っている女性像は自由の女神であるというような，典拠や持物によって明らかになる事典的な意味であり，それを明らかにする学問はイコノグラフィー（図像学）と呼ばれる。第3段階は内的意味・内容に関わるもので，最終のイコノロジー（図像解釈学）の段階である。作品の背後に想定された文化的，社会的な意味を作品に描かれたモティーフを手掛かりに探究するもので，膨大な関連文献が博捜され，作品との照合作業を経て意味が確定される。

　パノフスキーの理解のモデルが美術作品の解明に多大な貢献をなしたことは疑いないが，その手法には構造的な批判もある。イコノロジーは描かれたものを記号に還元することにより様々な意味内容をすくい取ることができたのであるが，美術作品は概念的な意味内容だけで成り立っているわけではないことを忘れてはならない。つまり「何が描かれているか」の解明，つまり受動的に知る段階でよしとするのではなく，「いかに描かれているか」の解明，つまり能動的に見る段階を怠ってはならないのである。

　こうした考えは上で述べた構成主義の考え方とも符合するもので，博物館の一般利用者にも当てはまる。博物館の展示物の外にある知識を受動的に知ることからだけでも得られる喜びは大きいが，個々の観者が能動的に展示物に向き合ったり，他者の意見を聞いたりすることを通じて既存の知識や自分の見解との齟齬を意識し，展示物が新たな姿で立ち上がってくるような体験を経験し，より高次の理解へ，新たな自分へと螺旋状に徐々に発展していくことができたとすれば，博物館体験が「人の心を揺さぶる，豊かで，人生を変えもする瞬間が起こりうる」（ハイン）という，他では味わうことのない充実したものとなることは疑いない。

（3）ヴィジュアル・シンキング・ストラテジーズ

　わが国で対話型鑑賞が注目を集めるようになったのには，ニューヨーク近代美術館で1984年から96年まで教育スタッフとして活動したアメリア・アレナス（1956-）の存在が大きい。1998年には『なぜ，これがアートなの？』がわが国で刊行され，同年から翌年にかけては同名の企画展が豊田市美術館，川村記念美術館，水戸芸術館でアメリアとの共同企画で開催された。

　この展覧会は一部を除き豊田市美術館と川村記念美術館の所蔵作品で構成されたもので，①アートを見る・アートをつくる，②形のない形，③すっきりとしたイメージ，④物は語る，⑤私の内側／私の外側，の五つのセクションが設けられた。この展覧会は「鑑賞のプロセスを体験する展覧会形式のワークショップ」として構想されており，会場にはキャプションを付けないこととし，数多くの対話型のギャラリートークが開催された。会期中に行われたアメリアによるスペシャル・ギャラリートークなどの模様を収録したビデオ教材も発売されるなど，アメリアは対話型鑑賞法の代名詞ともなった。その後の鑑賞教育に対する関心の高まりに応答して，『Mite!　ティーチャーズキット』が対象年齢別に3巻本として2005年に刊行されている。

　アメリアが依拠したヴィジュアル・シンキング・ストラテジーズ（VTS）は，1983年から93年までニューヨーク近代美術館の教育部長を務めたフィリップ・ヤノウィン（1942-）と認知心理学者のアビゲイル・ハウゼンが共同で開発した新しい鑑賞教育の手法であり，作品の観察と対話を重ねることを通じて批判的な思考，コミュニケーション能力と観察力を養うことが主眼とされている。初代教育部長のビクトル・ダミコ（1904-1987）が遊びながらアートを体感することを重んじたのと好対照をなす。ヤノウィンが考えるグループによる対話型鑑賞は，『学力をのばす美術鑑賞』によれば，具体的にはファシリテーターを中心に次の四つのプロセスを踏んでなされる。

　　①以下の要素を含む作品を選定する。
　　　• 対象となる鑑賞者にとって興味のある題材であること。
　　　• 対象となる鑑賞者が親しみやすい題材が描かれていること。
　　　• 作品から物語が紡ぎやすいこと。

- 対象となる鑑賞者が理解可能な意味内容であること。
- 思考を刺激するために十分な複雑さと意味内容であること。

②ディスカッションを始める前に静かにじっくりと作品を見る時間をとる。
③鑑賞者の探究心を引き出すために，三つの問いかけを行う。
- 「この作品の中で，どんな出来事が起きているでしょうか？」
- 「作品のどこからそう思いましたか？」
- 「もっと発見はありますか？」（発言者，もしくはグループ全体に）

④以下の点に留意しながら，対話をファシリテーションする。
- 参加者の発言をすべて受け止められるように注意深く耳を傾ける。
- 発言が言及している箇所を指で指し，「視覚的なパラフレーズ」を行う。
- 参加者の発言をパラフレーズする。発言の内容と意図を的確に把握した，より適切な言い換えになるように応答を考える。
- 賛成意見，反対意見，他の発言から派生した意見など，関連する発言をリンクする。
- すべての参加者の発言を対等に扱い，中立であることに努める。
- 参加者の積極的な参加に感謝の意を伝え，鑑賞を終える。

　実際に対話型鑑賞を進めるにあたってアメリアが『Mite！』において避けた方が良いとするのは，イエス，ノーで答える質問で，これは自由な発想を妨げかねないとされる。また，技法や作者の意図などを尋ねるのもとくに子供には不適切で，自分で考える意欲を萎えさせる恐れがある。

　対話型鑑賞は所蔵作品展における教育普及活動の一環として定期的に行うことも可能であろうし，「なぜ，これがアートなの？」展のように，展覧会全体をハインのいう構成主義的な展示にして開催することも可能である。茨城県近代美術館では2013年に「「ワカラナイ」ノススメ」を開催したが，そこではタイトルや作家名，解説などにカバーをかけ，まずは先入観にとらわれず自由に考え，感じ取ってもらえるような工夫を施して注目を集めた。ほぼ時を同じくして佐倉市立美術館では，2015年と翌年に構成主義的展示を志向した「ミテ・ハナソウ」展が開催された。会場は四つのパートに分かれ，靴を脱いでゴロゴロと寝ころんだりしながら，くつろいで作品をみる「寝ころびの間」，うす暗

いなかでジッと目をこらして，ゾクゾクしながらみる「闇の間」，お気に入りの作品の前に，椅子を置いて，じーっくり座ってみる「椅子の間」，作品や作者のことをアレコレ調べたり，コメントを書いたり貼ったりする「研究の間」が設営された。作品キャプションのそばには鑑賞者のコメントからピックアップされた言葉を記したコメントシートが貼られたり，展示室の所々には「どこからそう思う？」「何が起こっているかな？」など作品と向き合う準備のための「ことば」もサインとして貼られたりした。さらに各個人には能動的に鑑賞するためのワークシートが配布されるとともに，毎日定時に「ミテ・ハナソウ・カイ」と呼ばれる対話型鑑賞のセッションが行われた（図6-2）。

　最近では，対話型鑑賞を実践したり，ファシリテーターを養成するNPOが設立されたり，対話型鑑賞が企業研修にも取り入れられるようになるなど，その有用性がますます広く認識されつつある。VTSはこれまでは美術鑑賞が主であったが，ヤノウィンは『学力をのばす美術鑑賞』においていくつかの実例を示しつつ，理科や歴史などの教科においてでもVTSが応用できることを述べている。理科や歴史に関わる視覚資料を用いる際の有効な問いかけとして次のようなものを挙げている。

- VTSの標準的な問いかけを用いつつ，補足の問いかけをする。
- 資料（化石，影）について，あなたが知っていることは何ですか？
- 資料から（手紙，表，地図，グラフ）からわかることは何でしょう？
- もっと興味のあること／知りたいことはありますか？
- どうしたらその答えをみつけることができると思いますか？
- どうしたら自分の考えが正しいかどうかわかるでしょう？
- もっとわかることはありますか？
- では，どうしたらいいと思いますか？

　ヤノウィンは，小学校3年生でも権利章典について対話を通じて一定の理解に達した例，小学校6年生にイスラエルとパレスティナの軍事対立に関する地図，ニュース，写真を提示しつつ対話を繰り返すことにより問題に関する一定の理解と革新的な問いかけに到達した例を紹介している。日本の歴史・考古・

第 6 章 博物館教育論

図 6-2　対話型鑑賞風景（佐倉市立美術館）
出典：http://mitehana.com/post-757/

民俗系の博物館でも対話型鑑賞法によるギャラリートークやワークショップが盛んになることを期待したい。

（4）VTS を超えて

　もちろん VTS にも課題はある。原理的な VTS では，作家の意図であるとか，作品のエピソード，象徴的な意味などの一切の情報を排してセッションがなされる。その結果そのグループなりの結論に到達したとしても，とくに文化の異なる作品の場合とんでもない誤解を参加者に植え付けてしまう危険性が存するのである。上野行一氏によれば，VTS の発祥の美術館であるニューヨーク近代美術館でも現在では次のような 4 段階からなる改良されたプログラムが実践されているという。

1　よく見ること（Observation）
2　言葉にすること（Description）
3　他者の意見を聞き，意見交換のなかで解釈を進めていくこと（Interpretation）
4　美術の世界だけではなく，見ている私たちの日常につなげていくこと（Connection）

この第4段階は，美術作品の理解を超えてジェンダー，環境，アイデンティティなどの問題と結びつけていくもので，数学や理科，社会などと結びつけて鑑賞することも可能になるであろう。日本における対話型鑑賞の紹介に力を尽くした上野氏は，VTSに対する批判をふまえ，現在では「探求型鑑賞」を提案している。観衆主体，作品に依拠する，探究的，批判的思考に関してはほぼVTSと共通するが，それに加え情報の提供，学際的なつながりという要素を取り入れ，参加者の「構成」の側面に偏ることなく「知識」の側面にも目を配っている。具体的な留意点も提示されているので，下記に紹介しておきたい。

- 観衆による観察と発見，知識や経験，思索と想像を原動力として進められる。
- 作品の前で観衆とエデュケーターが語り合う相互的なギャラリートークである。
- 開かれた質問から始め，観衆の発言の根拠をたずねて同意したり，掘り下げたりしながら対話を進める。
- 一般的には，10人程度の観衆をエデュケーターが引率し，テーマに沿って選定された3作品を鑑賞する。
- ギャラリー・アクティビティと呼ばれる活動を伴うこともある。
- ギャラリー・アクティビティとは，彫刻のポーズをまねたり，スケッチしたり，ゲームをしたり，エッセイを書いたり，音楽を聴くなどのギャラリーで行われるアクティヴィティである。観衆の年齢を考慮して行われる。

観察と言葉による鑑賞を基本としつつ，五感を活用した発展的な鑑賞体験が目指されているのである。
　解説的教育論のアンチテーゼとして構成主義が登場したわけであるが，後者に偏ることもやはり行き過ぎであろう。自らの力で観察，思考する力を養うのと同時に，個々人の知識を随時更新していく機会を設け，知識が参加者の腹に落ち，作品が参加者の視覚に強く立ち上がってくるような体験を生起させるよう心掛けることが教育学芸員には求められているのである。そうなると教育部

門のスタッフには，対話のスキルと同時に，専門分野についての深い知識，関連分野についての広い知識が必要であり，ミュージアムエデュケーションについての専門的な訓練を受けた人材の育成，採用が不可欠となってこよう。ボランティアを活用するにせよ，よほど十分な研修を受ける機会を設けない限り求められる水準のサービスが困難となり得ることも忘れてはならない。

3　活きた博物館へ

（1）通俗教育館の試み

　日本博物館協会が1945年11月に発表した「再建日本の博物館対策」の最後に「博物館の生命は積極的多面経営」の節があり，その冒頭は次のように始まっている。

　　　博物館を無力不活発の仮死状態から救い出すものは積極的多面経営の外にない。積極的多面経営は実に博物館生命の根源と謂って差支えない。博物館は嘗ては単に物品を列べて見張をし，拱手して観覧者を待つと云うが如き消極的経営に満足せる，いわゆる死せる博物館であったが，近来はそれが積極的多面運営の方針を採用するようになり，漸く活きた博物館に進展しつつある。

　残念ながら現代にも当てはまるこの予言的な一節の次に「博物館が真価を発揮せんとするには，先ず出来るだけ多くの観覧者を吸収しなければならぬ。」として，第一に宣伝活動の重要性を強調し，宣伝価値の最も多いものとして特別展覧会の開催を挙げている。次いで宣伝のみに依頼しないためには，「出来るだけこれ［博物館］を民衆化し，一般人の近づき易いようにすることである」と述べ，「従来の無味乾燥な分類式・系統的陳列様式のみに依らないで，歴史の時代陳列・動植物の生態陳列・未開民族の風俗陳列の如きにヂオラマ応用の興味ある集団陳列法を取入れ」たり，器械や機械などの「陳列に電力や圧搾空気などの動力を応用し，観覧者をして自ら手を下してこれを運転試用し，実験的に学ばしめる方法を採ること」が必要であるとしている。その上で「観

衆に出来るだけ多くの利益と満足を与える」ために会場での説明案内，公開講演会等の開催が重要であることを強調している。

博物館の延長事業としては，教育資料の館外貸出と地方への巡回展観，展覧会の巡回を挙げた上で，規模の大きい博物館における学芸研究の機関の役割の重要性を説いている。最後に施設充実の必要性を説き，たとえば中都市地方博物館では，陳列場，研究資料および貸出資料の貯蔵室・特別展覧会場・講堂・図書室・館長室兼用の事務室は最低限必要であるとしている。

1945年の時点でこのようなアクチュアルな提言を出せたのは，棚橋源太郎の過去の豊かな実践経験を踏まえたものである。東京高等師範学校教授として実物による直観教育による理科教育に尽力していた棚橋が付属の東京教育博物館に主事として関わったのは1906年のことであった。教育博物館はもともと学校教員のための博物館で，最新の教授用具，家庭，学校における教育上の諸設備を世間に向かって紹介し推進すること，国内外教育の過去，現在の状況をわかりやすく紹介すること，教育の理論，実際に関する知識を普及することを主眼としていた。1909－1910年にはドイツ，アメリカを訪れ，欧米の博物館事情をつぶさに調査した。1911年からの政府の通俗教育推進の動きのなかで翌年通俗教育館が付設され，新たな取り組みを開始した。そこでは天産，重要商品製造順序標品，理学器械および器械模型，天文地理，衛生に関わる物が陳列されたが，展示には剝製による生態展示（ジオラマ）や器機の操作（ハンズオン）が導入され，模型，標本，図，写真，幻灯なども活用された。

さらに一般向きの図書も公衆の利用に供された。総じて現代の科学館の前身的活動と言えるものであった。1917－1924年の館長時代（1921年に文部省直轄の東京博物館に改称）には，「虎列拉病予防通俗展覧会」「大戦と科学展覧会」「印刷文化展覧会」「消費経済展覧会」などの特別展を催し，通俗講演会，映写会を開催し，図書室を充実させた。1925年にはフランスに留学する機会を得て，博物館の舞台裏を知り，博物館従業員の養成機関の必要性を痛感したとされる。帰国後の1928年には博物館事業促進会（のちの日本博物館協会）の創設に関わり，1930年にはそれまでの経験を『眼に訴へる教育機関』にまとめた。現代の博物館は棚橋の試みをどこまで発展させることができたであろうか。

（2）博物館資料の教育的価値を高める工夫

博物館法第3条に列挙された博物館の事業のうち，主に教育普及活動に関わる項は次の三つである。

> 三　一般公衆に対して，博物館資料の利用に関し必要な説明，助言，指導等を行い，又は研究室，実験室，工作室，図書室等を設置してこれを利用させること。
> 六　博物館資料に関する案内書，解説書，目録，図録，年報，調査研究の報告書等を作成し，及び頒布すること。
> 七　博物館資料に関する講演会，講習会，映写会，研究会等を主催し，及びその開催を援助すること。

どのような活動を行うにせよ，博物館資料に関する教育活動においてもっとも心掛けなければならないのは，収蔵資料であれ借用資料であれ，ただ並べて見せるだけでは満足しないことである。なぜ収集したのか，なぜ借用して展示したのか，その面白さ，すごさ，見どころ，意義などを多様な利用者に応じて多面的に提示することなどを通じて，利用者に「驚きやワクワク感などの感情が喚起され，モーチベーションが高まり，新しいアイデアやイメージが生成されるプロセス」（中小路『触発するミュージアム』）を重視する基本姿勢を失うことのないよう心掛けたい。

所蔵品の多面的紹介

ここでは愛知県美術館が1992年の開館前にコレクションの目玉としてトヨタ自動車の寄附金によって17億7,000万円で購入したグスタフ・クリムトの《人生は戦いなり》(1903) を例にして考えてみよう。

まず，作品購入にあたっては，担当学芸員は収集委員会に諮問するために詳細な調書を作成し，購入する意義について明らかにしなければならない。この調書において，作品の造形的な特徴，意味内容，学術的な意義，価格の妥当性等について詳細なレポートをまとめておくことは，その後おこなう購入議案の議会上程のための説明資料，プレスリリース，教育資料等の作成のためにも大

図6-3　愛知県美術館ミュージアムワークシート「グスタフ・クリムト《人生は戦いなり》」
(提供：愛知県美術館)

変役に立つ。

　館のオープニングに合わせ主要作品を収めた所蔵作品ガイド『愛知県美術館所蔵作品選』が刊行されたが，そこでは鮮明な大判のカラー図版に簡潔な作家・作品解説が付されている。また，ビデオテークで公開するために，作品1点に焦点を当てた数分のオリジナル番組も制作，公開された。翌年には，教育普及担当学芸員によって16ページのやや詳しいワークシートが作成されている。広く無償配布するためのものとしては，1997年度に小学校低学年向けの三つ折りの簡便なワークシートが作成され，2000年度には高学年向けのものが作成された（図6-3）。

　さらに『愛知県美術館研究紀要』創刊号（1994）では，先行研究をふまえつつ，同時代の美術動向，作家の画業のなかでの作品の位置づけ等が上記の調書作成担当の学芸員によって詳細に論述された。この論文には作品について掲載文献歴，出品歴等を付し，今後の研究のための基礎データを提供する役割を果している。

　開館5周年にあっては，それまでの収集活動の成果を世に問うべく，所蔵作品によって美術史の流れを紹介するガイドブック『近代美術の100年』が刊行された。本作品についても冒頭の章で紹介され，収集方針や美術史の文脈に則った解説がなされている。2005年にはこの作品1点に焦点を絞った講演会も開催されている。このように，所蔵作品の価値を多面的に語っていくことで，鑑賞者に豊かな芸術体験を提供する取り組みが，このクリムトの1点の絵画を

とってもさまざまになされてきたのである。

　1995年に同館で開催された「ウィーンのジャポニスム」展では，本作品をジャポニスムの文脈のなかで展示することで作品の新たな魅力を浮かび上がらせた。開館20年にあたる2012年には本作品そのものを中心に据えた「生誕150年記念　クリムト　黄金の騎士をめぐる物語」を開催し，改めて本作品のクリムトの画業における意義を広く知らしめるとともに，そこではそれまで知られていなかった新知見も披瀝された。

　翌年にはクリムトが作品構想にあたって下敷きにしたとされるデューラーの銅版画《騎士・死・悪魔》(1513) が所蔵作品展における展示効果を高めるために購入され，時に所蔵作品展で対比して展示されている。また，海外のクリムト展などへも積極的に貸出を行っており，愛知県美術館の親善大使としてその名を世界に知らしめるとともに，この作品に新たな眼差しが投げかけられるきっかけが生まれるよう促している。

　グッズとしては開館時に絵葉書が作成されたが，その後には一筆箋，ピンズなども制作されている。かつては，ホテル・ナゴヤキャッスルと共同開発し，パッケージに本作品があしらわれたレトルトカレーが販売されたこともある。現在ではクリムト柄のマフラーやメナード美術館とコラボしたクリムト作品にちなむオリジナル入浴剤も販売されている。このように1点の作品や資料であっても多面的に関心を喚起することができるのであり，そこにこそ所蔵館と学芸員の腕の見せどころがある。

資料を活かした教育の可能性

　わが国では今のところ学芸部門と同等の教育普及部門を擁している館は国立館といえども存在していない。そのため館としての教育活動の使命やプログラムの方向性が明確でない場合も多い。博物館資料はまずは学術的価値により収集，展示される訳であるが，資料の可能性はそれにとどまるわけではなく，豊かな教育的価値を生み出すことが可能であるはずである。

　その意味ではテート・ギャラリーの学校の教師のための鑑賞教育プログラムは注目される。構成主義的な教育観と文化多元主義，教科をまたぐクロスカリキュラムを特色とする有機的なプログラムで，鑑賞ボランティアの研修にも役

立つものであり，日本における鑑賞プログラムを構築する際の一つのたたき台となりうるものである．

ここで前述したクリムトの「黄金の騎士」について一言補足しておくことにしよう．画面下端の金箔の屏風を意識した表現や背景の蒔絵を思わせる表現はジャポニスムの動きと関わるが，1873年のウィーン万博に端を発する日墺の交流に注意を促せば歴史と関わってくる．また，馬の"正しい"歩みの表現からはマイブリッジの連続写真との関わりも想起され，そこからは理科ネタへと話題を広げることができるであろう．意味深長な《人生は戦いなり》というタイトルや中世の騎士の甲冑の利用からは，構想の下敷きにされたデューラーの版画《騎士・死・悪魔》(図6-3)を経由して当時の進歩的な知識人や芸術家が置かれた孤独な境遇に思いをはせることもできよう．自館の主要な所蔵品がどんな教科でどんな話題を展開できるかについて教育現場とも連携を取りながらマニュアルや解説シートなどを学校見学などで用意できれば，美術館や博物館見学も一層活性化すること請け合いである．

(3) 来館者を惹き付ける教育活動
ハンズオン，パネル，音声ガイド

利用者の関心を高める試みとして，科学館などでは資料や器具などに触れるハンズオン的な展示がかなり一般化している．人文系ではその性格上，必ずしも十分に普及していなかったが，3Dプリンターが普及しつつある現在，レプリカなどを積極的に活用した工夫も期待される．九州国立博物館の「あじっぱ」や仙台市博物館のプレイミュージアムなど，さまざまな資料に触ったり，兜や衣服を着用したりできるコーナーを設けている館も徐々にではあるが増えている（コラム「ハンズオン」参照）．

そうした施設が内部にない場合でも，各館の事情に応じていろいろな工夫ができるはずである．たとえば名古屋市博物館においては，ワゴンに土器の破片やレプリカ資料一式を備え，ボランティアのスタッフが適宜観覧者の求めに応じて触ってもらったりしている．最近では常設展において毎日定時にボランティアのトークを行う館も増えている．こうしたガイドトークがより多くの館で導入されるとともに，トークの質的向上が図られることが期待される．

展覧会場では解説パネルでセクションごとの概要が語られるが、平易な言葉づかいはむろんのこと、手に取って読むリーフレットとは異なるので、分量が長くなりすぎないような配慮が必要である。作品ごとに付される解説キャプションも、できればまずは150字程度で見どころを簡潔にまとめたい。画賛や古文書などの資料については一部の専門家を除けば内容のあらましを記した文章、もしくは現代語訳が欲しいところで、書き起こしはそれとは別にするか、まとめて配布資料とすることも一つの方法である。とくに必要な場合にはコラム的な解説をパネルやモニターを活用して付加したりすることも効果的である。また、作品の端的な見どころを解説キャプションの上部に大きく太めの文字を使いワンフレーズで示すことで最小限の鑑賞の手がかりを与えたりすることも、頭越しには解説の細かい文字が読めない混み合う展覧会などでは有効であろう。展覧会の入場時には出品リストが無償配布される場合が多いが、そこに簡単な鑑賞ガイドやワークシートを付すことも効果的である。現代美術展ではあえて会場にはキャプションさえ貼られない場合もあるが、簡単であれ、何らかの形で現代美術になじみのない人に対して取っ掛かりを与えることも多くの鑑賞者にとって有用だろう。

　最近では展覧会に（館によっては所蔵作品展にも）音声ガイドが導入されるケースが増えている。記憶媒体がデジタルになってからはランダムに解説が聞けるようになり利便性が格段に向上した。2000年頃の導入当初には解説内容にも多少問題がある場合も存在したが、近年では専門的なライターが導入されたことに加え、ナレーターに俳優や著名アナウンサーを起用し、演出にも工夫が凝らされており、新たな展覧会の楽しみ方として注目を浴びている。

　また、スマートフォンやタブレットの普及に呼応して展覧会や所蔵作品展にアプリが導入される例も散見されるようになってきた。アプリの場合は事前にダウンロードして利用できる点も便利である。今後は博物館に Wi-fi の環境を整備することが、観光客のためだけではなく、来館者の調べもののためにも重要なことになってこよう。国立民族学博物館では携帯型ゲーム機（プレステ）、ルーヴル美術館では任天堂 3DS を利用した鑑賞システムが導入されているが、今後はスマートフォンなどの情報端末を片手に鑑賞する形態が広まってくる可能性があり、それに対する備えも検討すべきである。

児童に対しては，児童博物館以外でも，時にキャラクターを起用しつつ，平易な設問の特別なパネルやポップを導入して効果を挙げている例もみられる。最近では，チームラボをはじめ，参加者が描いた絵や参加者の写真を作品に取り込むことのできるデジタルメディア技術を活用したインタラクティブな遊び感覚の体験型展示も開発され，人気を集めている。

ギャラリートーク，ワークショップ
　展覧会の定番的な関連事業としては，講演会，ギャラリートークがある。講演会の講演者には展覧会テーマに直接関わる研究者や出品作家などから選ばれる場合が多いが，最近では作家やデザイナーなど，一般利用者の関心を引き付けるような人選がなされる場合も見いだされる。自館が展覧会を立ち上げた場合などでは，その学術的な意義を検証し，深めるためにも，専門的な関心をもつ利用者を対象としたシンポジウムの開催が望まれる。なお，自館の企画展のレヴューを外部の専門家に依頼し自館の研究紀要等に掲載することで展覧会を次につなげる機会を設けている館も存在する。
　企画展のギャラリートークが美術館で始まったのは1976年の東京都美術館あたりであったとされ，1990年代半ばあたりまではまだまだ一般化していなかった。現在では，回数を別にすれば，行わない方がむしろ珍しくなっている。音声ガイドが普及した現在では，参加者との対話を組み入れつつ，時にタブレットなどの視聴覚教材を用いて担当学芸員ならではのつっこんだ見どころ解説を行うなど，トークでは一方向の知識の伝達にとどまらない差異化と工夫も必要とされよう。また，展覧会内容によってはミュージアムコンサートの開催も注目を集めており，島根県立石見美術館では活動弁士と生演奏によるギャラリートークも開催されている。
　夏休みなどには，子供向けの鑑賞会や実技的なワークショップも行われている。1972年の千葉県立美術館あたりから制作室や工作室を設ける館も出てきたが，宮城県美術館や横浜美術館，静岡県立美術館など普及のための専門的な施設やスタッフが存在する一部の館を除いて，歴史ある館ではしばしば子供向けのイベントの十分な会場確保に頭を悩ますところも多い。他方，目黒区美術館のように，展示室スペースとワークショップスペースを近接させ，両方の利用

の交流を意識しているところも存在する。

　また，展示で学んだこと，興味を持ったことをさらに深めたりするためには図書室の設置も重要であるが，日本の博物館ではもっとも未発達な領域の一つである。スペースやスタッフの配置の関係もあり，国立館や大都市の一部の博物館を除けば，図書コーナーとして館の過去の刊行物やかなり一般的な美術全集や啓蒙書の配架にとどまっている館も少なくない。学芸員の研究活動の支援を含め，初学者から専門家まで幅広い博物館利用者のニーズに応えられるような専門図書室としての体制づくりが期待される。

　博物館には館相互の資料交換で展覧会図録や年報，調査報告，紀要類などが蓄積されているはずであるが，業務用の利用にとどまっている場合が多いのは残念であり，博物館が資料だけではなく情報の宝庫としても充実，公開されることを願ってやまない。今後の課題の一つにアーカイブ機能の充実があり，文書資料であれ口承資料であれ，地域の記憶遺産を集積，公開することも大きな責務である。もちろん種々の学芸活動そのものも重要な業務のアーカイブであり，次世代のために整理，保管，公開がなされることが望まれる。

4　博物館エキステンション

　満州国立中央博物館の副館長であった藤山一雄は『新博物館態勢』（1940）において，「民衆の教導，学校教育への助力に尽すこと所謂「博物館」の旧穀を脱するに於て，初めて近代的博物館の活動が初まるのである」という当時としては先駆的な見解を述べ，「動的に外部に働き，その蒐集展示を活用せしめ，或は社会教導にまで乗り出す」という"博物館エキステンション"（博物館の延長事業）の重要性を強調している。具体的には，学校児童への対応，出張を含む講演会活動，研究報告の出版を挙げ，「所要のものを大風呂敷に包み，お得意先に押売りに出かける」心構えが肝要であるとしている。もちろん利用者に変に媚びる必要はさらさらないが，現在でもこうした心構えは忘れずにいたいものである。ここでは，現代の博物館における延長事業について，三つの側面から特色ある取り組みを紹介し，最後に博物館教育が抱える課題について簡単に触れておくことにしよう。

（1） 博学連携

　博物館法第3条に列挙された11の博物館事業の最後に「学校，図書館，研究所，公民館等の教育，学術又は文化に関する諸施設と協力し，その活動を援助すること。」という条文があり，加えて第2項で「博物館は，その事業を行うに当つては，土地の事情を考慮し，国民の実生活の向上に資し，更に学校教育を援助し得るようにも留意しなければならない。」とされている。博物館と学校の連携は博物館の事業の中で極めて重要な業務の一つである。2000年から学校教育に導入された「総合的な学習の時間」においても博物館は重要な役割を果たしうる。現実には博物館と学校の関わり方は多様であり，館の規模，地域性等によってその事業の内容は異なってこよう。ここでは教員に向けた事業と児童や生徒に向けた事業に分けてその取り組みを紹介する。

　教員のための事業として最近よく行われるようになったのが，企画展や特別展ごとの解説・見学会である。国立館でも行われており，教師の展覧会への理解を深め，教育の現場で話題にしてもらうことを通じて児童や生徒の利用の拡大を促すのに一定の効果がある。また，国立科学博物館をはじめとする主に自然科学系の博物館が全国規模で行っているのが，2008年から始まった「教員のための博物館の日」のプロジェクトで，2017年には全国31の博物館で開催された。内容は個々の会場で多岐にわたるが，主なプログラムとしては展示解説や講座，博物館活用の事例報告，体験型のワークショップなどがあり，複数の館が集まって各館自慢のワークショップや鑑賞プログラムを出張実施したりする例も知られている。また，博物館の活用法の講義や，学校での鑑賞学習の実践報告，ガイドトークの体験，ワークショップ，アートカードの体験などによる教員のための研修会を定期的に行い，博物館への理解を高め，学校利用を促している館も増えている。また，愛知県美術館の鑑賞学習ワーキンググループのように，鑑賞教育に関心がある教員を募り，より効果的な鑑賞学習のための研究会を主宰する館も現れている。

　児童や生徒に向けた鑑賞授業の代表的なものは学校行事としての博物館の団体鑑賞である。一つのモデルとして，1986年の開館以来，地域すべての子どもたちを対象とした鑑賞活動を継続的に行っている世田谷美術館の取り組みを紹介しておこう。この「美術鑑賞教室」は世田谷区教育委員会の主催で行われる

もので，すべての区立小学校（62校）と区立中学校（29校）の来館を受け入れている。小学校については小学4年生（5,000名）を対象に学校の授業の一環として平日の午前中に順次学校単位で来館する形式，中学校は中学1年生（3,000名）を対象に夏休みの個別の来館を受け入れる形式をとっている。たとえば，小学生の鑑賞教室は概ね次の手順で行われる。

①事前のパンフレット配布（生徒には『美術鑑賞ガイド』，教員には『子どもと美術を楽しむために』）。
②館内の講堂で美術館学芸員が美術館の概要と鑑賞マナーについて説明。
③生徒は3〜8人程度の少人数のグループに分かれる。
④鑑賞リーダー（美術館ボランティア）の案内で展覧会を中心に，創作室なども含め美術館全体を約90分かけて見学。

もちろん，これ以外にもほかの学年や世田谷区立以外の学校・クラブなどによるミュージアムツアーも随時受け入れている。

さらに世田谷美術館では，学校への出張授業も組織的に行っている。大学生のインターンを募り，学芸員とともに学校側の希望に合わせた授業プログラム（鑑賞や実技）を考え，希望校に対してインターンの学生が45〜90分の授業を行うというものである。

美濃加茂市民ミュージアム（2000年開館）は，小規模ながら総合博物館であることを強みにして，社会，生活，理科，総合，国語，図工など，幅広い教科で学校支援活動を行い，年平均8,000名程の小学生の利用があることで注目されている。事業が継続的に成果を収めるには，子どもの小さな驚きを見逃さずフォローできる体制づくり，自発的な気づきや興味関心を引き出す仕掛けや環境づくりといったことが地味ながら重要であったようである。団体鑑賞であれ，出張授業であれ，それぞれの博物館における一番の問題は受け入れの体制づくりである。行政やボランティアとの協働体制を築くためには，現場の努力に加え，やはり設置者および館長の強いイニシアティブと調整力が必要となるであろう。

学校との連携は教材や標本類の貸出という形でも行われる。美術館ではアー

トカードの貸出が一般的であるが，考古・民俗系では実物（もしくはレプリカ）の，自然史系では標本（もしくはレプリカ）の貸出もなされている。トランク形式の貸出キットの「みんパック」（国立民族学博物館），「きゅうパック」（九州国立博物館）をはじめ，実験キット（日本科学博物館連携協議会）や紙芝居形式の教材，映像資料など，さまざまな教材が各館で考案されている。都道府県をはじめ広域を管轄する自治体の博物館では，交通不便な遠隔地に対して移動博物館や移動美術館も行われている。学校の教室や体育館を展示室にする場合が多いが，既存の地域の博物館や文化施設と連携を行ったり，館によっては移動博物館用のキャラバン車をしつらえたりしているところもある。

（2）市民が活動する場としての博物館

　現代における博物館の役割と可能性について市民を中心に据えて理論化を行おうとした博物館研究者の伊藤寿朗（1947 - 1991）は，『ひらけ，博物館』（1991）のなかで博物館三世代論を展開している。

　1960年代末以前の第一世代の博物館は保存志向により特徴づけられる。宝物の保存を軸とする施設であり，多くは観光地にある娯楽のための利用の場であった。

　1960年代末以降主流となったのが第二世代の博物館で，公開志向により特徴づけられる。地方自治体によって市街地の周辺に設置された博物館が典型的なもので，学芸スタッフによる地域に関わる博物館資料の収集・公開と，特別展の開催が活動の軸である。知的好奇心を満たすために特別展を訪れるという一過性の見学が多くの住民の利用実態である。

　伊藤が1980年代後半から芽生えてきたとするのが第三世代の博物館で，参加志向により特徴づけられる。市民の参加を運営の軸として，継続的な利用者を重視し，主体的な参画の場として機能することを目指す。さらに伊藤は，博物館を「資料の持つ意外性，人気を中心とする」観光志向型，「知識の教授を中心」とする中央志向型，「ものを考え，組み立て，表現する能力の育成を中心」とする地域志向型の三つに分け，参加志向と地域志向の二つを兼ね備えた博物館のあり方こそが本来の地域博物館のあり方であるとした。中央志向型の博物館や美術館の利用者が教養ある特権的な人々に限られていたことに対し（cf. ブ

ルデュー），博物館をより多くの人に開放し，主体的に関わってもらおうとする伊藤の考え方からは，吉田憲司氏によって日本に紹介された美術史家ダンカン・キャメロンによる「テンプルとしてのミュージアム」と「フォーラムとしてのミュージアム」の区別が思い起こされる。前者は「すでに評価の定まった『至宝』を人びとが『拝みにくる』神殿のような場所」を指し，後者は「未知なるものに出会い，そこから議論が始まる場所」のことを指す。吉田氏の言葉を借りれば，われわれは今，「これまで一方的に収集・展示する装置であった博物館が，展示される側，そしてその展示を見る側，展示する側とのあいだで，双方向・多方向の交流を生み出す装置として活用されるようになった時代」に入ったのである。

　伊藤が提唱した地域博物館の発展を促すためか，最近の博物館法改正において博物館の事業項目に次のような事業が加えられた。

　　社会教育における学習の機会を利用して行った学習の成果を活用して行う
　　教育活動その他の活動の機会を提供し，及びその提供を奨励すること。
　　　　　　　　　　　　　　　　　　　　　　　　　　　（第3条1項9号）

　言い回しがいささか抽象的でわかりにくいが，具体的には，市民が主体的に参画するボランティアや友の会，自主的な研究グループの活動などを指す文言である。ある意味で博物館に公民館機能の一部が取り込まれているともいえる。
　伊藤が注目した地域博物館のひとつが，「相模川流域の自然と文化」をテーマに1976年に開館した平塚市博物館である。同館は，市民が調べものに行ったり，行事に参加したり，ボランティアとして手伝いに行ったり，遊びに行ったり，日常的，継続的な使い方を行うという「放課後博物館」を標榜し，現在でもプラネタリウムを除き入場無料で，いつでも，誰でも，自由に出入りできることを重要視している。博物館を拠点とする市民たちのワーキンググループの活動も活発であり，考古，民俗，歴史，地質，生物の分野に12のグループがあり，年に一度の博物館文化祭では成果発表が行われている。
　また，滋賀県立琵琶湖博物館の「はしかけ制度」と「フィールドレポーター」の二つの取り組みも注目される。

前者は「琵琶湖博物館の理念に共感し，共に琵琶湖博物館を作っていこうという意志を持った方のための登録制度」で，登録講座の受講とボランティア保険への加入で会員登録がなされ，20以上あるグループに参加することができるようになる。会員自身の興味や理解を深めることが博物館の活動をより活発にすることにつながるという両者はギブ・アンド・テイクの関係にある。

　後者は，地域の住民が滋賀県内の自然や暮らしについて，身の回りで調査を行い，その結果を定期的に博物館に報告するというもので，任期1年（更新可）で調査結果は「フィールドレポーター便り」にまとめられる。2017年度には「カイツブリに会いに行こう」調査が行われ，①地点の位置，②地点の環境（植物帯，人の活動状態），③カイツブリ類の生息の有無と羽数および巣の有無，④観察された行動，⑤そこで見られたカイツブリ類以外の鳥，⑥カイツブリ類についての記憶や経験，という六つの調査項目が送られた。これらに先駆ける琵琶湖博物館と市民との協働から生まれた大きな成果としては，1989年から10年にわたって行われた蛍の生息調査のプロジェクト「ホタルダス」が知られている。

　こうした調査研究活動への参画に加え，解説ボランティアなどの形で教育活動への市民の主体的な参画の場を設ける館も増えている。東京都美術館では東京芸術大学と連携して「とびらプロジェクト」を立ち上げ，まなざしを共有すること（信頼・対話・共感）ができる場をデザインすることを目指してアート・コミュニケータ（とびラー）を養成するプロジェクトを行っている。もちろんボランティアの導入によって展示解説の機会が増えることは好ましいことであるが，利用者にとっては学芸員と同様の館のスタッフとして接するわけであるから，然るべき学習，研修の場を設けることにより館の責任で教育活動に十分な解説の質を担保できるよう心がけなければならない。このような取り組みにおいても教育論の果たす役割が期待されるところである。

（3）オープンエデュケーション

　オープンエデュケーションとは「地域・環境・所得などの差によらず，誰でも平等に優れた教育を受けられるようにすること」（デジタル大辞泉）を指すが，最近ではインターネットによる講義などの教育コンテンツの公開が大学等に

よって活発に行われるようになっており、博物館にもその波は押し寄せている。

たとえばメトロポリタン美術館では、所蔵作品の画像、学術情報がオンラインで詳細に提供されているだけではなく、特設サイト「美術史年表（Timeline of Art History）」では、所蔵作品を作品が制作された地域の歴史年表に落とし込むことで時代のなかで理解できるようにするだけではなく、テーマ別のエッセイのなかで取り上げられることで、さまざまな側面から作品が理解できるようにされている。また、1,000以上の講演会やインタビューなどの映像コンテンツも公開されている。このほかにも数えきれないほどのコンテンツがそのウェブサイトから閲覧できるが、なかでも69に上る過去の重要な展覧会図録が無料でダウンロードできる形で公開されていることは注目される。また、高精細画像37万5,000点を商用・非商用を問わず無料でダウンロードできるよう公開したことも耳目を集めた。

個別の作品紹介のコンテンツでは、ルーヴル美術館の「ルーペで見る作品」がその内容の高さにおいて群を抜いている。イメージや音声、動画などマルチメディアを使ったコメントにより、科学的な調査の結果なども援用して作品の歴史的・芸術的背景をわかりやすく説明している。また、ルーペ機能により作品の細部を見ることができる。日本語で楽しめるものは四つほどしかないが、全部で12ほどのコンテンツが提供されている。

また、ミルウォーキー美術館では「美術館の舞台裏（Museum inside out）」と題した映像コンテンツを YouTube で公開しており、キュレーター、レジストラー、コンサヴァター、デザイナーなどの仕事がインタビューとともに紹介されている。近年わが国でも、「No Museum, No Life?──これからの美術館事典」（2015、東京国立近代美術館）や「学芸員を展示する」（2016、栃木県立美術館）など、学芸員の仕事をテーマにした展覧会が行われるようになってきた。愛知県美術館のブログをはじめ、美術館の舞台裏の仕事を知るための記事を公開してきた館も存在する。いくつかの自治体で学芸員の仕事を紹介する映像をウェブ上で公開しているところもあるように、博物館の学芸活動についての理解を広く広げるには今後はインターネットを活用することが不可欠である。

残念ながら、日本の博物館ではウェブサイトは広報・告知目的で制作されているものが大半で、いくつかの館で所蔵作品や所蔵資料関係の情報が公開され

ている以外は学術的，教育的に有用なまとまったコンテンツは少なく，展覧会についてのアーカイブも会期終了後は消えてしまう場合も多い。そうした情報公開の動きのなかで過去の年報類をウェブサイトで公開する館も増えてきたことは喜ばしい。

　そのなかで東京国立博物館が YouTube にチャンネルを設け映像を公開し始めていることは注目されるが，コンテンツは7年間で30程にとどまっている。なかでも「東京国立博物館　140年の歩み」「国宝　檜図屏風　平成大修理の記録　2012年10月－2014年3月」などのいくつかのコンテンツは内容が充実したものであり，コンテンツの追加が大いに期待される。もちろん，予算や人手の関係ですぐさまできることは限られているが，すでに博物館ニュースやワークシートの類いを PDF 形式で公開している館はかなり存在している。

　それに加え注目されるのが三重県立美術館の研究論集や展覧会カタログのエッセイなどのオンライン上での公開である。自館の職員が執筆したものについてのみであるが，充実した内容の文章が多く大変有用である。インターネット上での教育的コンテンツの充実は，博物館や所蔵品への関心を高めるのに非常に有用であり，わが国における今後の前向きな取り組みが大いに期待される。

（4）ユニバーサル化への道のり

　伊藤寿朗が発展を願った地域博物館が博物館に何らかの関心を持った人々が自由に集う出会いの場であるとすれば，「人間の孤立化」や「地域社会の崩壊」といった現代社会の弱点を防ぐためのコミュニティ・スペースとして機能し，社会的包摂の理念の実現の場として発展する可能性も秘めている。実際，博物館の利用者は多様化の一途をたどっており（年齢，障害者，多文化，多言語），社会的な文脈に応じた探求的な学びの場を設ける必要性が生じている。

　社会的包摂の考え方に基づく公共施設として，現代の博物館もソフトとハードの両面においてユニバーサル化が求められている。バリアフリー，ウェブアクセシビリティを含めたユニバーサル・デザインに配慮すべきことは言うまでもない。国立の博物館，美術館では，主に観光客に対してであるが，解説やキャプションの多言語化が本格的に始まっている。

　とりわけ博物館は「眼に訴える教育機関」であるだけに，視覚障害者に対す

る配慮は極めて重要なものとなる。そうした動きのなかで生まれたがユニバーサル・ミュージアムの取り組みである。

　南山大学人類学博物館は，触文化論を提唱する盲目の研究者・広瀬浩二郎の助言を受けて「目が見える，見えないに関係なく，すべての人に『さわっておどろく』体験」をしてもらうために，ほぼすべての展示物に触ることができ，展示台の高さも車椅子の利用者を意識したものになっている。美術館では資料の保全のためにすべての展示物に触ってもらうことは困難を伴うが，触れる彫刻を用意したり，発泡インクを利用した立体コピーによる触れる絵画を制作したりすることにより，視覚障碍者へのプログラムを実施している館も現れている。今後は特別支援学校との連携も望まれる。

　また，超高齢社会の進展のなかで，介護予防，認知予防のために博物館を活用する試みも注目を集めている。昭和史の日常生活用具の収集・保存・展示を行う北名古屋市歴史民俗資料館は，「自らの経験や，昔懐かしい道具を教材にその体験を語り合う（回想する）」場となるべく地域の回想法センターと連携したさまざまな取り組みを行った（図6-4）。その先駆的な活動は氷見市立博物館をはじめ全国的な広がりを見せている。

　上に述べた興味深い試みにもかかわらず，日本の博物館教育の現状が十分に成熟したものになったかというと決してそうはいえないであろう。その要因の一つとして，人文系博物館の学芸員の大多数が歴史学，民俗学，考古学，美術史学等を専攻した者で，概して研究学芸員（キュレーター）への志向性が強い人材であることがある。そのなかから教育普及に強い意欲と使命感をもつに至る学芸員もいないではないが，本来業務ではないという意識をもつ学芸員も少なくないのも事実である。当面は研修等を通じて新しい博物館教育の理論やスキルを提供することによって博物館における教育活動を活性化していくほかないとしても，ゆくゆくは大学院等でミュージアムエデュケーションを専攻した教育学芸員（エデュケーター）を中核的な博物館に必置とするような法改正を行い，教育普及の専門的な人材が育成される環境が醸成されることが強く期待される。

　キャロル・ダンカンが指摘するように，アメリカにおいても美術館のキュレーターたちは，自分たちが「働いている国立の美術館および（あるいは）税金を免除されている公共の美術館は，より幅広い人々が理解できるような価値

図6-4 「昭和日常博物館」(北名古屋市) における回想法事業風景
出典：http://japanknowledge.com/articles/blogmuseum/kitanago.html

のある知識を提示すべし，という圧力の下に置かれている」という。それでもなお，われわれが留意しなければならないのは，現代における博物館の責任と使命である。

次に掲げるのは，アメリカ博物館協会の報告書「卓抜と均等——教育と博物館がもつ公共性の諸相」(1992) の一節である。

「米国の博物館界は，すべての人の学習機会を豊かにし，聡明で人間的な市民，すなわち，過去を知ることの価値を認め，現在の状況に臨機応変かつ敏感に対応し，また，様々な経験や様々な視点が共存できる未来を形成する意志をもった市民を育成するための責任を他の教育施設と共有している。」このような営みにおいて，博物館は，次の世紀の人々にとって強力で有益な役割を果たすであろう。

ここには文化帝国主義を脱して文化多元主義に根差した社会実現の一翼を担おうとする力強いメッセージが込められている。わが国でも最近，博物館の原則や博物館職員の行動規範について注目が集まるようになり，資料にまつわる多面的な価値観の尊重についても謳われているが，単なるお題目にならないよう，これまで以上に博物館利用者に対する人材育成の視座も失わないようにしなければならない。

引用・参考文献

デューイ，ジョン（1998）『学校と社会　子どもとカリキュラム』（市村尚久訳）講談社学術文庫（Dewey, J.（1899）*The Child and the Curriculum*, The University of Chicago Press, Chicago.）。

棚橋源太郎（1930）『眼に訴へる教育機関』宝文館（『博物館基本文献集 第1巻』（大空社，1990）2，3，51頁；国立国会図書館デジタルコレクションでも閲覧可 http://id.ndl.go.jp/bib/000000662426）。

藤山一雄（1940）『新博物館態勢』（『博物館基本文献集　第4巻』（大空社，1990）13，15，17頁）。

木場一夫（1949）『新しい博物館　その機能と教育活動』（『博物館基本文献集第12巻』（大空社，1991）81頁）。

ブルデュー，ピエール／ダルベル，アラン／シュナッペー，ドミニク（1994）『美術愛好　ヨーロッパの美術館と観衆』（山下雅之訳）木鐸社（Bourdieu, P., Darbel, A., Schnapper, D.（1969）*L'AMOUR DE L'ART : Les musées d'art européens et leur public,* Minuit Alençon, impr. Corbière et Jugain.）。

長尾十三二・福田弘（1991）『ペスタロッチ』清水書院。

伊藤寿朗（1991）『ひらけ，博物館』（岩波ブックレット No. 188）岩波書店。

日本博物館協会編（2000）『卓抜と均等　教育と博物館がもつ公共性の様相 1992年米国博物館協会報告書』日本博物館協会，5，9，25頁。

染川香澄（1994）『こどものための博物館　世界の実例を見る』（岩波ブックレット No. 362）。

ダンカン，キャロル（2011）『美術館という幻想　儀礼と権力』（川口幸也訳）水声社，91頁（Duncan, C.（1995）*Civilizing Rituals : Inside Public Art Museums,* Psychology Press.）。

名古屋市博物館（1995）『新博物館態勢　満洲国の博物館が戦後日本に伝えていること』（展覧会図録）。

こどもの城（1995）『ビクトル・ダミコ　人間性の美術』（展覧会図録）。

アレナス，アメリア（1998）『なぜ，これがアートなの？』（福のり子訳）淡交社。

美術館教育研究会編集・制作（1998）『美術館教育1969-1994　日本の公共美術館における教育活動18館の記録』（CD-R）。

ハイン，ジョージ・E.（2010）『博物館で学ぶ』（鷹野光行監訳）同成社，18-19，268頁（Hein, G. E.（1998）*Learning in the Museum,* Routledge.）。

小原巌編（2000）『博物館展示・教育論』樹村房。
浜口哲一（2000）『放課後博物館へようこそ：地域住民を結ぶ博物館』地人書館。
博物館と学校をむすぶ研究会編（2000）『学ぶ心を育てる博物館「総合的な学習の時間」への最新実践例』アム・プロモーデョン。
水と文化研究会編（2000）『みんなでホタルダス　琵琶湖地域のホタルと身近な水環境調査』新曜社。
日本博物館協会編（2001）『再建日本の博物館対策；博物館学入門他』（日本現代教育基本文献叢書，社会・生涯教育文献集；VI-56）日本図書センター，10-11頁。
杉山貴洋編（2002）『ワークショップ実践研究』武蔵野美術大学出版局。
パノフスキー，E.（2002）『イコノロジー研究』（浅野徹ほか訳）ちくま学芸文庫。
矢橋徹（2003）『仮想現実メディアとしての演劇　フランス古典主義芸術における〈演技〉と〈視覚〉』水声社，262頁。
布谷知夫（2005）『博物館の理念と運営：利用者主体の博物館学』雄山閣。
アレナス，アメリア（2005）『Mite！ティーチャーズキット』全3巻（木下哲夫訳）淡交社。
島本浣（2005）『美術カタログ論：記録・記憶・言説』三元社。
小笠原喜康・チルドレンズ・ミュージアム研究会編著（2006）『博物館の学びをつくりだす　その実践へのアドバイス』ぎょうせい。
前田ちま子（2009）『いまビクトル・ダミコを辿って　ニューヨーク近代美術館アート・バージュ』名古屋芸術大学。
矢島國雄（2010）「棚橋源太郎」『博物館学人物史　上』雄山閣，157-170頁。
全国大学博物館学講座協議会西日本部会編（2012）『新時代の博物館学』芙蓉書房出版。
小笠原喜康・並木美砂子・矢島國雄編（2012）『博物館教育論　新しい博物館教育を描きだす』ぎょうせい。
寺島洋子・大高幸（2012）『博物館教育論』放送大学教育振興会。
テート・ギャラリー編（2012）『美術館活用術　鑑賞教育の手引き』（奥村高明・長田謙一監訳）美術出版社。
広瀬浩二郎編著（2012）『さわって楽しむ博物館　ユニバーサル・ミュージアムの可能性』青弓社。
可児光生（2012）「何気ない子どもたちの「つぶやき」から」『文化庁月報』2012

年9月号。

吉田憲司（2013）「フォーラムとしてのミュージアム，その後」『民博通信』140（2013年3月）号，2-7頁。

青木豊編（2014）『人文系博物館教育論』雄山閣。

栗田秀法（2014）『プッサンにおける語りと寓意』三元社，282頁。

三谷雅純（2014）「ユニバーサル・ミュージアムをめざして45　多文化であることの苦しみと寂しさ」『ひとはく blog』（兵庫県立人と自然の博物館）2014年1月29日。

犬塚康博（2015）『反博物館論序説　二〇世紀日本の博物館精神史』共同文化社，143-146頁。

ヤノウィン，フィリップ（2015）『どこからそう思う？　学力をのばす美術鑑賞ヴィジュアル・シンキング・ストラテジーズ』淡交社。

黒沢浩編著（2015）『博物館教育論』講談社。

柿﨑博孝・宇野慶（2016）『博物館教育論』玉川大学出版部。

中小路久美代ほか編著（2016）『触発するミュージアム　文化的公共空間の新たな可能性を求めて』あいり出版，ⅰ頁。

駒見和夫・筑波大学附属聴覚特別支援学校中学部編（2016）『特別支援教育と博物館　博学連携のアクティブラーニング』同成社。

上野行一（2018）「対話による美術鑑賞の多様性――鑑賞プログラムにおける情報の扱い方を中心に」『美術を見るってどういうこと？　対話による美術鑑賞の可能性について』豊田市美術館，18-33頁。

湯浅万紀子編（2018）『ミュージアム・コミュニケーションと教育活動』樹村房。

■□コラム□■

ハンズオン

　ハンズオン（Hands-on）とは手に取ってよい展示を意味する。これまで博物館の多くが資料は触らない，触らせない方針でケースに入れて展示し，人の目に触れないよう収蔵庫で保存してきた。ところが，教育的な方向性として，資料に触り，手に持ち，やり方や操作を模索し，そして個々の発見を促し，理解を深めるという能動的で自発的な展示体験が打ち出されるようになった。

　博物館や美術館では，「見せる」「理解させる」といった一方的な知識や情報の押しつけを長く行ってきた。博物館という社会教育の現場で来館者の教養に資するという目的があるからで，来館者の直接的な参加や体験が行われるような教育的な仕掛けをあまり考えてこなかったところはある。

　しかし，1980年代に入って東京ディズニーランドがオープンし，各地にテーマパークなどの娯楽施設ができたことで，「体感する」「楽しい」「面白い」といった感覚を重視する博物館が登場する。このことに対する博物館関係者の批判や異論もあったが，来館者の理解度を高める方法として，また子どもたちの感覚を研ぎ澄ませる教育効果をねらって，実験的に少しずつ導入を進めてきたといえる。

　課題がないわけではない。縄文土器の理解を深めるために，実際の土器片資料を手に取って触れるようにしながら，その隣で土器片のレプリカを用意してジグソーパズルのように組み合わせながら土器を完成するハンズオンタイプの展示をよく見かける。子どもたちは時間内に賢明に組み立てるが，よくよく観察してみると，時間内に組み立てる競争に夢中になっており，そこに土器の構造や特徴を理解しているかどうかは疑問が残る。縄文土器は底部が厚く，胴の部分は薄めで縄目模様がたくさん見られ，口縁のところで装飾が目立つようになる。これらの特性が組み立てるなかでどれだけ伝わっているのか検証の余地がある。ハンズオン展示の導入や効果は理解されてはいるが，効果のある展示になっているかどうか，評価と改善をさらに進めていく必要がある。

（鈴木章生）

■□コラム□■

展覧会図録

　展覧会は一過性のものであり，後々まで残るのは展覧会図録のみである。展覧会の思い出の品として，オールカラーの美麗な「絵本」を買い求めた方も少なくないに違いない。他方，展覧会図録は，企画展における最も詳しい学術・教育資料でもある。欧米の大美術館では大部な学術的な図録と簡便な教育用小冊子とが別々に刊行されることも多いが，2～3,000円前後の価格に抑えるためもあり，日本では両者の中間的な性格の画集的な性格の強いものが制作される場合が大半である。

　展覧会は単なる集客目的のイベントではなく，学術性を備えたものであるはずなので，経費的な制約はあるものの，テーマ展であれ作家の回顧展であれ，企画の意図と研究の現状を明らかにする導入的なエッセイと専門的なエッセイが図録に掲載されることが望ましい。ただし，学術論文ではないので一般の大学生でも理解できるレベルにかみ砕いて執筆することが重要である。

　作品解説も資料や作品の概要や見どころに加え，可能なら研究上の問題点を示すとともに，重要な関連文献についても明記し，専門的な関心を持つ市民や学生がさらに深く調べるための手がかりを与えることも忘れないでいたい。また，展覧会の内容を多面的に紹介するコラムを複数加えることで読み物としての魅力を高めることも効果的である。可能であれば，文献歴等のドキュメンテーション，落款・印章などの資料面を充実させるなど，当該分野における基本的なレファレンスブックを次世代のために残す意気込みが欲しい。

　展覧会図録はこれまで展覧会場だけで売られる特殊な書籍で一般図書館に収蔵されることは稀であったが，すでにいくつかの実績があるように，今後は出来るだけ書籍として流通させることのできる仕組みを整えることが求められる。常設展ガイド，所蔵作品ガイドなどについても同じことがいえよう。さらに，北海道立近代美術館のミュージアム新書，横浜美術館叢書，東京都写真美術館叢書，琵琶湖博物館ブックレットなど，学芸員の研究成果の一端を書籍として広く流通させる体制づくりも重要である。

（栗田秀法）

■□コラム□■

過去の事実に向き合うことは「反日的」なのか

　国公立の博物館において戦争における「加害」、ひいては女性やマイノリティへの差別等についての展示を十分に行うためには、当該館が行政と共に大いに神経をすり減らさざるを得ないことをご存じだろうか。

　かつて歴史学者・家永三郎（1913-2002）は、自著の日本史教科書に対する検定が違憲・違法なものであるとして「教科書裁判」で争った。家永は、南京大虐殺や旧日本軍によって細菌戦の研究・遂行のために設置された七三一部隊の記述等に対して出された修正意見に抗議し、最高裁で違法性の認定を得た。にもかかわらず、「負の歴史」を「反日的」だとしてタブー視し、その根本的な原因から目を背けようとする歴史修正主義が隠然たる勢力を誇っているのがわが国の現実なのである。

　そうした現実に美術の領域で真正面から向き合い、対話の場を提供しようとしたのが「あいちトリエンナーレ2019」における「表現の不自由展・その後」であった。社会問題化した一連の騒動では、「表現の自由」についての社会的理解の浅薄さが露呈したことに加え、「切り取り」や「レッテル貼り」によるソフトテロリズム化したSNSの問題に端的に現れた、文化や価値観を異にする人々の間での重篤化したコミュニケーション不全、分断化という現代社会の病巣の根深さがくっきりと浮かび上がった。

　より適切な運営マニュアルの整備やいっそう丁寧な展示や解説の工夫に加え、状況の改善のために不可欠なものとして、情報や資料に向き合う際に身に付けるべきある種のリテラシー、イギリス・ロマン派の詩人キーツの言う"Negative Capability"の養成に注目が集まっている。「容易に答えの出ない事態に耐えうる能力」とも解されているこの能力を身に付けた人々の間でこそ、条件反射的に批判したり心を閉ざしたりすることなく、交流の回路を開くことができるようになるからである。

　21世紀の博物館には、一国民国家の国民統合の役割を超えて、展示や教育活動が真に包摂的なものとなり、来館者の間での自由な対話、討論の可能な場になっていくことを期待したい。

（栗田秀法）

| 第7章 | 博物館情報・メディア論 |

1 総合メディアとしての博物館

(1) 情報社会のなかの博物館

　博物館情報・メディア論は2008年の博物館法の改正によって，学芸員資格取得に必要な「博物館に関する科目」の一つとして新設された科目である。ある意味，本改正における最も重要な科目であるといえるのではないだろうか。

　なぜならば，改正の大方針を打ち出した『学芸員養成の充実方策について（報告）』（2009年2月　これからの博物館の在り方に関する検討協力者会議）には「これからの博物館には，社会の変化に的確に対応し，生涯学習推進の拠点として教育や学習を支援する役割をさらに充実させることが求められている」とある。

　ここでいう「社会の変化」とはさまざまなことを指すと考えられるが，2009年前後そして今後の社会に大きな変化をもたらすものとして情報技術は第一にあげられるだろう。それほどまでに情報技術の進展が社会に与えてきた変化は大きい。また，改正以前の学芸員資格取得に必要な科目では1単位だった「博物館情報論」が，「博物館情報・メディア論」と名前を変え，2単位に増加したことも，今後の学芸員の情報とメディアに関するスキルがますます重要になりつつあった現場の博物館の状況を物語っている。

　振り返ってみれば，「博物館に関する科目」に「博物館情報論」が加えられた1996年は，「文化遺産オンライン」の前身である「文化財情報システム・美術情報システム」の構築がスタートした，まさに博物館の情報化元年である。しかし，当時はインターネットやウェブサイトの利用は一部の人々に限られ，ビジネスの現場においてもパソコンは一人一台ではなく，複数の職員で共有するものであった。筆者は地方博物館の学芸員として，「文化財情報システム・美術情報システム」に対する収蔵資料データの送信などを担当したが，当時は

まさか日本全国の博物館の収蔵品が一括で検索できるようになると思える状況ではなかった。その一方，1997年には当時 TRON で注目を集めていた坂村健が東京大学総合研究博物館において特別展示「デジタルミュージアム――電脳博物館／博物館の未来」展を開催した。本展では情報技術によって「「いつでも」「どこでも」「誰にでも」開かれた博物館」となる可能性が示されおり，現在の博物館に活用されている情報技術はこの時点でほぼ出そろっていた。

それから20年余りの年月を経て，インターネットは社会のインフラとして十分に整備された。若年層は生まれながらにして電子デバイスに囲まれて育ったデジタル・ネイティブとなり，情報技術は学校において学ぶ時代となった。情報技術は社会の基盤として不可欠な存在になったにもかかわらず，Twitter 発言の炎上や，個人情報の特定と誹謗中傷などのインターネット上のトラブルはますます増えている。我々は情報化による利便性と引き換えに，何かを失ったのかもしれない。このような現代において「博物館情報・メディア論」は，何ができるだろうか。筆者は冒頭に引用したとおり「社会の変化への対応」をするための情報とメディアに関する基礎知識の習得だと考える。

情報技術はかつてないスピードで変化し続けている。次から次へと登場する用語と新たな製品とサービスは，一世を風靡したかと思えばすぐに時代遅れになってしまう。ものによっては数か月で陳腐化してしまう。本書を執筆している時点では「IoT」と「AI（人口知能）」に注目が集まっているが，本書が手に取られた時点では，おそらく別の用語が社会を賑わしていることだろう。

このような現代に生きる我々には，予測不可能な未来を見据えて，急速な変化に対応していくことが求められている。だが，それは変化に追随することではない。変化に翻弄されないことである。我々は情報およびメディアに関する本質的な知識を身につけ，激流のなかでも流されない盤石な基盤を構築しなければならない。

坂村が20年以上前に提示した「「いつでも」「どこでも」「誰にでも」開かれた博物館」は現代でも情報社会における博物館の目指すべき姿である。坂村が博物館と情報技術の本質を理解していたからこそ，20年以上前にもかかわらず，描くことができたヴィジョンであろう。

一方，「開かれた博物館」を可能にするインターネット環境と情報技術と個

人の電子デバイスがすでに社会に行き渡った現代にもかかわらず,「開かれた博物館」が進展する気配は見られない。つまり,博物館が情報技術を活用するために必要なのは技術的な進展だけではなかった,ということである。

それでは何が博物館の情報技術の活用を阻害しているのであろうか。それを取り除き,博物館が情報発信をすすめていくためにはどうすればいいのか。この課題に取り組むための基本的な知識を身につけることが「博物館情報・メディア論」の役割であると考える。

(2)「情報」「メディア」とは何か

これまで情報やメディアという用語を定義することなく使ってきたが,改めてその意味を確認していこう。

まず「情報」についてである。「情報」という言葉は近代以前にはなく,森鷗外がクラウゼヴィッツ (Clausewitz, Karl von. 1780-1831) の『戦争論』を翻訳するとき,Nachricht (知らせ) の訳語として作ったという説がある (長山,1983)。その正否はともかく,「情報」という言葉が単なる「知らせ」ではなく,戦争のように国の存亡にかかわる重大な事態においてどのように行動するかを判断するための材料を指していたことは示唆的である。

現代において「情報」という言葉はさまざまな意味で使われており,それを強いて限定するつもりはない。だが,言葉の成り立ちから考えると,「情報」という概念をどうとらえればよいか見えてくる。「情報」とは我々に対して決断や行動を促すもの,なのである。

次に情報に近い言葉である「データ」について確認してみよう。『三省堂国語辞典』によれば「基礎となる事実。また,事実にもとづいて整理した材料」「コンピュータであつかう情報」とある。この意味と上記の「情報」とを考えあわせると,たとえば「天気予報」の場合,それ自体では意味をもたないさまざまな観測値などが「データ」であり,それらを組み合わせたり照らし合わせたりして導き出された「天気予報」が「情報」であると区別できる。つまり,「データ」自体には意味はないが,「データ」をもとに生成された「情報」には意味があるのである。

最後に「メディア」についてみていこう。語源はラテン語の Medium (メ

ディウム）の複数形であり，英語ではミディアムつまりMサイズのM，中間のことであり，何かと何かの中間にあって媒介するものである。語源と上述の内容を合わせて考えると，「メディア」とはデータを加工し情報に変えて送出するものとしてとらえることができるのではないだろうか。したがって，ニュースを伝える報道機関も，情報を送出するネット環境や電子デバイスも，映画もSNSも博物館も，すべてメディアである。そして，博物館とは資料（データ）を収集して，整理保存・調査研究を経て，来館者に発信するメディアであるといえるだろう。

（3）博物館とはいかなるメディアか
梅棹忠夫の「博情館」
　国立民族学博物館初代館長の梅棹忠夫（1920‐2010）は，博物館の情報化元年ともいえる1997年の10年前，1987年に『メディアとしての博物館』を出版した。梅棹は民族学者ではあるが，当時社会に浸透し始めていたテレビなどメディアに関心を寄せ，「情報産業」という言葉を産み出し，情報化社会の到来と情報産業の成立をも予測していた情報学者でもあった。1977年に開館した国立民族学博物館は展示や研究に当時まだ普及していなかったコンピュータが取り入れられた画期的な博物館であり，そのけん引役も梅棹であった。
　梅棹は『メディアとしての博物館』においてこう述べている。「博物館は，通例はもの，すなわち実物あるいは標本類をあつめるところと理解されております。しかし，博物館があつめるのはものだけではありません。ものにまつわる，あるいはものに直接関係のない，さまざまな情報こそは，博物館のもっとも重要な収集の対象であります。その意味で博物館の「物」という字は誤解をまねきやすいので，むしろ博情報館，あるいは博情館といったほうがいいのではないかという意見もあるくらいです」（17頁）。
　彼が提唱した「博情館」という言葉は広まらなかったが，博物館の最も重要な収集対象が情報であると看破した点は先進的であった。資料収集は博物館の基本機能の一つであり，実物資料を展示することによって，教育に資することが博物館の特徴である。このため，博物館において実物資料の収集は最も重要な活動であると考えられてきた。しかし，高度情報化社会の到来により，実物

資料だけが博物館の収集対象ではなく，資料にまつわるさまざまな情報（現在では「メタデータ」と呼ばれる）の重要性が強調されるようになった。梅棹の提言は30年を経て，その意義が理解されつつある。

　また，梅棹は本書においてメディアとしての博物館の展示の特性を，博物館という空間において体感する総合メディアであり，ありとあらゆる情報を組み合わせて立体的・総合的に編集したものであると述べた。この点は博物館の展示のあり方を考える上で，基本となる考え方である。

　しかし，梅棹が予言しきれなかったことも当然ある。まず上述の「博物館という空間において体感する総合メディア」という点は，スマートフォン1台で世界のありとあらゆる情報にアクセスできる現代においては「重い」のではないか，という点である。

博物館資料のデジタル化

　国立民族学博物館の飯田卓は『月刊みんぱく　特集：博物館と博情館』（2012年5月号）に掲載した「電子メディア時代の博物館」において「インターネットや携帯電話のような電子メディアに比較すると博物館は見劣りすると思う人は多いのではないか」と述べている。そして，具体的に見劣りする点として，①建物と資料がある，空間があるため，運営コストがかかる②交通費や入館料，移動と見学に時間がかかり，利用者のハードルが高いという2点をあげている。

　つまり，博物館展示の特質である，空間を体感する総合メディアであるということが，運営側・利用者側にとって負担でもあることを指摘している。ただし，それらがメディアとしての博物館のデメリットであるとは言い切れない。

　坂村が提唱した博物館の収蔵資料情報のデジタル化およびその提供がさまざまな博物館において徐々に導入されはじめたとき，ヴァーチャルで見られることに満足して，博物館に来る人がいなくなるという博物館関係者の危惧の声が少なくはなかった。しかし，蓋を開けてみると，インターネット上で展示や収蔵資料に関する情報を公開することが来館者の減少を招くことはなかった。さらに心強いことに，メトロポリタン美術館は2014年9月から著作権保護期間が終了した美術作品約40万点の高精細画像を非商用利用のためであれば，許諾の必要なく，また無料でダウンロードすることができるようにした（現在は商用

の利用も可能)。これは収蔵作品をすべて展示することができない巨大美術館だからこそ可能なことではあるが，インターネット上での画像の提供が博物館への来館者を減らすことはないという判断の表れでもあるといえよう。博物館はそれぞれの館の特徴に応じて，展示およびインターネットなどの情報発信方法を使い分ける時代に突入した。それだけではなく，インターネットで検索しても出てこないものをそれ以上探さない，存在するとは考えないという利用者の傾向も指摘されつつある。博物館の存在意義のアピールのためにもインターネット上での情報公開は不可欠な時代に突入している。

梅棹が予言しきれなかったことはもう一つある。それは利用者についてである。「現在，日本の博物館が対象としてむかえているのは，もはや篤志家や好事家だけではありません。極めて高い教養をそなえ，知的欲求にみちみちた，あたらしい大衆社会の市民たちであります」。「現代の博物館，すくなくとも現代の日本が対面している市民たちとは，貪欲な存在であります。(中略) 提供する情報の内容についても，また，その提供の仕方についても，たえざるくふうを必要としているのであります」(18-19頁)。

梅棹は博物館の利用者である「市民たち」が「情報の内容」と「提供の仕方」について貪欲であると指摘した。博物館の展示は，テーマパークの映像技術や演出などを参考にして，わかりやすさと臨場感などを追求して変化し続けてきたこともその表れであろう。しかし，現代の市民たち，情報社会におけるユーザーたちは一方的に受容するだけの存在ではない。手のなかにあるスマートフォン一つで相互に交流し，新たなる情報を生成し，全世界に向けて発信する存在である。

情報発信の意義

このように情報の吸収にも発信にも貪欲なユーザーに向けて，博物館は何をしていくべきなのであろうか。梅棹に答えを訊いてみたいところだが，それがかなわぬ今，我々は自分たちでその答えを探していかなければならない。

その鍵となるのが，やはり「収蔵資料 (データ)」から「情報」を生成し，博物館という空間を活かした「総合メディア」において発信するという，博物館のメディアとしての特性であると筆者は考える。

梅棹はそれまでの博物館における実物至上主義を批判して，国立民族学博物館の収集資料をガラクタだと言い切った。そして，ガラクタから情報を生成することが博物館活動であることだと指摘した。それは当時の状況を鑑みれば必要な提言であったことだろう。しかし，ガラクタであろうが，希少性の高いものであろうが，資料は資料である。博物館が他の社会教育施設と一線を画している点は資料を収蔵していること，それらを元に調査研究によって情報を生成するという一点に尽きる。

　しかも，急速に社会が変化するということは，社会が博物館資料に与える価値も変化し続けているということである。その状況を見極めつつ，その時々の社会の要請に応じた情報の生成と発信をし続けていくことこそ，博物館が急変する社会に適応していくということだろう。

　しかし，博物館が資料から情報を生成し，発信すべきだ，ということは「博物館が資料を占有すべきだ」ということではない。むしろ，インターネットを通じて収蔵資料の情報を発信し，市民を巻き込みながら新たなる情報をともに生成・共有していくことが必要だと考える。

　「博物館関係者の行動規範」（日本博物館協会，2012）にうたわれているとおり，博物館は社会から「資料を過去から現在，未来へ橋渡しをすることを」託された機関である。過剰ともいえる情報が行き交う現代社会において，外部との接触を断って黙々と博物館業務をこなすだけでは良いことは一つもない。博物館の社会的な役割と意義を常に周知していくことはもはや義務といっていいだろう。無論，慢性的な予算と人手不足に悩む博物館の現場において，それはたやすいことではない。しかし，現代社会においては発信しないデメリットの方が大きいと言わざるを得ない。

2　博物館が扱う情報とその技術

（1）博物館が扱うさまざまな情報

　上述のとおり，博物館が扱う情報は収蔵資料に関するものが中心となるが，当然のことながら，それ以外にも扱うべき情報がある。以下，七つに分類してその概要について説明する。円滑な博物館活動のためにはこれらの情報につい

ても正しい取り扱いを心がけねばならない。

　また，博物館が情報を活用するための技術についても本項においてとりあげる。本項が「博物館情報・メディア論」であるため，読者諸氏はデジタルアーカイブやデータベース，SNSなどいわゆるデジタル技術についての記述が続くと予想しているだろう。しかし，本書においてはいわゆるアナログな技術もとりあげる。実物資料を収集し，保存し，展示する博物館においては収蔵庫への資料の配架やナンバリング，展示における資料の配置やキャプションとの関係をどうするかなども，情報を取り扱う上で不可欠な知識であると考えるからである。

収蔵資料に関わる情報

　収蔵資料に関する情報は博物館が扱う情報のなかで最も重要なものである。博物館には必ず目的と理念がある。目的を達成するために必要な資料を計画的に集めるために収集方針を定め，段階的に実施するのが資料収集である。そして「多様な資料をコレクションとして扱う博物館では，資料の情報を適切に組織化して管理することが必要」である（村田，2016）。

　しかし，村田も述べているとおり，コレクション情報の整備のための「標準語彙」が国際的なレベルでいくつか整備されている（2節（3）の「データベースと標準語彙」およびコラム「ドキュメンテーションと標準語彙」参照）が，実際に情報を蓄積していく場合には，現段階では担当学芸員に標準語彙を押し付けるのではなく，業務を遂行するなかで自然と情報を蓄積していくことが効果的であろう。

　また，村田は整理すべきデータの項目を大きく四つのカテゴリに分けている。

- 識別・同定：資料につけられた番号，名称，分類などである。注意すべき点は人文系の博物館においては「正しい名称」はなく，旧所蔵者の呼称や，当該学問分野上の命名規則に則って名づけられたものが大半である。
- 物理的特性：寸法や材料，構造や員数などである。これらも単純ではない。明らかに組み物として制作されたものもあるが，破片は1点と数えるのか1セットと数えるのかなど，資料を群として扱う場合には注意を要する。

- 履歴：制作者，制作地，制作年代など制作に関わる情報や，過去の所有者や伝来の経緯などである。
- 参照：資料に関連する資料や文献，画像などである。たとえば，絵画の場合には本画に対して下絵などがある。

なお，より細かな項目については，村田の所属する東京国立博物館の「ミュージアム資料情報構造化モデル」(http://webarchives.tnm.jp/docs/informatics/smmoi/)を参照していただきたい。

ここで注意すべきことは，資料に関するデータの種類は多岐にわたっているということである。しかも，博物館に収蔵される以前，前所蔵者での収集の経緯や資料がどのように活用されていたのか，など，資料自体から読み取れないデータも多くある。美術史においては鑑定書などのかたちでモノとして存在するものもあるが，前所蔵者からの伝聞などによって伝えられた場合は，音声や映像による記録や調査ノートなどの保存が必要である。加えて，博物館に収蔵された後，保管状況や展示や調査などによる利用履歴などを蓄積しなければならない。これこそ，業務に沿って自動的に収集・蓄積される仕組みをつくるべきであり，そのような博物館業務支援システムも流通しているが，普及しているとは言い難い。いずれにせよ，資料に関わるデータはさまざまなかたちをしており，収集・整理・保存には注意を要する。

そして，これらのデータは，コンピュータが導入される以前はカードに記載され，組織的に管理されていた。カードでも，データベースでも，管理上基本となるのはこれら抽出したデータと実物との確実な紐づけである。大多数の博物館においては，資料に番号を付与し，それらをカードやエクセル，データベースなどに記入することで管理している。このため，番号は決して離れることなく資料に付与しなければならない。出土遺物の土器や石器については直接記入されているが，民具などの場合は荷札のようなものをくくりつけており，文書は封筒に入れて管理するなど，資料に手を加えない形が一般的である。

展示に関わる情報

博物館における展示制作の際に作成される情報である。形態としては，資料

とともに展示される解説パネルや関連情報の写真，図表入りのグラフィックパネル，解説映像，復元模型など多岐にわたる。ここで注意すべきことは展示された成果物だけでなく，その制作過程で収集されたデータや資料の保管である。参考にした文献や写真などはもちろんのこと，映像や模型の制作に関しては，専門家に監修していただくことがある。その内容なども正確に記録しておきたい。

教育・学習・普及に関わる情報
　市民向けの講座や子供向けの体験教室，学校を訪問しての出前授業など，博物館において多様な教育活動が行われている。まず，それらの教育普及活動においてレジュメや参考資料などが作成され，参加者に配布されている。これらの配布資料および，その制作にあたって参考とされた文献などが対象となる。
　一つ注意しておきたいのは配布資料に他者の著作物を利用する場合である。著作権の項において詳述するが，非営利の博物館においてのみ，保護期間にある著作物を講座資料としてコピーして配布すること，それらを同時中継で他の会場に送信することが可能である（著作権法第35条）。ただし，受講人数を越えて講座資料として配布することはできない。また，2018年5月18日の著作権法の改正（2019年1月1日施行）により，権利者への分配団体に補償金を支払えば上記以外の公衆送信が可能となった。
　そのほか，講座や体験教室などを事前申し込み制で行う場合は，収集した受講者の個人情報の取り扱いには万全を期すことも求められている。

調査研究活動に関わる情報
　上に述べてきたことと重複するが，調査研究活動に関わる情報は，必ずしも展示等へのアウトプットが前提ではない。収蔵資料に関連する情報はもちろんのこと，収蔵資料との比較のための資料の情報，その背景となった学術的な文献など多種多様なものが想定される。
　ここで注意しておきたいのは，博物館業務上および研究上知り得た情報の取り扱いについてである。分野によっては，特定の個人または地域の自然などが不利益を蒙る情報を入手することもある。この点については各研究分野におい

第7章 博物館情報・メディア論

て確立されている研究倫理に照らし合わせた対応が必要である。

図書情報

　研究のためには先行研究が掲載された図書が必要である。博物館はそのテーマに応じた図書の収集がなされなければならない。それに加えて，博物館は収蔵資料の情報を公表し，同種の博物館などの利用に供することも調査研究活動の一環である。インターネットが普及する以前から，博物館は目録，図録，そして研究成果や活動を報告する研究紀要および年報の刊行を行っている。これらの印刷物は一般向けに販売されることもあるが，同種類もしくは分野の近い博物館同士は無償で送付しあうことが慣行である。この交換によって博物館同士が収蔵資料の情報を共有し，相互の調査研究の進展に努めてきた。

　収蔵資料データベースのインターネット上の公開が今後進展する可能性がなくはないが，図録・目録の発行が完全になくなることはないと思われる。なぜなら，後述するとおり，データベースは目的をもって検索語を入力して，初めてその結果を閲覧することができるものだからである。一方，図録はページを開けば情報にアクセスすることができる。大量のデータから目当てのものを抜き出すことには向かないが，当該博物館の収蔵資料の全体像をつかむことは，図録の方が適している。博物館における印刷物の刊行は縮小されることはあってもなくなることはないであろう。

　このように博物館には館のテーマに関連する他館の刊行物を大量に所有していることが多い。これらの図書を使いやすく整理することや，可能であれば来館者の利用に供することも調査研究活動の支援という点から行うべきサービスである。

管理運営に関わる情報

　博物館の運営にあたっては，入館者数をはじめとする各種の統計情報が必要である。これらのデータは事務職員が担当することが通例だが，学芸員も無関係というわけではない。学芸員が特別展を企画し，実施する場合に，予算獲得のために入館者数見込みを提出することもある。また，特別展だけでなく，資料の購入など博物館活動にかかる予算を適正に執行することも学芸員の業務で

225

ある。

広報に関わる情報

　博物館は，展示やそのほかの教育普及事業を実施して，社会教育に資する施設である以上，これらの活動を広く周知し，利用者の拡大に努めなければならない。インターネットが普及した後も，特別展のポスターおよびチラシ，教育普及活動の年間告知パンフレットなどは印刷物による広報の主力である。なぜならば，インターネット上の情報は，当該博物館や特別展，イベントについて知った人が検索して辿り着くものであり，博物館の存在を周知し，催事を告知するなどにはあまり効果はない。むしろ，新聞広告や関連施設へのポスターの掲出とチラシの設置が効果的である。同様の手法に，博物館に興味を持っている人がよく見るウェブサイトへの情報の掲出や，リンクの設置などが考えられる。

　また，近年の特別展では特別展示の名称などのハッシュタグをつけてSNSにアップすることを推奨し，一部の展示室を撮影可としているものがある。SNSにおける画像の拡散力に効果を期待してのことである。広報に関わる情報は今後も新たな情報提供ツールなどが登場して変化していくこともあろう。SNSの例に見られるとおり，広報とは博物館からの一方的な告知だけでは十全には広まらない。今と昔ではツールが異なるが，いつの世も信頼のおける人物のレコメンドが最も効果的である。

　広報を推進していくにあたり，重要なのは過大広告にならないことである。前述のとおり，現代において情報は発信者から受信者へと一方的に流れるものではない。博物館も利用者も受信者であり，発信者である。この場合，利用者かつ発信者との信頼関係を構築することが重要である。

（2）展示の歴史と双方向性

博物館展示の歴史

　展示は博物館を特徴づける機能であり，現在，その主たる目的は教育であるが，そう単純な話でもない。近代的な博物館が登場する前から展示は行われており，その担い手は権力者であった。神聖ローマ帝国皇帝ルドルフ2世（1552

-1612) の「芸術と驚異の部屋」に代表されるように，かつての展示は一見無秩序な収集対象（芸術作品，観測器具，自然物，珍奇なものなど）を，限られた人だけが見ることを許されたものであった。「驚異」の名のとおり，見た人に衝撃を与えつつ権力によって集積されたモノを見せることによる「権力の可視化」という意味もあったことだろう。

その後，学術の進展とともに次第に資料は分類がなされるようになっていく。しかし，その並べ方は，同じような形態のものを並べて置くという程度のものであった。展示されているモノから何を得るのかは，見る人に委ねられていたのである。

近代社会の幕開けとともに博物館は市民に開かれた存在となった。そして，展示はより説明的な方向へと変化していく。その過程で現在は当たり前のように行われているストーリー展示やパネルなどが導入されていき，近年の情報技術の発達とともに映像などの視覚メディアを組み合わせた方向へと変化していった。このような展示技術の進化から見えてくるものは，詳しく丁寧に解説すれば情報は伝わるのだという展示する側の考え方である。

一方，展示に関しては大きな変化がもう一つあった。ボストン・チルドレンズ・ミュージアム（1913年開館）の館長に就任したマイケル・スポック（在任期間1962 - 1985）は展示を改革し，「ハンズオン（hands-on）」と称して，子供たちが「自発的に見て，触れて，試して，理解する」展示をつくりあげた。展示とは博物館の側が伝えたいことを伝えるためのものであり，資料は展示のために集めるという，それまでの博物館とは真逆の姿勢であった（コラム「ハンズオン」参照）。

なかでも，日本科学未来館は先進的な取り組みを行っている。2011年に開催された企画展「世界の終わりのものがたり　もはや逃れられない73の問い」では「「生きている」って何でしょうか？」などの73の問いかけが展示され，ある問いには付箋紙に答えを書いて貼り，ある問いには自分の回答の方にマグネットを貼るなどして，ほかの来館者の答えを可視化し，展示の一部とした。また，インターネットを経由した回答を会場内でも見られるパソコンが設置された。正解はなく，あくまで自分ならどうするかということをほかの人の答えを見ながら考えるというスタイルの展示であった。展示は何らかのメッセージ

を伝えるものであるが，それをもう一歩踏み込んで考えてもらいたいという主旨の展示であった。

その後，日本科学未来館は2016年に常設展示をリニューアルし，この問いかけ方式の展示を発展させた「経験・思考型の展示」を設置した。生命倫理や世界の終わりなど，簡単には答えの出ないテーマを選び，さまざまな条件を提示して来館者に選択を問いかけるものである。しかし，実際の展示を筆者が見た限りでは，利用者が命題を考えるというよりは，問いかけに対して考える，その結果が目に見えるかたちで帰ってくるという「双方向性」の展示として来館者が楽しんでいるように見えた。

展示のあり方が今後どのように変化していくのかは不透明であるが，デジタルにしろ，アナログにしろ，「双方向性」は今後も鍵となっていくと思われる。

デジタル化とパーソナライズ

アナログの展示技術の代表的なものといえばパネルである。展示資料の見どころや内容などを説明するだけでなく，図表，イラスト，写真などを用いて視覚的・直感的理解に訴えることもできる。展示をつくるということは，展示資料を選び，配置を検討することと同時に，どのようなパネルをもちいて内容を伝えるのかを考えることでもある。梅棹が「展示は編集である」と看破したとおりである。

パネルは展示空間に展開する本のページのようなものである。古典的かつ今後も博物館においても使われ続けるであろう。何かと使い勝手の良いパネルであるが，無論，メディアとしてのメリットとデメリットがある。パネルには実体があり，大きさやデザインを工夫して展示空間に配置することによって，展示を見ていく順序や情報の階層などを表すことができる。そして，実態があることから，スマートフォンやパソコンのディスプレイなどでは得られないスケール感を表現することができる。

しかし，実体があるということは同時にスペースの制約というデメリットにもなる。博物館は学校教育とは異なり，誰にでも開かれた教育機関ではあるが，展示を制作するにあたってはターゲットを設定し，文章の分量や難易度，漢字やフリガナの使用などを判断する基準とする。その上，パネルの大きさは限ら

れているため，盛り込める情報にも限界がある。

　しかし，スマートフォンやタブレットの場合は，適正な分量かどうかはともかくスクロールによって掲載できる分量は無限である。文字の大きさも自由に変えられるうえ，音声や動画も再生することができる。そして，同じ資料に何種類かの情報を結びつけることも可能である。

　情報技術の進化（高度化および低廉化）は来館者一人一人の個性に合わせた情報提供を可能にした。このことを「パーソナライズ」という。また，個性は単に年齢や興味のあるなしではなく，障害の有無や外国人への対応なども含まれる。

（3）データベースとデジタルアーカイブ

博物館収蔵資料データベース

　博物館における情報技術といえば「データベース」や「デジタルアーカイブ」の語を耳にしたことがあるだろう。大量の資料を収蔵する博物館にとって資料の情報を管理するためにデータベースの導入は有効である。しかし，『平成25年度博物館総合調査に関する報告書』（日本博物館協会，2017年3月）によれば収蔵資料が「資料台帳」つまり紙のリストに記載されている館は47.1％であり，その資料台帳がデータベース化されているのは72.5％である。その上，データベースがある館について，ほとんどすべての資料が収録を終えているのは50.4％であった。無論，博物館の種類によってはデータベース化に馴染まない館もある。しかし，博物館の情報化が促進されてから20年以上が経過しているにもかかわらず，博物館のデータベース化は未だ進展しているとは言い難い状況にある。なぜこのような状況になっているのか，そもそもデータベースとは何かということについてこの項目では述べていく。

　私たちが日常的に使用している情報技術のほとんどはデータベースであるといってよい。最も日常的に使われているであろう，SNS の LINE, Instgram, Twitter などは一見すると通信アプリのように思われるが，その仕組みはユーザーが投稿した短文のデータベースであり，それをフォローしているアカウント毎に時系列に表示されるように設定されている。その他のインターネット上のサービスについても言わずもがなである。

このようにデータベースは私たちの身の回りにさまざまなかたちで存在している。しかし，その基本構造はいたってシンプルだ。データベースとは極論すれば人間とコンピュータが認識できるかたち（テキストと画像・動画）で，複数の人々が共有すべきデータを使いやすく整理し，検索できるようにしたものである。

しかし，基本シンプルな構造にもかかわらず，データベースの使いやすさには差がある。その差とは，①データベースの項目，②項目に入力する言葉，③入力および検索結果の表示，によってもたらされる。大手企業のインターネット関連サービスが，公的な情報提供サービスよりも圧倒的に使いやすいのは，巨額の費用をかけてこの3点を日々アップデートしているからである。

データベースと標準語彙

博物館においてデータベース化がなかなか進まないのは，まずはこの項目の設計と入力語に難しさがある。博物館の資料情報はインターネットが普及する以前から紙のカードなどで管理されてきたものである。だが，上述のとおり，博物館が取り扱うモノは非常に多岐にわたっており，しかも管理すべき項目も多い。

基本的には資料が該当する研究分野における項目設定を用いる。しかし，同じ分野でも研究者によって分類が異なることはよくある。一方，データベースは複数の人々による利用を目的としており，ある担当者が項目に入力した言葉と，別の研究者が検索語として入力した言葉が一致しなければ，検索結果として表示されないという事態が発生する。

この点については解決策がないわけではない。Google 検索を使用すればわかるとおり，入力語の表記のゆれ（送り仮名，漢字か平仮名か，よくあるタイプミス，覚え間違い）を検索エンジン側が自動的に修正する技術がある。それを応用すればよい。だが，表記や分類の揺れを解消するためには，これらの言葉の関係を整理した「語彙」が必要である。その必要性については，情報にかかわる学芸員や図書館情報学者などには認識されており，整備を進めていこうという動きがある（コラム「ドキュメンテーションと標準語彙」参照）。

また，博物館資料の分類は学問分野によるものだけではない。たとえば，あ

る政治家が用いた万年筆があるとする。その万年筆が歴史的に重要な書類にサインするのに用いられたものであったら、歴史博物館においては、万年筆を展示物とした上で、政治家の名前や歴史的な出来事がデータベースの項目ととられるだろう。万年筆自体には何の痕跡も残されていないけれども。

一方、万年筆を工芸品として扱う場合は、誰が所持していたということももちろん重要であるが、万年筆の形式、メーカー、制作年代、色や形などがデータベースの項目として採用されるであろう。このように同じ種類の資料であったとしても、その博物館のテーマによって設定すべき項目とそこに記載すべき内容が異なる場合がある。

その上、現在は博物館という枠にとらわれないデータの利活用が進みつつある。情報元の異なる複数のデータベースをウェブ上で公開し共有する「Linked Open Data（LOD）」の技術の普及である。「オープンデータ（Open Data）」とは、官民問わず組織が保有するデータをウェブ上に公開する取り組みである。ただし、単なる公開ではなく、オープンライセンスつまり「誰もが自由に利用し、再利用や再配布が可能」とし、二次利用に供することが前提である。そして、PDFや画像などではなくコンピュータが読み込んで再計算でき、特定の商用ソフトウェアに依存しない形式で提供されるものである。この取り組みの目的は、それぞれの組織で日々作られ続けるデータを当初目的とは別の角度から利用したり、ほかのデータと組み合わせることによって新たなる情報サービスやビジネスモデルを構築したり、行政および企業活動の効率化を推進するためである。当然ながら、博物館の収蔵資料も広く活用されなければならないデータの一つである。

このオープンデータをつなぐ仕組みがLODである。LODは、共有したい情報をウェブ上にコンピュータが処理しやすい言語（XML：Extensible Markup Languag）と形式（RDF：Resource Description Framework）で記述し、それらのデータ同士を、発信元を越えてリンクで結ぶことによってさらなる情報を生成し提供していくものある。つまり、インターネット上にある膨大なデータを対象としたデータベースである。この技術によって、博物館の収蔵資料情報を国内の異分野の資料収蔵機関だけでなく、世界の学術機関とつなげていく試みがすでに始まっている（コラム「分野横断統合ポータルと文化財の活用」参照）。推進

にあたっての課題はつきないが，可能な限り学芸員や図書館情報学の専門家や技術者が協力しあって取り組むべきである。

デジタルアーカイブ

インターネットを通じて公開される有形・無形などを問わない文化遺産のデータベースを「デジタルアーカイブ」と呼ぶ。構築主体は，国立国会図書館，国立公文書館など博物館に限らない。

名称に「アーカイブ」の語が入っていることからわかるとおり，当初の「デジタルアーカイブ」は，貴重な文化財を高解像度のデジタル画像で記録し，提供することによって，実物へのアクセスを減らし，劣化を防ぐことが目的であった。しかし，現在は実物資料の代替となりうる画像データベースというよりも，坂村が提唱したとおり，「いつでも」「どこでも」「だれでも」アクセスできる，開かれた文化財情報提供システムを指すようになった。そして，その目的も実物の代替ではなく，文化財の存在の周知に移行していった。デジタルアーカイブの構築を推進していくうちに，そもそも貴重な文化財の存在や価値について，わが国ではまだまだ浸透していなかったことに気づかされたからである。

わが国における代表的なデジタルアーカイブは「文化遺産オンライン」である。文化庁が国立情報学研究所の協力を得て2003年から運営している。公開されている文化財のデータは文化遺産オンラインに登録した全国の美術館博物館から提供されたものである。しかし，検索結果での画像は小さく，文化財の枠組み自体の複雑さもあるが，検索方法もわかりにくい。国立博物館が所蔵する国宝及び重要文化財の高精細画像を提供する「e国宝」(2013年リリース)の方が，研究や教育目的では活用しやすい。

上述の2例からわかることは，デジタルアーカイブの枠組み設定と，情報技術の進展に足並みをそろえてヴァージョンアップしていくことの難しさである。この点については簡単な対応策はない。けれども，コンテンツを増やしたり，検索をしやすくしたり，検索結果の精度を上げていくためには，少なくはない予算と人員配置が必要であることは確かである。

それに真っ向から取り組んでいるのが，EUが構築した「Europeana」であ

る。ヨーロッパ全域の2,000以上の博物館，美術館，図書館のデジタルコンテンツを統一の窓口を設けて，横断検索できるようにしたものである。EUが多額の資金を投入して「Europeana」の維持と発展に尽くしている理由は，Googleに対する危機感である。

　現在のインターネット環境はGoogleをはじめとする，民間企業の技術に依拠している。しかし，あくまでも民間企業であるGoogleが全世界の人々の検索結果を収集しているだけでなく，検索以外のサービスの利用によって，我々はいつ，どこにいるのか，移動には何を使っているのか，などのデータを収集し続けているのである。つまり，人々の消費動向に関するかなり精度の高いデータをGoogleは何の苦もなく集めることができるのである。しかも，Google検索の結果についても，どのページを上位に表示するかについてはGoogleの作為があることが指摘されている。

　現代に生きる多くの人々がそれとは気づかずにGoogleに依存しており，Google検索をして見つからなかったものはこの社会には存在していないと思っている節があるように思われる。うがった見方をすれば，人間の認識——この世界に何が存在しているのかということ——すらもGoogleはコントロールできるのである。

　現状ではGoogleから受ける利益が多いため，我々はGoogleを受け入れながら生きている。EUのEuropeanaはGoogleの技術に依拠しながらも，それ以外にも世界は広がっていることを痛切にアピールしている。

　文化財の保存管理を担う博物館も，インターネットの外に実物の世界が広がっていることを知っている。それらの情報と人々とをつないでいくために，Googleとどのような関係を築いていくべきなのか，よく考える必要がある。

3　博物館と著作権および個人情報保護法

（1）情報「コスト」への意識

　博物館法によると博物館資料とは「実物，標本，模写，模型，文献，図表，写真，フィルム，レコード等」（第3条1項）および「電磁的記録（電子的方式，磁気的方式その他人の知覚によっては認識することができない方式で作られた記録）を

含む」(第2条3項)であり，これらは著作物である場合が多い。資料を収集し，整理保存し，調査研究を経て，展示教育に活用する社会教育施設である博物館において，著作物を正しく利用することは不可欠である。

しかし，著作権という言葉の普及に反して，著作権制度の本質や著作権にまつわるトラブルなどにどのように対処するのか，という点については，多くの人々の理解が進んでいないように思われる。

2018年2月頃，不正な漫画共有サイト「漫画村」が話題となった。筆者が本件について注目するのはこの問題の発覚によって炙り出された課題の多さである。著作権にまつわる課題は技術的な問題だけでなく，さまざまな利権と，通信の秘密・自由などの権利，情報に関するモラルなどが複雑に絡み合っている。しかも，インターネット上のさまざまなサービスは流行り廃りが激しい上に，次々と新しいビジネスが登場する。「漫画村」で明らかになった課題は未解決なまま，次から次へと問題は発生し続けていくことだろう。

このような現代において，著作権者の権利を侵害することなく，著作物を適切に利用するために後述する著作権制度に対する正しい理解が必要なことはいうまでもないが，ここでは，その前提として情報にかかる「コスト」に目を向けることの重要性を述べたい。

情報のコストとは通信端末費や通信費のことではない。私たちの身の周りはさまざまな著作物であふれている。スマートフォンのアプリ，SNSで交わされるスタンプ，移動時間に聴く音楽，時間つぶしに遊ぶゲーム。すべてが著作物である。これらを作り上げるためには当然コストがかかっている。作業従事者の工数など会社の業務として計上できるものもあるが，アイディアや手間など計算がしにくいものもある。

しかも，情報とは不思議なことに，開発費や維持費などを利用者が負担しない場合がある。代表的なものはTwitterなどのSNSや民間のテレビ・ラジオ放送などである。だからといってこれらを提供する企業の経費やコンテンツ制作にかかるコストが我々利用者に転嫁されていないわけではない。便利なツールはそれらが利用されることで間接的な利益を生む。たとえばGoogle検索の場合は結果表示における企業広告に関する収入だけでなく，数えきれないほど大量の検索によって得られる利用者の消費動向，ひいてはディープラーニング

などに用いる学習の素材なども得ることができるだろう。我々はそれと知らずに対価を支払っているのである。無料で提供されるサービスやコンテンツは決してコストがかかっていないわけではないし，我々もコストを負担していないわけではない。

そして，「漫画村」問題において見られた，利用者のコンテンツのただ乗りは，現時点では法律的に問われることはないかもしれない。しかし，利用者は明らかに著作物の制作者（著作者）に本来入るべき利益を無自覚に損なった。「みんなやっているから」と，利用者自身が言い訳しつつ。このような事態を招いたのは，現代において情報関連の無料サービスが溢れていることに起因した，コンテンツに対するコスト意識の低さも原因の一つであろう。

だからこそ，筆者は著作権に関する正しい理解が必要であると考える。上述のとおり，急速な情報技術の発展により，我々はすぐ先の未来も見通せない社会に生きている。技術と法律の隙間をついて上前をはねる人々を根絶することは不可能である。そのような人々を糾弾することももちろん必要だが，それ以上に効果があるのは，著作物の正しい利用を「みんなやっている」社会にすることである。迂遠ではあっても，違法ダウンロードや著作物の無料利用などが非常識だと感じる社会にしていくことをあきらめてはいけない。

本章においてはまず著作権制度の基本について解説する。読者はこれまでにすでに学習済の内容であろうが，基本は何度振り返っても有用である。そのうえで，博物館の機能と著作物との関係について述べる。なお，前述のとおり，著作物に関する状況は日々変化している。マスコミやSNSに流れる著作権に関するニュースにアンテナを張っておくことを勧める。また，文化庁および公益社団法人著作権情報センターのホームページにより，著作権に関するさらなる自己学習を進めるとともに，今後も頻繁に行われるであろう，著作権法改正に関して最新の情報をチェックすることも不可欠である。

（2）著作権の基本知識

著作権制度は，著作物の公正な利用と著作者の利益を保護することによって，文化の発展に寄与することを目的としている。まず，著作物とは何かについて確認していこう。

わが国には著作権法があり，第2条1項に著作物は「思想又は感情を創作的に表現したものであつて，文芸，学術，美術又は音楽の範囲に属するものをいう」とある。博物館の所蔵作品のうち，美術館に収蔵・展示される絵画や彫刻などの美術作品が著作物であることは容易に了解されるであろう。しかし，それだけが著作物ではない。展示室にある解説パネルの写真や地図，調査成果に基づいて想定復元された模型，解説映像なども著作物にあたる。一方，近代の暮らしに使用された工業製品や生活道具などは「創作的に表現したもの」とは見なされない。このように博物館には著作物とそうではないものが混在しているのである。

　そして，著作者とは著作物を創作した者である。よく誤解されていることだが，著作者に関しては，創作を生業としているなどの要件はない。著作物を創作した者は誰でも著作者である。著作権に関するＱ＆Ａに必ずといっていいほど登場する質問に，子どもの描いた絵に著作権が発生するか，というものがある。成年未成年を問わず，創作的な表現と見なされるものを制作した者はすべて著作者である。

　また，映画など集団で制作されるものや，会社の業務として制作されたものについての著作者は誰になるのか，というケースもある。業務上の著作物制作については，「法人著作」という考え方があり（著作権法第15条），次に掲げる要件をすべて満たす場合に限り，会社や国などの法人が著作者になる。

　　①法人等が著作物の制作を企画
　　②法人等の業務に従事する者が職務上創作
　　③法人等の名義で公表
　　④作成時の契約や就業規則に「職員を著作者とする」という定めがない
　　　※ただし，コンピュータのプログラムについては公表されないこともあるため，③は除外される。

　それから，日本は著作権の発生については「無方式主義」をとっている。「方式主義」が著作物の登録などの手続きが必要とされるのに対し，「無方式主義」は著作物の誕生とともに著作権が発生する。手続きなどは不要である。

次に著作権についてである。著作物を創作した著作者には権利がある。それを著作権と称している。著作権には大きく分けると，人格的な権利と著作隣接権と呼ばれる財産的な権利の二つがある。

まず，人格的な権利についてである。これらは「著作人格権」と呼ばれ，著作権法に以下のとおり定められている。

- 公表権（第18条）：自らの著作物をいつ，どのような方法で公表するか決める権利
- 氏名表示権（第19条）：著作物を公表するとき，著作者名を表示するか否か，するとすれば実名か変名かを選択できる権利
- 同一性保持権（第20条）：著作物の内容や題目を意に反して改変されない権利

著作人格権は著作者だけが持っている権利で，譲渡したり，相続したりすることはできない。また，著作者の死亡によって消滅するが，著作者の死後も一定の範囲で守られることとなっている。ただし，試験問題などで小説などを利用する場合は，教育目的上必要な用字・用語の変更，空白の個所に正しい用語を入れさせる穴埋め問題など，真にやむをえない変更は認められている。

次に，財産的な権利について説明する。この権利がいわゆる「著作権」と呼ばれるものであり，原則としては著作物を利用しようとする場合には，その著作物の著作権者の許諾を得なければならないということである。

一口に著作物の利用とはいうが，著作権法には具体的に以下の利用のあり方について定められている。

- 複製権（第21条）：著作物を印刷，写真，コピー，録音，録画，スキャンなどによって複製する権利
- 上演権・演奏権（第22条）：著作物を公衆（特定多数および不特定多数）に見せる，聴かせるために上演・演奏する権利
- 上映権（第22条の2）：著作物を公に上映する権利
  公衆送信権（第23条）：著作物をテレビやラジオ，ケーブルテレビ・ラジ

オ．インターネット上において送信する権利
- 口述権（第24条）：著作物を口頭で伝達する権利（録音されたものも含む）
- 展示権（第25条）：著作物を公に展示する権利
- 頒布権（第26条）：映画の著作物にのみ認められる，複製し譲渡・貸与を行う権利
- 譲渡権（第26条2項）：映画以外の著作物（コピーなどを含む）を他者に譲渡する権利
- 貸与権（第26条3項）：映画以外の著作物（コピーなどを含む）を他者に貸出する権利
- 翻訳権・翻案権（第27条）：著作物を翻訳・編曲・変形・脚色・映画化など翻案する権利
- 二次的著作物の利用に関する原著作者の権利（第28条）：二次的著作物（著作物を翻訳・脚色・映画化などしてできた著作物）の原著作者は，二次的著作物の著作者と同じ権利を有する

　しかし，著作権は永遠に存在するものではない。その保護期間は原則として著作者の死後70年（環太平洋連携協定（TPP）締結に際して，2018年12月30日に50年から70年に延長された）とされている。期間の計算は，著作者の死亡，著作物の公表・創作の翌年の1月1日から起算する。そして，保護期間が終了したものは一部制約があるが，複製や上映などが自由に行えるようになる。これらの著作物は「パブリックドメイン」と呼ばれている。
　また，著作権は譲渡することが可能であり，財産と同じように相続の対象となる。ここで注意しておきたいのは，著作権は分割できないという点である。複数の相続人がいる場合には著作権を共有する全員の合意がなければ，著作権を行使することはできない。そして，相続人がいない場合は70年を待たずして，著作権が消滅することも覚えておきたい。
　ただし，著作権保護期間内の著作物の利用に対して，すべて許諾を得るという原則を適用してしまうと，試験問題への利用などすでに慣用的に行われていることに大きな支障をきたす恐れがある。このため，著作権法には，著作権者の許諾を得なくても著作物を利用できるという「権利制限規定」がある。

「権利制限規定」については2018年に大きな動きが起こった。「著作権法の一部を改正する法律」(2018年5月18日成立，同年5月25日公布)に「デジタル化・ネットワーク化の進展に対応した柔軟な権利制限規定の整備」が盛り込まれた。これまでの著作権法においては，権利制限規定は，上述のとおり，目的や場面毎を具体的に想定して規定されてきた。しかし，急速に進む情報環境の変化に対応するために，公益性と権利者の利益のバランスを考え，権利制限規定を3層に分けた。そして，第1層「権利者の利益を通常害さないと評価できる行為類型」として「著作物に表現された思想又は感情の享受を目的としない利用」(第30条4)，「電子計算機における著作物の利用に付随する利用等」(第47条4)，第2層「権利者に及ぶ不利益が軽微な行為類型」として「新たな知見・情報を創出する電子計算機による情報処理の結果提供に付随する軽微利用等」(第47条5)に対して「柔軟な権利制限規定」を整備するものとした。今のところ，博物館における著作物の活用に直接影響を与えるものではないが，「柔軟な権利制限規定」の適応範囲が今後広がる可能性もある。

(3) 博物館における著作物の利用
著作物の展示

博物館における最も特徴的な業務といえば展示である。美術館における絵画や彫刻などの展示に関しては「展示権」(著作権法第25条)が関係し，「著作者は，その美術の著作物又はまだ発行されていない写真の著作物をこれらの原作品により公に展示する権利を専有する。」とある。

しかし，絵画や彫刻などのいわゆる美術作品は商品として流通しており，所有者が自由に展示するものである。著作権者の許諾がなければ展示できないとなると，作品の販売自体が難しくなり，かえって著作権者にとって不利益となる。このため，著作権法第45条第1項に，所有者又は所有者の同意を得た者は，著作権者の許諾を得ずとも，美術の著作物又は写真の著作物を展示できると定められている。この規定により，博物館は所有する美術作品を著作権者の許諾を得ずに展示することができる。また，特別展などでほかの所有者から借用して展示する場合も所有者の同意を得るだけで済む。

また，美術作品の展覧会においては図録を制作し，販売する慣行がある。こ

の場合は著作物の複製にあたり，著作権者の許諾が必要となる。ただし，第47条に，美術の著作物等の展示に伴う複製が定められており，「これらの著作物を公に展示する者は，観覧者のためにこれらの著作物の解説又は紹介をすることを目的とする小冊子にこれらの著作物を掲載することができる。」とされている。つまり，著作権法第45条の規定に則って展示がなされている場合は，解説のための小冊子への著作物の掲載には著作権者の許諾は不要ということである。ここで注意しておかなければならないのは「小冊子」という点である。小冊子の範疇については明記がないが，前述した図録は，判型自体が大きく，著作物の画像も頁全体を使用して掲載するものが多く，「小冊子」にあたらないと考えられている。

それから，図録などの制作にあたって作品を撮影した場合についてである。保護期間が終了した平面作品の写真は，「思想又は感情を創作的に表現」とは認められず，著作物にあたらない。しかし，立体物を撮影した写真は著作物とされ，撮影者に著作権が発生するため事前に権利関係について合意しておく必要がある。

著作物の教育利用

ほかに博物館業務にかかる著作物の利用としてよく行われているのは教育普及活動における教材としてであろう。著作権法第35条第1項には学校その他教育機関において，授業を担任する者と授業を受ける者が，授業の過程において使用されることを目的として，必要な限度で，公表された著作物が複製できることを定めている。

ここではまず，博物館が教育機関にあたるのか，ということを確かめておかなければならない。社会教育法および博物館法において，博物館は社会教育のための機関であることは明記されている。また著作権法第35条の条文には「その他の教育機関（営利を目的として設置されているものを除く。）」とある。つまり，非営利の博物館はこれに該当すると考えられる。

したがって，博物館における無料の各種講座の受講資料として著作物をコピーして配布することは可能となる。ただし，必要な限度とあるとおり，受講人数を越えてコピーすることはできない。

また，近年の展示や講座においては映像が用いられる場合も多い。映像に関しては著作権法第38条に公表された著作物は非営利かつ無料の場合は上演，演奏，上映または口述できることが定められている。入館料が無料の博物館および，無料スペースでの上映についてはこの条文が適用される。有料スペースの場合は著作権者の許諾が必要である。

著作物の研究利用

博物館の基本機能の一つに調査研究がある。その成果は論文等で発表するとともに，展示の解説パネルなどにも反映される。また，新聞・雑誌等における学術的な発見の報告や特別展の紹介記事など，学芸員の業務に執筆活動はつきものである。

執筆活動において，先行研究の紹介や論証の根拠を提示するために，著作物を引用することが多々ある。引用は著作者の許諾を得ることなく，「公正な慣行に合致」し「目的上正当な範囲内」で行うことができる（著作権法第32条1項）。

文化庁は具体的には以下四つの事項を示して注意を喚起している[3]。

①他人の著作物を引用する必然性があること。
②かぎ括弧をつけるなど，自分の著作物と引用部分とが区別されていること。
③自分の著作物と引用する著作物との主従関係が明確であること（自分の著作物が主体）。
④出所の明示がなされていること（著作権法第48条）。

（4）インターネットと著作権・肖像権

デジタルアーカイブ

前章で見たとおり，インターネット上における収蔵資料の画像データベース，いわゆるデジタルアーカイブの公開は博物館として急務である。ネット上の資料画像の掲載については，著作物の場合は著作権法上「公衆送信権」にあたり，著作権者の許諾を得る必要がある。

この件に関連して，最近注目を集めているのが「権利者不明著作物（オー

ファンワークス）の裁定制度」である。つい20年ほど前まで，音楽や映像コンテンツは演奏会や上映など限られており，それらを個人が記録し，共有するということは考えられなかった。このため，それ以前に制作された著作物は再配布を考慮した契約などはなされておらず，著作者不明のものも多々ある。しかし，現代の文化を物語る貴重な著作物を利活用できないことは社会における損失である。それを打開する仕組みの一つが裁定制度である。

　裁定制度とは，権利者不明の著作物を利用したい人や機関が文化庁に補償金を供託し，文化庁長官の裁定を受け，著作物等が利用可能となる制度である。公表された著作物が対象となる。商用利用も可能である。ただし，裁定申請を行うにあたっては，あらかじめ権利者と連絡を取るための「相当な努力」を行う必要がある。相当な努力とは以下のとおりである。

①権利情報を掲載する資料の閲覧
②権利情報を有している団体への照会
③公衆に対する情報提供の呼びかけ

　2016年にはこの要件の一部が緩和され，過去に裁定を受けた著作物の権利者探しについては，文化庁のウェブサイトに公開されているデータベースを閲覧することで①および②の措置を代替できることとなった。そこまでして権利者と連絡が取れなかった場合文化庁に裁定の申請を行うことができる。
　また，2017年には文化庁「著作権者不明等の場合の裁定制度の利用円滑化に向けた実証事業」，通称「オーファンワークス実証事業」が実施され，権利団体（公益社団法人日本文藝家協会，一般社団法人日本写真著作権協会，公益社団法人日本漫画家協会など）が制度の利用円滑化に取り組む基本的な体制が整った。
　AIのディープラーニングをはじめ，現代は著作物の大量利用時代に突入した。本制度の活用や見直しが今後も伸展していくであろう。

個人情報保護法
　最後に個人情報保護法について述べる。2015年に個人情報保護法が改正され，2017年9月から施行された。

そもそも個人情報保護法は情報化社会の進展にともない，2005年に個人情報に対する権利と利益を保護することを目的として制定されたが，10年以上経過するなかで，制定時点には想定されていなかった問題点，改正点などが明確になり，それに対応するための改正である。

改正点はいくつかあるが，ポイントはこれまでは対象外であった，保有している個人情報が5,000人分以下の事業者にも適用されるということである。つまり，改正前は，ほとんどの博物館が対象外であったものが，改正後はほとんどの博物館がその対象となったということである。博物館が取り扱う個人情報としては，事前申し込み制の教育普及事業の受講者情報，ウェブからの問い合わせ，博物館資料の前所蔵者の情報などが考えられる。

また，博物館における広報ツールとして一般化したSNS，とくにFacebookなどはテキストだけでなく画像を掲載することが当たり前となった。そこで，博物館の賑わいを感じさせる，来館者が写りこんだ画像などが用いられることがある。その場合は写りこんだ人々の肖像権への配慮が必要である。誤解されがちなことだが，個人情報保護法には「肖像権」という言葉は用いられていない。個人情報とは「生存する個人に関する情報」であり，「氏名，生年月日その他の記述」と規定されている。しかし，個人を写した画像が個人を特定する情報であることは裁判の判決などの積み重ねによって社会的に認められており，本人の許可なしに撮影したり，ウェブ上に掲載した場合，差止請求や慰謝料の対象となる。

著作権と個人情報の保護に関しては今後も変動する可能性が大きい。読者諸氏には最新の情報を確認する習慣をつけて，業務遂行にあたっては，少しでも疑義があることを放置しないでいただきたい。そして，社会の共有財産である博物館資料を収集することを社会から託された存在として，その正しい活用を推進し，社会における博物館の信頼を高めて欲しい。それこそが，博物館が変動する社会において役割を果たすための必要なことである。

引用・参考文献

長山泰介（1983）「情報という言葉の起源」『ドクメンテーション研究』33（9）。

梅棹忠夫（1987）『メディアとしての博物館』平凡社。

坂村健（1996）「東京大学デジタルミュージアム」『Ouroboros』1, 東京大学総合研究博物館。

日本教育メディア学会（2013）『博物館情報・メディア論』ぎょうせい。

村田良二（2016）「博物館におけるコレクション情報の組織化：情報標準と東京国立博物館の事例9」『情報管理』56-59頁。

星川明江（2017）「博物館と著作権」『博物館研究』2017年2月号, 6-9頁, 公益財団法人日本博物館協会。

水谷長志（2017）「極私的MLA連携論変遷史試稿」『美術フォーラム21』35, 127-134頁, 一般社団法人美術フォーラム21。

文化庁「著作物が自由に使える場合」（注5）引用における注意事項 http://www.bunka.go.jp/seisaku/chosakuken/seidokaisetsu/gaiyo/chosakubutsu_jiyu.html（最終閲覧日：2018年5月13日）

■□コラム□■

ジャパンサーチと文化財の活用

　2020年、新型コロナウイルス感染症が地球上を席巻した。休館を余儀なくされた複数の博物館は、同じく在宅せざるをえない生徒たちのために積極的にホームページ上で動画やワークシートなどを公開した。緊急事態宣言が解除され、博物館も再開館したが、未だ収束の気配が見られない2020年8月25日、ジャパンサーチは正式公開された。これは国立国会図書館が中心となって2017年から構築を進めてきた分野横断型統合ポータルである。書籍だけでなく、文化財、自然史・理工学等さまざまな分野のデジタルアーカイブと連携して総合検索機能を提供し、デジタルコンテンツの利用を促進することを目的としている。公開時のコンテンツ数は2,100万件。23連携（つなぎ役：個々の機関によるデータベースの取りまとめ役。書籍分野では国立国会図書館。複数の公共図書館が提供するメタデータの標準化などを行う）機関を通じて提供された108のデータベースのメタデータの検索が可能である。

　このような統合ポータルは、2008年にEUが開設したヨーロピアナなど各国で見られる。しかし、後発であるからこそ、ジャパンサーチにはユーザが検索結果やメタデータ詳細を記録できるマイノート機能や、お気に入りのコンテンツで作成するギャラリー機能（複数人での共同編集も可能）などが充実している。だが、データの拡充、外国語対応など課題も多く、何よりもまず、ジャパンサーチ自体をインフラとして社会に認識させていくことが急務である。個々の資料はとるに足らないように見える。しかし、集積されたそれらは、専門知識を有する人びとの手にかかると、新たな価値が生み出される。そのために資料を保存し活用できるようにメタデータを蓄積することが博物館をはじめとする資料所蔵機関の役割だが、この仕事は、担当者の負担が大きいわりにはその成果が見えづらい。

　新型コロナウイルス感染症により、オンラインコンテンツへの注目が集まるなか、この取り組みは今後の文化活動においてますます重要になることは間違いない。ジャパンサーチの普及により資料保存機関である博物館の役割が再評価されることを期待したい。

（佐藤　琴）

■□コラム□■

ドキュメンテーションと標準語彙

　『学芸員養成の充実方策について』(2008)に「博物館情報・メディア論」において扱うべき内容が記載されており，そこに「資料のドキュメンテーション」とある。「ドキュメンテーション」という言葉は，文字通り「文書，記録」などを意味する"document"という言葉に，接尾辞"tion"がついたもので，「文書化すること，記録すること」を意味する。

　人類が短くない時間をかけて積み重ねてきた学術研究は，15世紀の活版印刷の発明とその後の技術発展により，研究材料である資料や文献の爆発的な増加に直面することとなった。その後も，さまざまな記録方法および記録物の再配布技術の進化はとどまることを知らず，学術研究においては人間の記憶能力をはるかに越えた大量のデータと情報を処理しなければならなくなり，そこで学術情報を収集・整理し，利用に供するために19世紀に登場した技術が「ドキュメンテーション」である。

　一つ一つの資料のドキュメンテーションの結果は，アナログでは資料カードや冊子体の目録，デジタルではデータベースやデジタルアーカイブなどにまとめられ，利用者が必要な情報にアクセスするときも，「言葉」が手がかりとなる。だが，「言葉」は国や民族によって異なるだけでなく，同一言語のなかでも人名，地名などの表記の変遷や揺れ，異型同義語などがある。このようなばらつきを整理したものを「標準語彙」という。美術分野では米国ゲティ研究所の「ゲティ語彙集（The Getty Vocabularies）」があり，注目されている。

　日本でも美術の「語彙」についてはくつかの取組みがあったが，浸透しているとは言いがたい。だが，近年ようやく「ゲティ語彙集」に東京文化財研究所が長年にわたって収集してきた美術家の人名情報を提供するなど，国際的な「標準語彙」の整備に向けた動きが始まりつつある。

　ここで注意しなければならないことは「標準語彙」は「完成させて終わり」という取り組みではない。情報技術と学術研究の進展とともに進化し続けなければならない。にもかかわらず，すぐに結果を出すことを求められる社会において，その効果が表れるまでに時間がかかる。学芸員は「標準語彙」の意義を理解し，対外的に説明できるようにならなければならない。　　（佐藤　琴）

参 考 文 献

◆ 事典・ハンドブック・書誌

丹青総合研究所企画編集（1986）『博物館・情報検索事典』丹青社。
Ambrose, Timothy/Paine, Crispin（1995）『博物館の基本』（日本博物館協会訳）日本博物館協会。
倉田公裕監修（1996）『博物館学事典』東京堂。
日本展示学会『展示学事典』編集委員会編（1996）『展示学事典』ぎょうせい。
加藤有次・椎名仙卓編（1998）『博物館ハンドブック（改訂版）』雄山閣出版。
文化庁文化財保護部美術工芸課監修（1998）『文化財保護行政ハンドブック　美術工芸品編』ぎょうせい。
馬淵俊夫・杉下龍一郎・三輪嘉六・沢田正昭・三浦定俊編（2003）『文化財科学の事典』朝倉書店。
小川千代子・大西愛・高橋実編著（2003）『アーカイブ事典』大阪大学出版会。
文化財研究所東京文化財研究所編（2004）『文化財害虫事典　博物館・美術館におけるIPM（総合的害虫管理）推進のために』クバプロ。
文化財保存全国協議会編（2006）『遺跡保存の事典』平凡社。
三菱総合研究所（2008-2011）『博物館における施設管理・リスクマネージメントガイドブック　博物館における施設管理・リスクマネージメントに関する調査研究報告書』（全3冊）。
全日本博物館学会編（2011）『博物館学事典』雄山閣。
甲野正道著，全国美術館会議編（2019）『改訂新版　現場で使える美術著作権ガイド』美術出版社。
社会教育・生涯学習辞典編集委員会編（2012）『社会教育・生涯学習辞典』朝倉書店。
全国国宝重要文化財所有者連盟編（2013）『文化財保存・管理ハンドブック』全国国宝重要文化財所有者連盟。
椎名仙卓・青柳邦忠（2014）『博物館学年表　法令を中心に　1871→2012』雄山閣。
藤原工（2014）『学芸員のための展示照明ハンドブック　博物館と美術館の照明に役立つポイント』講談社。

日本ミュージアム・マネージメント学会事典編集委員会編集（2015）『ミュージアム・マネージメント学事典』学文社。
難波祐子（2015）『現代美術キュレーター・ハンドブック』青弓社。
東京国立近代美術館（2015）『No museum, no life？：これからの美術館事典：国立美術館コレクションによる展覧会』。
日本博物館協会編（2016）『博物館資料取扱いガイドブック　文化財，美術品等梱包・輸送の手引き［改訂版］』ぎょうせい。
青木豊・鷹野光行編（2017）『博物館学史研究事典』雄山閣。
全国大学博物館学講座協議会編（2018）『改訂増補　博物館学文献目録』雄山閣。

◆ 基礎資料

日本博物館協会編（1963-1964）『わが国の近代博物館施設発達資料の集成とその研究』（全3巻）日本博物館協会。
伊藤寿朗監修『博物館基本文献集』（全21巻）大空社。

　　第1巻　眼に訴へる教育機関［復刻版］（棚橋源太郎，1990）
　　第2巻　郷土博物館［復刻版］（棚橋源太郎，1990）
　　第3巻　仏蘭西博物館制度の調査［復刻版］（文部省普通学務局編，1990）
　　第4巻　新博物館態勢［復刻版］（藤山一雄，1990）
　　第5巻　博物館［復刻版］（濱田青陵，1990）
　　第6巻　博物館講習会要項・他［復刻版］（文部省編，1990）
　　第7巻　商品陳列所綜覧　第2回版［復刻版］（商品陳列所連合会編，1990）
　　第8巻　欧米博物館の施設［復刻版］（後藤守一，1990）
　　第9巻　常置観覧施設一覧［復刻版］（1990）
　　第10巻　大正五年一二月常置教育的観覧施設状況［復刻版］（文部省編，1991）
　　第11巻　世界の博物館［復刻版］（棚橋源太郎，1991）
　　第12巻　新しい博物館　その機能と教育活動［復刻版］（木場一夫，1991）
　　第13巻　博物館学綱要［復刻版］（棚橋源太郎，1991）
　　第14巻　見学・旅行と博物館［復刻版］（木場一夫・岩瀬俊助・関忠夫・岡義雄・浅井治平，1991）
　　第15巻　博物館教育［復刻版］（棚橋源太郎，1991）
　　第16巻　博物館・美術館史［復刻版］（棚橋源太郎，1991）
　　第17巻　博物館［復刻版］（棚橋源太郎，1991）

第18巻　博物館のはなし［復刻版］（青木国夫，1991）
第19巻　わたしたちの歴史研究博物館［復刻版］（関忠夫，1991）
第20巻　文化観覧施設一覧　昭和23年3月31日／公私立博物館等調査表　昭和26年1月20日／博物館調査　昭和28年5月1日（文部省編）［復刻版］（1991）
第21巻　観光資源要覧第四編陳列施設　昭和32年3月（運輸省観光局編）／学芸員講習講義要綱　昭和27年／学芸員講習講義要綱　昭和28年（文部省編）［復刻版］（1991）
別　巻　博物館学総論（鶴田総一郎）；各巻解説　ほか（1991）
別巻補遺　博物館関係単行書目録（志澤政勝編）

日本博物館協会編（2001）『再建日本の博物館対策；博物館学入門　他』（日本現代教育基本文献叢書，．社会・生涯教育文献集Ⅵ-56）日本図書センター。
国立教育政策研究所社会教育実践研究センター（2001 - 2010）『博物館に関する基礎資料』。
青木豊編（2016）『明治期博物館学基本文献集成』（全2巻）雄山閣。
青木豊・山本哲也編（2016）『大正・昭和前期博物館学基本文献集成』（全2巻）雄山閣。
青木豊編（2017）『棚橋源太郎博物館学基本文献集成』（全2巻）雄山閣。

◆ 講座，シリーズなど

古賀忠道・徳川宗敬・樋口清之監修（1978 - 1981）『博物館学講座』（全10巻）雄山閣出版。
佐々木晃彦監修（1994）『芸術経営学講座』（全4巻）東海大学出版会。
加藤有次・鷹野光行・西源二郎・山田英徳・米田耕司編（1999 - 2001）『新版　博物館学講座』（全9巻）雄山閣出版。
大堀哲監修（1999 - 2001）『博物館学シリーズ』（全7巻・別巻1）樹村房。
文化財保存修復学会編（1999 - 2013）『文化財の保存と修復』（全15巻）クバプロ。
（2003 - ）『アート・ドキュメンテーション叢書』勉誠出版。
大堀哲・水嶋英治編著（2012 - 2013）『新博物館学教科書』（全4巻）学文社。
（2012 - ）『学芸員の現場で役立つ基礎と実践』講談社。
（2014 - ）『シリーズ現代博物館学』朝倉書店。
（2017 - ）『博物館情報学シリーズ』樹村房。

日本と世界の主な博物館

◆ **日本の主な博物館**（開館年順）

1872　文部省博物館（東京都，現東京国立博物館）
1873　物品陳列所（新潟県），鎌倉宮宝物殿（神奈川県），江の島神社宝物陳列所（神奈川県）
1875　京都博物館（京都府），大坂博物場（大阪府）
1876　秋田博物館（秋田県），金沢博物館（石川県）
1877　教育博物館（東京都，現・国立科学博物館），小石川植物園（東京都，現東京大学大学院理学系研究科附属植物園），開拓使札幌博物場（北海道）
1878　工芸博物館（名古屋博物館）（愛知県）
1879　市立函館博物館（北海道），福岡博物館（福岡県）
1880　神奈川県物産陳列場（神奈川県）
1882　遊就館（東京都）
1885　浅草水族館（東京都）
1891　農業館（三重県，現神宮農業館）
1892　愛知教育博物館（愛知県）
1893　農事試験場付属展示室（東京都）
1895　帝国奈良博物館（奈良県，現奈良国立博物館）
1896　農商務省貿易品陳列館（東京都）
1897　帝国京都博物館（京都府，現京都国立博物館），鶴岡八幡宮宝物館（神奈川県）
1899　浅草公園水族館（東京都）
1902　郵便博物館（東京都，現郵政博物館）
1903　京都市動物園（京都府），堺市水族館（大阪府）
1905　特許品陳列館（東京都），金毘羅宮宝物館（香川県）
1909　表慶館（東京都），神宮徴古館（三重県）
1910　箕面動物園（大阪府）
1912　通俗教育館（東京都），防長教育博物館（山口県）
1913　平瀬貝類博物館（京都府），鹿児島県立図書館郷土博物室（鹿児島県）

1914	京都帝国大学文学部陳列館（京都府，現京都大学総合博物館），魚津水族館（新潟県）
1915	広島高等師範学校付属教育博物館（広島県，現広島大学総合博物館），大阪市天王寺動物園（大阪府），岡山通俗教育館（岡山県）
1916	鹿児島鴨池動物園（鹿児島県）
1917	大倉集古館（東京都），茨城県教育参考館（茨城県），福岡市立通俗博物館（福岡県）
1918	北海道家庭学校博物室（北海道），市立鶴舞公園附属動物園（愛知県）
1919	名和昆虫博物館（岐阜県）
1921	鉄道博物館（東京都），秩父鉱石標本陳列所（埼玉県），高野山霊宝館（和歌山県），津和野町郷土館（島根県）
1924	恩賜上野公園動物園（東京都，現恩賜上野動物園），京都府立植物園（京都府），山陰徴古館（鳥取県）
1925	電気博物館（東京都）
1926	東京府美術館（東京都，現東京都美術館），赤十字参考館（東京都），有鄰館（京都府）
1927	松島水族館（宮城県）
1928	早稲田大学坪内博士記念演劇博物館（東京都），國學院大學考古学資料室（東京都，現國學院大學博物館），鎌倉国宝館（神奈川県）
1929	山形県師範学校郷土室（山形県，現山形大学附属博物館），常陽明治記念館（茨城県，現幕末と明治の博物館），徴古館（長野県），熊本動物園（熊本県）
1930	黒田記念館（東京都），神奈川県立金沢文庫（神奈川県），中之島水族館（神奈川県），海外事情参考品室（奈良県，現天理大学附属天理参考館），大原美術館（岡山県）
1933	斎藤報恩会博物館（宮城県），大礼記念京都美術館（京都府）
1935	釧路市立郷土博物館（北海道），徳川美術館（愛知県），阪神水族館（大阪府）
1936	日本民藝館（東京都），大阪市立美術館（大阪府）
1937	東山動物園（愛知県），大阪市立電気科学館（大阪府）
1938	日本民族学会付属博物館（東京都），東日天文館（東京都）
1940	大和国史館（奈良県，現橿原考古学研究所附属博物館），池永美術館（兵庫県）

1941　根津美術館（東京都），長崎市立博物館（長崎県）

1946　北方文化博物館（新潟県），東京都薬用植物園（東京都），岐阜県立科学教育館（岐阜県）

1947　国立博物館（東京都，現東京国立博物館），本間美術館（山形県），茨城県立美術館（茨城県）

1948　松本市立博物館（長野県），滋賀県立産業文化館（滋賀県），倉敷民藝館（岡山県）

1949　国立科学博物館（東京都），国立自然教育園（東京都），南山大学人類学民俗学研究所付属陳列室（愛知県，現南山大学人類学博物館），原爆参考資料陳列室（広島県），鳥取県立科学博物館（鳥取県），高松市美術館（香川県），

1950　致道博物館（山形県），敦賀郷土博物館（福井県），大阪市立自然科学博物館（大阪府），別府市美術館（大分県）

1951　東京大学駒場博物館（東京都），文部省史料館（東京都），神奈川県立近代美術館（神奈川県），長岡市立科学博物館（新潟県），大町山岳博物館（長野県），高岡市美術館（富山県），名古屋市蓬左文庫（愛知県），市立神戸美術館（兵庫県，現神戸市立博物館），津山市立津山郷土館（岡山県），宮崎県立博物館（宮崎県）

1952　国立近代美術館（東京都，現東京国立近代美術館），ブリヂストン美術館（東京都），熊本市立熊本博物館（熊本県）

1953　目黒寄生虫館（東京都），三重県立博物館（三重県），鹿児島県立博物館（鹿児島県）

1954　武蔵野郷土館（東京都），江ノ島水族館（神奈川県），横須賀市自然・人文博物館（神奈川県），藤田美術館（大阪府），鹿児島市立美術館（鹿児島県）

1955　静岡考古資料館（静岡県），愛知県文化会館美術館（愛知県），鳥羽水族館（三重県），広島平和記念資料館（広島県）

1956　NHK放送博物館（東京都），熱海美術館（神奈川県，現MOA美術館），日本モンキーセンター（愛知県），竹島水族館（愛知県），日本民家集落博物館（大阪府），石橋美術館（福岡県）

1957　埼玉県立美術館（埼玉県），群馬県立博物館（群馬県），五島プラネタリウム（東京都）

1958　秋田市美術館（秋田県），碌山美術館（長野県），浜松市立郷土博物館（静岡県），島根県立博物館（島根県），県営牧野植物園（高知県）

- 1959 国立西洋美術館（東京都），秩父宮記念スポーツ博物館（東京都），陸前高田市立博物館（岩手県），石川県美術館（石川県），野田市郷土博物館（千葉県），山口県文書館（山口県），徳島県博物館（徳島県，現徳島県立博物館）
- 1960 五島美術館（東京都），大和文華館（奈良県），大阪市立博物館（大阪府，現大阪歴史博物館），日本民家集落博物館（大阪府），明石市立天文科学館（兵庫県）
- 1961 仙台市博物館（宮城県），サントリー美術館（東京都），東芝科学館（神奈川県，現東芝未来科学館），滋賀県立琵琶湖文化館（滋賀県），宇部市野外彫刻美術館（山口県），愛媛県立博物館（愛媛県）
- 1962 市立名古屋科学館（愛知県）
- 1963 国立近代美術館京都分館（京都府，現京都国立近代美術館），京都府立総合資料館（京都府）
- 1964 逓信総合博物館（東京都），長岡現代美術館（新潟県），科学技術館（東京都），新潟県美術博物館（新潟県），山形美術博物館（山形県），徳島県立鳥居記念博物館（徳島県）
- 1965 博物館明治村（愛知県），長崎県美術博物館（長崎県）
- 1966 東京大学総合研究資料館（東京都，現東京大学総合研究博物館），東京都高野自然科学博物館（東京都），山種美術館（東京都），出光美術館（東京都），熱田神宮宝物館（愛知県），西都原風土記の丘（宮崎県）
- 1967 北海道立美術館（北海道），旭山動物園（北海道），秋田県立美術館（秋田県），原爆の図丸木美術館（埼玉県），日本近代文学館（東京都），神奈川県立博物館（神奈川県）
- 1968 東京都公文書館（東京都），広島県立美術館（広島県）
- 1969 造幣博物館（大阪府），埼玉県立さきたま資料館（埼玉県，現埼玉県立さきたま史跡の博物館），箱根彫刻の森美術館（神奈川県），長野県信濃美術館（長野県），神戸市立考古館（兵庫県）
- 1970 福島県歴史資料館（福島県），鴨川シーワールド（千葉県），高岡市立博物館（富山県），兵庫県立近代美術館（兵庫県），和歌山県立近代美術館（和歌山県），足立美術館（島根県），佐賀県立博物館（佐賀県）
- 1971 国立公文書館（東京都），お札と切手の博物館（東京都），外務省外交資料館（東京都），北海道開拓記念館（北海道），山形県立博物館（山形県），埼玉県立博物館（埼玉県，現埼玉県立歴史と民俗の博物館），千葉県立上総博物館

(千葉県), 浜松市美術館 (静岡県), 和歌山県立博物館 (和歌山県), 紀伊風土記の丘資料館 (和歌山県), 岡山県立博物館 (岡山県), 福岡市立少年科学文化会館 (福岡県, 現福岡市科学館), 宮崎県総合博物館 (宮崎県)

1972 国立国文学研究資料館 (東京都), 栃木県立美術館 (栃木県), リッカー美術館 (東京都), 岡崎市美術館 (愛知県), 沖縄県立博物館 (沖縄県)

1973 札幌市資料館 (北海道), 青森県立郷土館 (青森県), ベルナール・ビュフェ美術館 (静岡県), 奈良県立美術館 (奈良県), 九州歴史資料館 (福岡県)

1974 東北歴史資料館 (宮城県), 群馬県立近代美術館 (群馬県), 茨城県立歴史館 (茨城県), 千葉県立美術館 (千葉県), 瑞浪市化石博物館 (岐阜県), 奈良県立民俗博物館 (奈良県), 北九州市立美術館 (福岡県)

1975 棟方志功記念館 (青森県), 秋田県立博物館 (秋田県), 西武美術館 (東京都), 飛鳥資料館 (奈良県), 北九州市立歴史博物館 (福岡県), 宮崎サファリパーク (宮崎県)

1976 東京都立第五福竜丸展示館 (東京都), 平塚市博物館 (神奈川県), 岐阜県博物館 (岐阜県), 愛媛県立歴史民俗資料館 (愛媛県), 硯銀山資料館 (島根県), 熊本県立美術館 (熊本県)

1977 国立民族学博物館 (大阪府), 国立国際美術館 (大阪府), 北海道立近代美術館 (北海道), 彰考館徳川博物館 (茨城県), 福井県立美術館 (福井県), 名古屋市博物館 (愛知県), 大分県立芸術会館 (大分県)

1978 古代オリエント博物館 (東京都), たばこと塩の博物館 (東京都), 刀剣博物館 (東京都), 山梨県立美術館 (山梨県), 愛知県陶磁資料館 (愛知県, 現愛知県陶磁美術館), ひろしま美術館 (広島県)

1979 群馬県立歴史博物館 (群馬県), 板橋区立美術館 (東京都), 原美術館 (東京都), 伊勢丹美術館 (東京都), 豊橋市美術博物館 (愛知県), 京都市考古資料館 (京都府), 岡山市立オリエント美術館 (岡山県), 広島県立歴史民俗資料館 (広島県), 山口県立美術館 (山口県), 福岡市美術館 (福岡県)

1980 岩手県立博物館 (岩手県), 埼玉県立民俗文化センター (埼玉県), 大宮市立博物館 (埼玉県, 現さいたま市立博物館), 太田記念美術館 (東京都), 富士サファリパーク (静岡県), 堺市立博物館 (大阪府), 佐賀県立九州陶磁文化館 (佐賀県)

1981 宮城県美術館 (宮城県), 埼玉県立自然史博物館 (埼玉県, 現埼玉県自然の博物館), セゾン現代美術館 (長野県), 新潟県立自然科学館 (新潟県), 富

山県立近代美術館（富山県），北九州市立自然史博物館，大分県立宇佐風土記の丘歴史民俗資料館（大分県，現大分県立歴史博物館）

1982　栃木県立博物館（栃木県），埼玉県立近代美術館（埼玉県），港区立港郷土資料館（東京都），山梨県立考古博物館（山梨県），マリー・ローランサン美術館（長野県），福井県立若狭歴史民俗資料館（福井県），名古屋大学総合研究資料館（愛知県，現名古屋大学博物館），三重県立美術館（三重県），岐阜県美術館（岐阜県），京都府立山城郷土資料館（京都府），大阪市立東洋陶磁美術館（大阪府），和歌山県立自然博物館（和歌山県）

1983　国立歴史民俗博物館（千葉県），東京都庭園美術館（東京都），東京富士美術館（東京都），北澤美術館（長野県），石川県立美術館（石川県），リトルワールド（愛知県），兵庫県立歴史博物館（兵庫県），田川市石炭資料館（福岡県，現田川市石炭・歴史博物館），北九州市立考古博物館（福岡県），佐賀県立美術館（佐賀県）

1984　福島県立美術館（福島県），いわき市立美術館（福島県），ギャラリー TOM（東京都），横浜こども科学館（横浜市），福井県歴史博物館（福井県），滋賀県立近代美術館（滋賀県）

1985　新潟県立近代美術館（新潟県），新潟市美術館（新潟県），こどもの城（東京都），貨幣博物館（東京都），品川区立品川歴史館（東京都），そごう美術館（神奈川県），岐阜市歴史博物館（岐阜県），おかざき世界子ども美術博物館（愛知県），広島市郷土資料館（広島県），福岡県立美術館（福岡県）

1986　世田谷美術館（東京都），石川県立歴史博物館（石川県），静岡県立美術館（静岡県）

1987　町田市立国際版画美術館（東京都），メナード美術館（愛知県）

1988　茨城県近代美術館（茨城県），東京ステーションギャラリー（東京都），川崎市民ミュージアム（神奈川県），名古屋市美術館（愛知県），豊橋市自然史博物館（愛知県），京都文化博物館（京都府），舞鶴引揚記念館（京都府），岡山県立美術館（岡山県）

1989　葛西臨海水族園（東京都），Bunkamura ザ・ミュージアム（東京都），航空科学博物館（千葉県），千葉県立中央博物館（千葉県），トヨタ博物館（愛知県），斎宮歴史博物館（三重県），大阪市立科学館（大阪府），広島県立歴史博物館（広島県），広島市現代美術館（広島県）

1990　札幌芸術の森美術館（北海道），水戸芸術館（茨城県），川村記念美術館（千

葉県），東京都写真美術館（東京都），滋賀県立陶芸の森（滋賀県），徳島県立近代美術館（徳島県），福岡県青少年科学館（福岡県）

1991 秋田県立農業科学館（秋田県），山形県立自然植物園（山形県），富山県立山博物館（富山県），松坂屋美術館（愛知県），大阪府立弥生文化博物館（大阪府），高知県立歴史民俗資料館（高知県），福岡市博物館（福岡県）

1992 郡山市立美術館（福島県），静嘉堂文庫美術館（東京都），東武美術館（東京都），愛知芸術文化センター愛知県美術館（愛知県），名古屋港水族館（愛知県），滋賀県立安土城考古博物館（滋賀県），兵庫県立人と自然の博物館（兵庫県），神戸市立小磯記念美術館（兵庫県），熊本県立装飾古墳館（熊本県）

1993 国立ハンセン病資料館（東京都），三の丸尚蔵館（東京都），江戸東京博物館（東京都），江戸東京たてもの園（東京都），四日市市立博物館（三重県），高知県立美術館（高知県）

1994 秋田県立近代美術館（秋田県），茨城県立自然博物館（茨城県），千葉県立現代産業科学館（千葉県），長野県立歴史館（長野県），トヨタ産業技術記念館（愛知県），大阪府立近つ飛鳥博物館（大阪府），奈義町現代美術館（岡山県），愛媛県歴史文化博物館（愛媛県），宮崎県立美術館（宮崎県），佐喜眞美術館（沖縄県）

1995 東京都現代美術館（東京都），千葉県立関宿城博物館（千葉県），千葉市美術館（千葉県），相模原市立博物館（神奈川県），神奈川県立生命の星・地球博物館(神奈川県)，横浜市歴史博物館（神奈川県），浜松市楽器博物館（静岡県），豊田市美術館（愛知県）

1996 群馬県自然史博物館（群馬県），岐阜かかみがはら航空宇宙博物館（岐阜県），滋賀県立琵琶湖博物館（滋賀県），浜田市世界こども美術館（島根県），山口県立萩美術館・浦上記念館（山口県），長崎原爆資料館（長崎県）

1997 宇都宮美術館（栃木県），NTT インターコミュニケーション・センター（東京都），ミホ ミュージアム(滋賀県)，キッズプラザ大阪（大阪府），神戸ファッション美術館（兵庫県）

1998 茨城県陶磁美術館（茨城県)，京都市学校歴史博物館（京都府），細見美術館（京都府），大塚国際美術館（徳島県），愛媛県美術館（愛媛県）

1999 昭和館（東京都），東京芸術大学大学美術館（東京都），東北歴史博物館（宮城県），富山県水墨美術館（富山県），名古屋ボストン美術館（愛知県），島根県立美術館（島根県），香川県立ミュージアム（香川県），福岡アジア美術

館（福岡県），大分市美術館（大分県）
2000 新潟県立歴史博物館（新潟県），うらわ美術館（埼玉県），印刷博物館（東京都），福井県立恐竜博物館（福井県），霧島アートの森（鹿児島県）
2001 岩手県立美術館（岩手県），群馬県立館林美術館（群馬県），日本科学未来館（東京都），三鷹の森ジブリ美術館（東京都），奈良県立万葉文化館（奈良県）
2002 ポーラ美術館（神奈川県），松本市美術館（長野県），岐阜県現代陶芸美術館（岐阜県），熊本市現代美術館（熊本県）
2003 森美術館（東京都）
2004 明治大学博物館（東京都），新潟市歴史博物館（新潟県），金沢21世紀美術館（石川県），岐阜県世界淡水魚水族館（岐阜県）
2005 九州国立博物館（福岡県），山梨県立博物館（山梨県），兵庫県陶芸美術館（兵庫県），島根県立石見美術館（島根県），香川県立東山魁夷せとうち美術館（香川県），長崎歴史文化博物館（長崎県），長崎県美術館（長崎県）
2006 青森県立美術館（青森県）
2007 国立新美術館（東京都），鉄道博物館（埼玉県），兵庫県立考古博物館（兵庫県），島根県立古代出雲歴史博物館（島根県），沖縄県立博物館・美術館（沖縄県）
2008 十和田市現代美術館（青森県）
2009 極小美術館（岐阜県）
2010 さいたま市大宮盆栽美術館（埼玉県），三菱一号館美術館（東京都），静岡市美術館（静岡県），ヤマザキマザック美術館（愛知県）
2011 藤子・F・不二雄ミュージアム（神奈川県）
2012 横尾忠則現代美術館（兵庫県）
2013 国立近現代建築資料館（東京都），アーツ前橋（群馬県），JPタワー学術文化総合ミュージアムインターメディアテク（東京都），岡田美術館（神奈川県）
2014 三重県総合博物館（三重県），あべのハルカス美術館（大阪府）
2015 北海道美術館（北海道），TAKAO 599 MUSEUM（東京都），大分県立美術館（大分県）
2016 すみだ北斎美術館（東京都），山梨県富士山世界遺産センター（山梨県），ふじのくに地球環境史ミュージアム（静岡県），久留米市美術館（福岡県）
2017 富山県美術館（富山県），高知県立高知城歴史博物館（高知県）
2018 国立映画アーカイブ（東京都），福井県年縞博物館（福井県）

◆ 世界の主な博物館（開館年順）

1635　王室薬草園（パリ，現パリ植物園）
1683　アシュモリアン博物館（オックスフォード）
1734　カピトリーノ博物館（ローマ）
1750　リュクサンブール美術館（パリ）
1753　大英博物館（ロンドン）
1759　王立キュー植物園（ロンドン）
1764　エルミタージュ美術館（サンクトペテルブルク）
1768　ロイヤル・アカデミー・オブ・アーツ（ロンドン）
1769　ウフィツィ美術館（フィレンツェ）
1790　国立中央文書館（パリ）
1793　共和国中央美術館（パリ，現ルーヴル美術館），自然史博物館（パリ，現国立自然史博物館）
1794　工芸技術博物館（パリ）
1795　フランス文化財博物館（パリ，現国立建築遺産博物館）
1800　国立美術館（アムステルダム）
1803　ブリュッセル美術館（ブリュッセル，現ベルギー王立美術館）
1814　インド博物館（コルカタ）
1818　王立博物館（リオデジャネイロ，現ブラジル国立博物館），シュテーデル美術館（フランクフルト）
1819　プラド美術館（マドリード）
1822　ペルー国立人類学考古学博物館（リマ），マウリッツハイス美術館（デン・ハーグ）
1824　ナショナル・ギャラリー（ロンドン）
1825　南アフリカ美術館（ケープタウン）
1827　オーストラリア博物館（シドニー）
1828　ロンドン動物園（ロンドン）
1829　アテネ国立考古博物館（アテネ）
1830　帝室美術館（ベルリン）
1832　イェール大学美術館（ニュー・ヘブン）
1833　フランス歴史博物館（ヴェルサイユ）
1836　アルテ・ピナコテーク（ミュンヘン）

1837　国立民族学博物館（ライデン）
1841　バーナムのアメリカ博物館（ニューヨーク）
1843　クリュニー美術館（パリ，現国立中世美術館）
1846　スミソニアン博物館（ワシントン）
1849　シンガポール国立博物館（シンガポール）
1852　産業博物館（ロンドン，現ヴィクトリア＆アルバート博物館），ゲルマン国立博物館（ニュルンベルク）
1853　フィッシュハウス［ロンドン動物園附属］（ロンドン）
1856　ナショナル・ポートレート・ギャラリー（ロンドン），地質博物館（オタワ，現カナダ歴史博物館）
1859　スコットランド国立美術館（エディンバラ）
1861　ヴィクトリア国立美術館（メルボルン）
1866　カルナヴァレ博物館（パリ），国立美術館（ストックホルム）
1868　インドネシア国立博物館（ジャカルタ）
1869　アメリカ自然史博物館（ニューヨーク）
1870　メトロポリタン美術館（ニューヨーク），ボストン美術館（ボストン）
1871　オーストリア国立工芸美術館（ウィーン）
1874　バンコク国立博物館（バンコク）
1877　国立博物館（ブルームフォンテーン）
1879　ギメ東洋美術館（パリ），シカゴ美術館（シカゴ），ベルン美術館（ベルン）
1880　カナダ国立美術館（オタワ）
1881　大英自然史博物館（ロンドン）
1882　トロカデロ民族誌博物館（パリ），ニイ・カールスベルグ・グリプトテク美術館（コペンハーゲン）
1887　オークランド美術館（オークランド）
1891　ニューヨーク植物園（ニューヨーク），スカンセン野外博物館（ストックホルム），美術史博物館／自然史博物館（ウィーン）
1893　シカゴ・コロンビアン博物館（シカゴ，現フィールド自然史博物館）
1895　ブルックリン美術館（ニューヨーク），アムステルダム市立美術館（アムステルダム）
1896　アルゼンチン国立美術館（ブエノスアイレス），コペンハーゲン国立美術館（コペンハーゲン）

1897　テート・ギャラリー（ロンドン）
1899　ブロンクス動物園（ニューヨーク），ブルックリン子供博物館（ニューヨーク）
1901　フィリピン国立博物館（マニラ），ホワイトチャペル・ギャラリー（ロンドン）
1902　エジプト考古学博物館（カイロ）
1903　オーストリア絵画館（ウィーン）
1908　台湾総督府博物館（台北，現国立台湾博物館）
1909　科学博物館（ロンドン）
1910　国立自然史博物館（ワシントン），ロサンゼルス・カウンティ美術館（ロサンゼルス），チューリヒ美術館（チューリヒ），ケニア国立博物館（ナイロビ）
1912　アレクサンドル3世芸術博物館（モスクワ，現プーシキン美術館）
1913　ボストン・チルドレンズ・ミュージアム（ボストン）
1915　朝鮮総督府博物館（ソウル，現韓国国立中央博物館）
1925　ドイツ博物館（ミュンヘン），故宮博物院（北京）
1927　オランジュリー美術館（パリ）
1929　ニューヨーク近代美術館（ニューヨーク）
1930　シェッド水族館（シカゴ）
1931　ホイットニー美術館（ニューヨーク）
1933　科学産業博物館（シカゴ）
1935　満洲国国立博物館（奉天）
1937　人類博物館（パリ），樺太庁博物館（サハリン，現サハリン州郷土博物館）
1941　ナショナル・ギャラリー・オブ・アート（ワシントン）
1945　国立民族博物館（ソウル，現韓国国立民俗博物館）
1947　サンパウロ美術館（サンパウロ），インスティテュート・オブ・コンテンポラリー・アーツ／ICA（ロンドン）
1949　インド国立博物館（ニューデリー），国立北京歴史博物館（北京，現中国国家博物館）
1952　上海市立博物館（上海，現上海博物館）
1953　ヤド・ヴァシェム［ホロコースト記念館］（エルサレム）
1956　アメリカ国立鉄道博物館（グリーンベイ）
1958　ルイジアナ近代美術館（フムレベック）

1959	ソロモン・R・グッゲンハイム美術館（ニューヨーク）
1963	中国美術館（北京），マレーシア国立博物館（クアラルンプール）
1964	国立グランパレ美術館（パリ），メキシコ国立人類学博物館（メキシコシティ）
1965	国立故宮博物院（台北）
1966	ベトナム国立美術館（ハノイ）
1969	エクスプロラトリアム（サンフランシスコ），国立現代美術館（ソウル）
1970	サーペンタイン・ギャラリー（ロンドン）
1971	P.S.1 コンテンポラリー・アート・センター（ニューヨーク）
1973	ゴッホ美術館（アムステルダム）
1975	戦争証跡博物館（ホーチミン），イギリス国立鉄道博物館（ヨーク）
1976	国立航空宇宙博物館（ワシントン），アール・ブリュット・コレクション（ローザンヌ）
1977	ジョルジュ・ポンピドゥー国立芸術文化センター（パリ），バンコク国立美術館（バンコク），ニュー・ミュージアム・オブ・コンテンポラリー・アート（ニューヨーク）
1979	秦始皇兵馬俑博物館（西安），ロサンゼルス現代美術館（ロサンゼルス）
1983	台北市立美術館（台北）
1985	国立ピカソ美術館（パリ），ロイヤル・ティレル古生物学博物館（ドラムヘラー）
1986	オルセー美術館（パリ），シテ科学産業博物館（パリ），国立現代美術センター・グルノーブル（グルノーブル）
1988	テート・リバプール（リバプール）
1990	ヴァーサ号博物館（ストックホルム）
1991	シドニー現代美術館（シドニー）
1992	国立ソフィア王妃芸術センター（マドリード）
1993	テート・セント・アイヴス（セント・アイヴス）
1995	バルセロナ現代美術館（バルセロナ）
1996	ハンブルガー・バーンホフ現代美術館（ベルリン），シンガポール国立美術館（シンガポール）
1997	ビルバオ・グッゲンハイム美術館（ビルバオ），カールスルーエ・アート・アンド・メディア・センター（カールスルーエ）

1998	ニュージーランド国立博物館テ・パパ・トンガレワ(ウェリントン)
2000	テート・モダン(ロンドン), 国立21世紀美術館(ローマ), 国立第二次世界大戦博物館(ニューオーリンズ)
2001	テート・ブリトン(ロンドン), ベルリン・ユダヤ博物館(ベルリン)
2004	サムスン美術館リウム(ソウル)
2005	パウル・クレー・センター(ベルン)
2006	ケ・ブランリ美術館(パリ), イニョチン(ブルマジーニョ)
2009	アクロポリス博物館(アテネ)
2010	ポンピドゥ・センター・メス(メス)
2012	ルーヴル美術館ランス別館(ランス), 中華芸術宮(上海)
2014	9/11メモリアル・ミュージアム(ニューヨーク)
2015	シンガポール国立近現代美術館(シンガポール)
2017	ルーヴ・アブダビ(アブダビ)

博物館・博物館学の関連団体

◆ 機関・団体
ICOM（International Council of Museums；国際博物館会議）
文部科学省・文化庁
文化財活用センター／文化財防災センター（独立行政法人国立文化財機構）

◆ 協会・協議会
公益財団法人日本博物館協会
全国科学博物館協議会
全国科学館連携協議会
日本プラネタリウム協議会
日本動物園水族館協会
日本植物園協会
全国文学館協議会
大学博物館等協議会
全国歴史資料保存利用機関連絡協議会
全国歴史民俗系博物館協議会
全国大学博物館学講座協議会
全国美術館会議

◆ 学　会
日本社会教育学会／全日本博物館学会／文化経済学会／日本アートマネジメント学会／日本ミュージアム・マネージメント学会／日本展示学会／一般社団法人文化財保存修復学会／日本文化財科学会／アート・ドキュメンテーション学会

◆ ネットワーク
歴史資料ネットワーク
特定非営利活動法人西日本自然史系博物館ネットワーク

博物館に関連する主な法令

※URL がないものについては,「e-Gov 法令検索」(http://elaws.e-gov.go.jp/search/elawsSearch/elaws_search/lsg0100/) で検索できる。

◆ 博物館法関連法規
社会教育法
博物館法
博物館法施行令
博物館施行規則
博物館の設置及び運営上の望ましい基準
  http://www.mext.go.jp/a_menu/01_l/08052911/1282457.htm
学芸員補の職と同等以上の職の指定する件
  http://www.mext.go.jp/a_menu/01_l/08052911/1282494.htm

◆ 博物館に関わる重要法令
文化芸術基本法
文化財保護法
重要文化財の所有者及び管理団体以外の者による公開に係る博物館その他の施設の承認に関する規程
  http://www.bunka.go.jp/seisaku/bijutsukan_hakubutsukan/shoninshisetsu/pdf/kitei.pdf
美術品の美術館における公開の促進に関する法律
展覧会における美術品損害の補償に関する法律
動物の愛護及び管理に関する法律
著作権法

◆ 博物館に関わる国際条約
文化財の不法な輸入，輸出及び所有権譲渡の禁止及び防止の手段に関する条約
  http://www.mext.go.jp/unesco/009/003/010.pdf
世界の文化遺産及び自然遺産の保護に関する条約
  http://www.mext.go.jp/unesco/009/003/013.pdf

◆ 博物館に関わるユネスコ総会で採択された勧告

博物館及びその収集品並びにこれらの多様性及び社会における役割の保護及び促進に関する勧告（採択：2015年　第38回ユネスコ総会）
　　http://www.mext.go.jp/unesco/009/1393875.htm

文化財の国際交換に関する勧告（採択：1976年　第19回ユネスコ総会）
　　http://www.mext.go.jp/unesco/009/1387309.htm

文化遺産及び自然遺産の国内的保護に関する勧告（採択：1972年　第17回ユネスコ総会）
　　http://www.mext.go.jp/unesco/009/1387190.htm

文化財の不法な輸出，輸入及び所有権譲渡の禁止及び防止の手段に関する勧告（採択：1964年第13回ユネスコ総会）
　　http://www.mext.go.jp/unesco/009/1387149.htm

博物館をあらゆる人に開放する最も有効な方法に関する勧告（採択：1960年　第11回ユネスコ総会）
　　http://www.mext.go.jp/unesco/009/1387063.htm

◆ 博物館関係者の職業倫理規定と行動規範

国際博物館会議職業倫理規定
　　https://www.j-muse.or.jp/icom/ja/pdf/ICOM_rinri.pdf

博物館の原則　博物館関係者の行動規範（日本博物館協会）
　　https://www.j-muse.or.jp/02program/pdf/2012.7koudoukihan.pdf

美術館の原則と美術館関係者の行動指針（全国美術館会議）
　　http://www.zenbi.jp/getMemFile.php?file=file-3-536-file-1.pdf

文化財の保存にたずさわる人のための行動規範（文化財保存修復学会）
　　https://jsccp.or.jp/abstract/regulate_08.html

（注記）
　博物館関係の法律，政令，省令，告示，報告等，博物館の設置・活動等に対する主な補助制度，博物館に関連する答申，建議，報告等，博物館についての国際的規程，条約等，博物館に関する基本データについて網羅的に収録したものに「博物館に関する基礎資料」（国立教育政策研究所）がある。令和3年版はこちら（https://www.nier.go.jp/jissen/book/r03/pdf/r03museum_base_all.pdf）。

博物館法の提案理由について（1951年）

　このたび提出いたしました博物館法案について御説明申しあげます。
　わが国が，文化的な国家として健全な発達を図るためには，いろいろな方策が考えられましようが，国民の教養及び識見を昂める教育の力が最も大きな原動力となることは今改めて申し上げるまでもありません。
　併しながら，わが国においては往々にして学校教育を重視し社会教育の面に力をおよぼさなかつたうらみがあるのでありまして，国民の自主的な教育活動を促進する環境は，まことに貧弱を極めておるのであります。学校における学習活動と，実際生活における自己教育活動とは，当然，相まつて行われるべきでありまして，かくしてこそ真の教育の目的が達成され文化国家の理想も実現できるものとであります。
　戦後，社会教育法，図書館法が相次いで制定され，公民館，図書館が活溌な社会教育活動の中心機関として広く国民の利用に公開されておりますことは，御同慶に堪えません。しかし，一方において，実物教育機関としての博物館が，社会教育法に「別に法律をもつて定める」と規定されながら，現在何等の保護助成の道が講ぜられずにいたのでありまして，近時，視聴覚教育の重要性が痛感される折柄，誠に遺憾に思うのであります。特に，わが国においては，その国がらから貴重な文化財が豊富にあるにかかわらず，十分な活用が行われず却つて文化財を損耗しつつあつたと申しても過言ではないのでありまして，視聴覚教育機関としての博物館の整備充実を図ることはまさに緊急の要務であります。
　については，この博物館の健全な発展を図るために，大要次のごとき事項を規定した法律案を提出したのであります。即ち，第一には，新しい博物館の性格を明かにしてその本来の機能を確立し，博物館が教育委員会の所管に属することを明確にしたことであります。
　第二には，博物館の職員制度を確立し，専門的職員の資格及び養成の方法を定め，博物館の職員組織を明らかにしたことであります。
　第三には，博物館の民主的な運営を促進するために博物館協議会を設け，土地の事情にそつた博物館のあり方を規定したことであります。
　第四には，公立博物館に対する国庫補助金交付の規定を設け，その維持運営の奨励的補助を行うことにしたのであります。
　第五には，博物館資料の輸送料についての規定を設け，特に私立博物館については，固定資産税，市町村民税，入場税の課税の免除を規定し，私立博物館の独自な運営発展を促進するようにしたことであります。
　以上が，この法律案の骨子でありますが，なお細目に亘つては浦口委員から御説明を聞いて頂くことにいたしますが，博物館の主要性にかんがみまして，十分に審議の上御賛成下さるようお願い申上げます。

＊出典：第012回国会　文部委員会　第11号　昭和二十六年十一月二十一日（水曜日）
　http://kokkai.ndl.go.jp/SENTAKU/sangiin/012/0804/01211210804011a.html

博物館法の条文解説

第1章　総則

(この法律の目的) 冒頭の第1条では博物館法の目的が語られており，社会教育法の精神に基き，博物館の設置及び運営に関して必要な事項を定めるとともに，「その健全な発達を図り，もつて国民の教育，学術及び文化の発展に寄与することを目的とする。」としている。

(定義) 続く第2条では博物館法上の「博物館」の定義を定めている。まず博物館という機関の目的を掲げ，「歴史，芸術，民俗，産業，自然科学等に関する資料を収集し，保管（育成を含む。以下同じ。）し，展示して教育的配慮の下に一般公衆の利用に供し，その教養，調査研究，レクリエーション等に資するために必要な事業を行い，あわせてこれらの資料に関する調査研究をすること」としている。「育成を含む」とあるのは，動物園，植物園，水族館の活動を意識しての表現である。国際博物館会議（ICOM）の1951年の定款における博物館の定義では「博物館とは，芸術，歴史，科学および技術関係の収集品，ならびに植物園，動物園，水族館等，文化的価値のある資料，標本類を，各種の方法で保存し，研究し，その価値を高揚し，なかんずく公衆の慰楽と教育に資するために公開することを目的として，公共の利益のために経営されるあらゆる恒常的施設をいう。」とされており，概ねそれに沿うものとなっている。

　その上で設置主体に言及し，地方公共団体，一般社団法人若しくは一般財団法人，宗教法人又は政令で定めるその他の法人（独立行政法人を除く）が設置するもので第2章の規定による登録を受けたものを「博物館」としている。ここでいう政令で定める法人とは博物館施行令で定められた法人のことを言い，日本赤十字社と日本放送協会の名が掲げられている。なお，独立法人が除かれているため，国立の博物館，美術館は登録博物館に該当しないことになる。

　次に第3章と第4章で扱われる「公立博物館」と「私立博物館」についても定義しており，前者を「地方公共団体の設置する博物館」であるとし，後者を「一般社団法人若しくは一般財団法人，宗教法人又は前項の政令で定める法人の設置する博物館」であるとしている。また，この法律における「博物館資料」についても「博物館が収集し，保管し，又は展示する資料」と定義されているが，最近の改正で

「電磁的記録（電子的方式，磁気的方式その他人の知覚によっては認識することができない方式で作られた記録をいう。）」が含まれることが明示された。

(**博物館の事業**) 第3条では前条で示された目的を達成するためになされるべき博物館の事業が11項目にわたって列挙される。一から七までが博物館の内部で行われる博物館資料に関わる基本的な事業である。最初に博物館資料の範囲を「実物，標本，模写，模型，文献，図表，写真，フィルム，レコード等」と明示し，それを「豊富に収集し，保管し，及び展示する」ことが第一の事業であるとしている。次いで分館の設置に関わる事項，一般公衆に対する活動と設備に関する事項が設けられ，さらに調査研究活動として「博物館資料に関する専門的，技術的な調査研究」および「博物館資料の保管及び展示等に関する技術的研究」が挙げられている。さらに，博物館資料に関する印刷物や年報等の作成，頒布，博物館資料に関する講演会等の事業の主催について言及がなされている。

　8項目からは博物館の外部と関係する，または博物館に付随する事業に関する項目で，文化財法の適用を受ける文化財の解説等に関わること，他の博物館との多面的な連携協力に関わること，他の教育，学術，文化に関する施設との協力および地域連携等に関することに加え，新たに社会教育における学習の成果を生かした教育活動の場（例えばガイドボランティア）を与え奨励することが加わったことは注目される。

(**館長，学芸員その他の職員**) 第4条から第7条までは博物館の職員に関する条文である。第4条1項には，「博物館に，館長を置く」とあり，「館務を掌理し，所属職員を監督して，博物館の任務の達成に努める。」と職務内容が明示されている。しかしながら，次に言及される学芸員と異なり，館長にはその職に求められる属性が示されておらず，極端に言えば無資格・無経験でもよいことになる。実際，館長職が役所の出先機関における行政職の一昇進ポスト化，あるいはお役人や学識経験者による天下り的な名誉職化が常態化している。今なおこの条項が，わが国独自の由々しき慣行が生まれる余地を残すもののままであることは残念なことである。図書館の館長については「図書館の設置及び運営上の基準」（1992）において「館長となる者は，司書となる資格を有する者が望ましい。」という方向性が出されたのに反して，博物館の館長については依然そうした方向性は打ち出されておらず，館長の専門職員化，常勤職化に向けて大きな宿題が残っていると言えよう。

　第4条第3項には「博物館に，専門的職員として学芸員を置く。」とあり，博物館法ではじめて学芸員の呼称が登場する。学芸員の職務については，第4項に「博

物館資料の収集，保管，展示及び調査研究その他これと関連する事業についての専門的事項をつかさどる。」と規定されているが，欧米の博物館では専門的職員が調査研究，教育，保存・修復，登録・管理，渉外・広報等のスペシャリストに専門分化していったのに対し，わが国の博物館において専門的職員たる学芸員が幅広い仕事をこなすジェネラリスト（自嘲気味に雑芸員とも称される）であり続けていることの一因はこの条項にある。もちろん，博物館法において学芸員が必置とされたことは，その後の博物館の発展に不可欠のことであったことは認めなければなない。図書館法においては「公立図書館に館長並びに当該図書館を設置する地方公共団体の教育委員会が必要と認める専門的職員，事務職員及び技術職員を置く。」（第13条）とされているが，「必要と認める」という文言が入ったため専門的職員である司書が必置とされないという設置者に都合のよい解釈の余地が残され，禍根を残していることとは対照的である。

　第4条4項と5項には，「学芸員補」についての言及がある。必置の館長と学芸員のほかにおくことできる職員のなかに位置付けられており，学芸員の職務を助ける職員としてその職務が定められている。2015年度の統計では，登録館と相当施設の学芸員数が4738であるのに対して，学芸員補数は725となっている。

（学芸員の資格） 学芸員の資格については第5条に定められている。もっとも一般的な資格取得の方法は，一号の「学士の学位を有する者で，大学において文部科学省令で定める博物館に関する科目の単位を修得したもの」に該当することである。博物館施行規則（1955）成立時の習得すべき科目と単位は5科目10単位（博物館学4単位，教育原理1単位，社会教育概論1単位，視聴覚教育1単位，博物館実習3単位）であった。博物館実習については，登録博物館もしくは博物館に相当する施設における実習により修得するものとするとされているが，「大学においてこれに準ずると認めた施設を含む」との補足が付けられている。

　その後の度重なる改正を経て2012年度入学生から8科目12単位から9科目19単位（「博物館法施行規則」第1章）に拡充されている。博物館資料保存論と博物館展示論が新設され，博物館経営論，博物館教育論が強化された背景には，「新しい時代の博物館制度の在り方について」（文部科学省，2007）で示されたように，現代の学芸員に対して，資料およびその専門分野に必要な知識および研究能力，資料に関する収集・保管・展示等の実践技術，高いコミュニケーションの能力を発揮し教育活動を展開できる能力，一連の博物館活動を運営管理できる能力，という実に幅広い能力を兼ね備えていることが，同時に求められるようになったことがある。「雑

芸員」として自らを卑下するのではなく，いわば歌って踊れる「学芸人」として前向きに活動する学芸員が求められるようになったと言えよう。

　なお，現在学芸員資格には教職免許状のような資格証明書は発行されない。1967年以前には「学芸員資格証明書」が発行されていたが，事務手続き改善のためとり止めになり，資格を明らかにする必要がある場合には博物館に関する科目の「単位取得証明書」を提出することになっている（文社社第48号　社会教育局長通知）。所定の単位取得のほかには，「施行規則」第2章で定められた試験認定もしくは審査認定によって資格認定を受ける方法も存在している。

　なお，制定当初の博物館法には「学芸員は，そのつかさどる専門的事項の区分に従い，人文科学学芸員又は自然科学学芸員と称する。」（第4条5項）という条項があった。その後，「地方博物館の多くは，その性格上総合博物館として運営されるものが多いこと及び博物館職員の人事交流の円滑化等を図るためにも学芸員の種別を廃止することが適当であると考えられるため」（文社施第100号　文部省社会教育局長通達），1955年に「学芸員」の職名に一元化された。

　博物館法公布直後は，学芸員を資格附与するために文部大臣の委嘱による学芸員資格附与講習が行われた。主に現職者の資格取得を意識して設けられたもので，博物館法の経過措置の附則のなかで，一定の要件を満たす現職者に対して3年間の時限つきで学芸員資格暫定資格者とし，法制定後3年の間に講習を受講することにより資格を付与することとしたのであった。

　委嘱を受けた日本博物館協会が実施した第1回講習は東京芸術大学で1952年7月21日から8月28日まで行われ，その後受講者は東京国立博物館，国立科学博物館，上野動物園に分かれて3週間の実習を行ったとされる。35名の出講したこの講習には『学芸員講習講義要綱』が準備され，46名が合格した。「わが国の教育の現状」（文部省，1953年度）では，「博物館の専門職員たる学芸員は，約500名であるが［筆者註：1953年7月現在，学芸員暫定資格者数は474名を数えた］，この数は本務・兼務を合しての総数である。したがつて，これを1館平均にすると僅か2人の学芸員しか配置されていない実情である。しかも，本務者と兼務者との割合はおよそ，1対3であるので，館によっては全然本務者を有していないものもあるわけである。／現在の博物館が，かような現状でともかく活動しているなかには，博物館関係機関の職員の協力を多く得ていることを見逃し得ない。学校教員・試験所および実験所職員等の協力援助によることが多いが，博物館最低必要職員をこれらの人々によって補充している実情においては，博物館本来の目的はなかなか実現され

ないであろう。学芸員の確保こそ現在の博物館にとって最も緊急の問題であり，最も困難な問題ともなっている。」というひっ迫した現状認識が記されている。3回の講習を経た1955年には，「学芸員暫定資格者の大多数はこの講習を受講し，正規の資格を取得したので，過去の経験にかんがみ，一時的長期にわたる講習の受講は，博物館職員の実情にてらして今後においては困難と思われる」（文社施第100号　文部省社会教育局長通達）という認識に至り，現在の資格認定制度に改められた。ちなみに，大学における博物館学の授業は1952年の後期に立教大学で棚橋源太郎によって行われたのが嚆矢であるとされる。

　なお，公文書館法（1988年）において「公文書館には，館長，歴史資料として重要な公文書等についての調査研究を行う専門職員その他必要な職員を置くものとする。」（第4条2項）とされているのも拘わらず，附則に「当分の間，地方公共団体が設置する公文書館には，第4条第2項の専門職員を置かないことができる。」という条項が加えられている。公文書館における専門職員の確立のためには，できるだけ早く専門職員の資格を設け，資格付与の講習などを活用して専門職員を養成していく方策が望まれる。

(学芸員補の資格) 第6条では学芸員補の資格が定められるが，資格要件としては「大学に入学することのできる者」とあるのみである。大学進学率が50％を超える現在とは異なり，まだ10％前後にとどまっていた博物館法制定時に学士を資格要件としたことは学芸員の専門性を強く意識したものであった。しかしながら，学芸員資格制度をゼロから立ち上げるにあたり，博物館の現職者に学芸員資格を取得させる方策を整備することの方が焦眉の課題であった。学芸員資格の要件に次の三つ（大学に2年以上在学し，博物館に関する科目の単位を含めて62単位以上を修得した者で，3年以上学芸員補の職にあったもの，大学に2年以上在学し，62単位以上を修得し，3年以上学芸員補の職にあった者で，第6条の規定による学芸員の講習において博物館に関する科目の単位を修得したもの，6年以上学芸員補の職にあった者で，第6条の規定による学芸員の講習において博物館に関する科目の単位を修得したもの）を追加し，経験を積んだ現職者を学芸員制度に取り込んだのであった。その際の「学芸員補の職」は附則で，文部大臣の指定する博物館に相当する施設における学芸員補の職に相当する職もしくはこれと同等以上の職とされている。

(学芸員及び学芸員補の研修) 2008年の博物館法改正では，学芸員及び学芸員補の研修について定めた第7条が設けられ，文部大臣と都道府県の教育委員会が学芸員や学芸員補に対して，「その資質の向上のために必要な研修を行うよう努めるもの

とする」という条文が付加された。それまでは学芸員や学芸員補に対する研修は，次に触れる設置及び運営上望ましい基準においてのみ条文が設けられていたものであった。

(設置及び運営上望ましい基準) 第8条には，当初から「文部大臣（現文部科学大臣）は，博物館の健全な発達を図るために，博物館の設置及び運営上望ましい基準を定め，これを公表するものとする。」という条文があったが，現実に「公立博物館の設置及び運営に関する基準」が告示されたのはようやく1973年のことであった。この基準は長らく博物館の水準の向上に大きな役割を果たしたが，政府の地方分権推進と基準の大綱化，弾力化の流れのなかで1998年に改正された。さらに2003年には「公立博物館の設置及び運営上の望ましい基準」に転換が図られた。さらにこの望ましい基準は，博物館法の改正と住民の博物館に対する需要の高度化・多様化，博物館経営の安定性・説明責任等における課題，地方財政の状況悪化に伴う関係予算の減，人員の不足，指定管理者制度の導入等が意識され，2011年に私立博物館も含む形で「博物館の設置及び運営上の望ましい基準」として全面改正された。

　1973年の基準は，施設と設備，施設の面積，資料数，開館日，職員数等について具体的な基準を定めたもので，目録の作成等，入場制限等，職員の研修についても基準が示された。特に第12条の「都道府県および政令指定都市の設置する博物館には，17人以上の学芸員または学芸員補をおくものとし，市（指定都市を除く）町村の設置する博物館には，6人以上の学芸員または学芸員補を置くものとする」という基準は，次々に新設される博物館の計画に大きな意義を持つものであった。その内訳は，「教育活動及び資料に関する研究を担当する者」と「1次資料の収集，保管，展示等を担当する者」に大別され，都道府県立・指定都市立には「2次資料の収集，保管等を担当する者」1名が加えられた。残念ながらこれらの数値基準は1998年の改正で取り払われ，「博物館の規模及び活動状況に応じて学芸員の数を増加するように努めるものとする」というあいまいな表現に後退してしまった。

　2003年の改正においては，具体的な必要な施設や設備，資料数についての記述は消え，学校，家庭及び地域社会との連携等，事業の自己評価等についての条文が新たに付け加わった。また，情報化社会の進展の中でのインターネットの活用についても触れられている。

　2011年の改正においては，博物館の質の向上に関する規定の整備として，基本的な運営の方針や，事業年度ごとの事業計画の策定・公表等，各職員の専門的能力の育成，職員の適切な配置に向けた運営体制の整備を促すこととし，博物館の安定的

運営を確保するための規定の整備として，指定管理者制度を導入した場合において設置者と管理者の緊密な連携により事業の継続的・安定的な実施の確保等を図りながら本基準に定められた事項を実施し，博物館が休止・廃止する場合には，他の博物館等への譲渡等により，所蔵資料を適切に保管活用することを促した。さらに，住民の博物館の需要の高度化・多様化に関する規定の整備として，資料等に関する専門的・技術的な調査研究の実施，その成果の公表及び活用，青少年・高齢者・障害者・外国人・乳幼児の保護者など，利用者に応じたサービスの実施や施設・設備の整備を求め，危機管理についても手引書の作成，関係機関と連携した訓練の定期的な実施等の措置を促した。

なお，成立時の博物館法には博物館資料の日本国有鉄道による輸送に関する運賃及び料金に関する条文を記した第9条があったが，現在ではそのような輸送に関する優遇措置（国鉄輸送料金の3割引）は存在せず，博物館の設置及び運営に関する専門的，技術的な指導，助言等について記した第7条とともに，条文ごと削除された。

（運営の状況に関する評価等）（運営の状況に関する情報の提供） 今回の博物館法の改正では，新たな条文として第9条において博物館の運営の状況についての評価と改善，情報公開を行うことが努力目標として明示された。それぞれの館はその使命を明らかにするとともに，各年度の目標・指標を設定し，年度終了後に自己評価と外部評価により運営状況の評価をして次に活かしていくシステムづくりが必要とされたのである。社会教育調査によれば，2014年度に開館した登録館，相当施設1,240館の内，運営状況の評価を実施したのが623で，内部評価が572，外部評価が282，結果の公表は344であった。

第2章　登録

（登録） 第10条には，博物館の設置には博物館登録原簿への登録が必要なことが記される。長らく登録原簿は当該博物館の所在する都道府県の教育委員会に備えるものであったが，2014年には，当該博物館（都道府県が設置するものを除く。）が指定都市（地方自治法（1947年法律第67号）第252条の19第1項の指定都市をいう。）の区域内に所在する場合にある場合は，当該指定都市の教育委員会に備えるものとなった。

（登録の申請） 第11条では博物館の登録に必要な申請書類と添付資料が具体的に示される。博物館登録原簿を備える教育委員会に提出する必要があるのは，設置者の

名称（私立博物館にあつては設置者の住所も），名称，所在地を記した登録申請書である。併せて添付が必要な書類は，公立博物館においては，設置条例と館則の写し，博物館の建物と土地の面積を記した書面とその図面，当該年度の事業計画書と予算の歳出についての見積り書類，博物館資料の目録，館長及び学芸員の氏名を記載した書面である。私立博物館についてもほぼ同様の書類が必要である。

（登録要件の審査） 第12条では，登録審査の要件が四つ示される。最初の三つは，第２条第１項で規定された目的を達成するために必要な博物館資料，学芸員その他の職員，建物及び土地があることで，もう一つは，１年を通じて150日以上開館すること，である。なお，博物館法の施行の直後の1952年の５月には，「博物館の登録審査基準要項について」という社会教育局長通達（文社施第191号）が出されている。博物館資料，学芸員その他の職員，建物および土地，開館日数等についての留意事項が記されている。たとえば建物と土地については，博物館，美術館が約50坪以上の建物，動物園と植物園は約500坪以上の土地など，具体的な数値も記されている。職員については館長と学芸員は兼ねることができるとされている。前に触れた「公立博物館の設置及び運営に関する基準」が定められた1973年以前に存在していた基準としても注目される。

　この他第２章では，登録事項等の変更，登録の取消，博物館の廃止，規則への委任についての条文が続いている。都道府県の教育委員会による登録博物館についての文部大臣への報告の義務を記した第17条は現在の法律では削除されている。

　2015年の統計によれば，登録博物館は895あり，1953-1955年に登録された館が50，1956-1965年が38，1966-1975年が91，1976-1985年が195，1986-1995年が217，1996-2005年が212，2006-2015年が92，となっている。

第３章　公立博物館

（設置） 第18条では，公立博物館の設置に関する事項を，当該博物館を設置する地方公共団体の条例で定めなければならないとしている。例えば，東北歴史博物館には「歴史博物館条例」（宮城県）が制定されている。

（所管） 第19条では，公立の登録博物館の所管が地方自治体の教育委員会に属することが明記されている。現実には文化行政の推進のため公立の博物館がいわゆる首長部局の所管に設置される事例が増大したため，そうした博物館を博物館法に適切に位置づけるため，やはり教育委員会が所管しなければならないとされていた公立の「博物館に相当する施設」の所管に関して変更がなされた（第５章参照）。

(**博物館協議会**) 第20条では，公立博物館に，博物館の運営に関し館長の諮問に応じ，館長に対し意見を述べる機関として，博物館協議会を置くことができるとしている。例えば，名古屋市博物館には「名古屋市博物館協議会」が設置されている。博物館協議会の委員は，当該博物館を設置する地方公共団体の教育委員会が任命し，博物館協議会の設置，その委員の任命の基準，定数及び任期その他博物館協議会に関し必要な事項は，当該博物館を設置する地方公共団体の条例で定めることとしている。なお，委員の任命の基準については，博物館法施行規則第3章に「学校教育及び社会教育の関係者，家庭教育の向上に資する活動を行う者並びに学識経験のある者の中から任命することとする」と定められている。最近では，名古屋市博物館をはじめ，市民の立場からの意見を取り入れるために公募委員を設けている博物館も現れている。ただし，協議会が意見を聞きおくだけの場として形骸化している懸念もあり，今後のあり方に注視が必要である。なお，2015年の統計では，登録館，相当施設1,256のうち，博物館協議会を設置しているのは664である。

(**入館料等**) 第23条では，「公立博物館は，入館料その他博物館資料の利用に対する対価を徴収してはならない」ことが明記されている。図書館法で「公立図書館は，入館料その他図書館資料の利用に対するいかなる対価をも徴収してはならない。」(第17条) と規定されているのと同じである。しかしながら，博物館法においては，「博物館の維持運営のためにやむを得ない事情のある場合は，必要な対価を徴収することができる。」という但し書きがある。実際にはこの但し書きにより入館料無料の規定はほぼ有名無実化しており，2015年の統計によれば，地方自治体が設置した博物館（博物館相当施設を含む）753のうち入館料を無料としているのは150となっている。とはいえ，特別展を含めて高校生以下を無料とする岐阜県博物館をはじめ，さまざまな形での減免措置をとる館も少なくない。

(**博物館の補助**) 第24条では，国が「博物館を設置する地方公共団体に対し，予算の範囲内において，博物館の施設，設備に要する経費その他必要な経費の一部を補助することができる。」としている。「わが国の教育の現状」(1953年度) において「昭和28年度においては，博物館建築費の国庫，補助金として1,200,000円（5館）を交付しているにすぎない。将来の計画としては，少なくとも人口10万人以上の都市に，その土地の事情に則した博物館1館が設置されることが望ましい。したがつてそのためには国の大巾な援助が必要とされるのである。」と記述されているように，博物館の建設が待望されていたのである。実際，登録博物館を対象とするさまざまな国庫補助の施策が行われており（公立社会教育施設整備の国庫補助（1952-

1997),公立地方歴史民俗資料館整備の国庫補助(1970-1994)など,登録博物館を建設することに様々なメリットが存在していた。しかしながら,国から地方自治体に交付される補助金のうち,国が使途を定めるもの,いわゆる「ひも付き補助金」が2011年に廃止されたこともあり,現在の補助の在り方は事業に対する公募型の形になっており,補助の対象も必ずしも登録博物館のみを要件とすることはなくなっている。

第4章　私立博物館

　第27条,第28条は,都道府県の教育委員会との関係,国及び地方公共団体との関係についての条文で,報告,指導助言,援助に関わるものである。

　登録博物館を設置・運営する公益法人のメリットは,税制の優遇措置に関わるもので,登録博物館の新増改築の費用に充てるために行う募金について,所得税法等に規定する要件を満たした場合に指定寄付金の適用を受けることが可能であったり,相続・遺贈により取得した財産の贈与・遺贈を法人が受けた場合の相続税・贈与税は課税されない等の優遇措置がある。また,1991年からは私立博物館の整備充実を図るため,日本開発銀行等による低利融資制度が設けられていた。

　なお,「私立博物館における青少年に対する学習機会の充実に関する基準」(1997年3月31日文部省告示第54号)を満たす旨認定を受けた登録博物館の設置運営を主たる目的とする民法法人が,特定公益増進法人に認定されるためには,所得税法等に規定する要件を満たすとともに,年間開館日数が原則250日以上,週に1日以上は児童・生徒の入場を無料にする等の基準を満たし,青少年の利用に対する優遇措置を講じることが必要である。

第5章　雑則

(博物館に相当する施設) 第5章の雑則は,1955年の改正時に加えられたものである。博物館の事業に類する事業を行う施設のうち,国又は独立行政法人が設置する施設について文部科学大臣が,その他の施設については当該施設の所在する都道府県の教育委員会が,博物館施行規則第3章で定めるところにより,博物館に相当する施設として指定することになっている。博物館登録と同じように,当該施設(都道府県が設置するものを除く。)が指定都市の区域内に所在する場合については,当該指定都市の教育委員会が指定を行うこととなっている。なお,1971年までは博物館相当施設の指定はすべて文部大臣が行っていた。2015年の統計によれば博物

相当施設は361あり，1952‐1955年に指定された館が37，1956‐1965年が33，1966‐1975年が13，1976‐1985年が38，1986‐1995年が57，1996‐2005年が107，2006‐2015年が76となっている。

「博物館に相当する施設」は，もともとは「文部大臣の指定する博物館に相当する施設」として制定時の博物館法における経過規定の附則で規定されていたもので，これは主として学芸員の暫定資格を広く与えるためにとられた措置であった。1955年の通達（文社施第100号）によれば，［博物館に相当する施設の］「指定は，当該施設の教育活動を促進助長する上に大きな成果を収めているので，指導助言等を与えるなど従来の経過規定を廃止して準博物館としての規定を明確にし，博物館の総合的な発展に資するよう本則において規定した」との説明がなされている。

施行規則第19条には，指定に必要な提出書類等が四つ示されている（当該施設の有する資料の目録，直接当該施設の用に供する建物及び土地の面積を記載した書面及び図面，当該年度における事業計画書及び予算の収支の見積に関する書類，当該施設の長及び学芸員に相当する職員の氏名を記載した書類）。続く第20条には指定に当たっての五つの審査要件（博物館の事業に類する事業を達成するために必要な資料を整備していること，博物館の事業に類する事業を達成するために必要な専用の施設及び設備を有すること，学芸員に相当する職員がいること，一般公衆の利用のために当該施設及び設備を公開すること，1年を通じて100日以上開館すること）が示されている。

さて，ここでいう「学芸員に相当する職員」はどのような職員を指すのであろうか。これについては，地方の相当施設の指定を都道府県の教育委員会の行うようになった1971年に出された社会教育局長通知「博物館相当施設の指定について」（文社社第22号）において，学芸員有資格者もしくは三つの要件（高等学校卒の職員は10年以上の経験を有する者，短期大学卒の職員は7年以上の経験を有する者，大学卒の職員は5年以上の経験を有する者）のいずれかを満たす者を有することを審査の参考にするように求めている。

ところで，この通知には公立の博物館相当施設は，教育委員会が所管しなければならないという注記がなされていた。ところが，横浜美術館（1989年開館），愛知県美術館（1992年開館）などの博物館が文化行政の一翼を担う基幹施設として首長部局の所管で開館するケースが増大し，そうした重要な施設が博物館法の規定を受けない博物館類似施設に分類されるという厄介な事態が生起した。そのためもあり，1998年に新たな文部省生涯学習局長通知（文生社第194号）が出され，「生涯学習社

会の構築に向けて，多様化する人々の学習ニーズに対応していくためには，それぞれの博物館及び博物館に類する事業を行う施設が，その特色を発揮しつつ適切に運営されることが期待されていることから，地方公共団体の長等が所管する施設についても博物館相当施設として指定することが適当」であるという見地から，地方公共団体の長等が所管する施設についても，当該施設が博物館に類する事業を行うものと判断される場合には，博物館相当施設として指定できることと取り扱うようになった。ただし，館の側としては，博物館登録であれ，博物館に相当する施設への指定であれ，必ずしも申請手続きに見合うメリットがないと考え，国宝・重要文化財の公開にあたり一定の便宜が図られる「公開承認施設」の認定は受けるものの博物館類似施設のままで活動を行っている地方公共団体の博物館も少なくないのも事実である。

　なお，地方自治法で定められた「補助執行」の規定に基づき，教育委員会がその権限に属する事務の一部を地方公共団体の長の管理に属する博物館の職員に補助執行させることによって，所管を教育委員会に置いたまま登録博物館として登録する自治体も存在している。

　国立の博物館が博物館法で言及されるのは唯一この章のみであり，現在は博物館相当施設に指定されている。国立博物館と国立科学博物館は，文部大臣の所轄の下に置かれることが規定された文部省設置法（1949）に設置根拠をもっていたが，博物館法の準備の途上では国立の博物館も含む形での検討も行われていたらしい。しかしながら，法隆寺金堂の火災（1949）などを契機に急遽その翌年に制定された文化財保護法の中で文化財保護委員会の「附属機関として，文化財専門審議会，国立博物館及び研究所を置く」と規定されたため，国立の博物館は博物館法から除外されることとなった。1952年に開館した国立近代美術館は文部省設置法に新たに規定された。

　※追記　「地域の自主性及び自立性を高めるための改革の推進を図るための関係法律の整備に関する法律案」が2019年6月7日に公布，施行されたことにより，博物館法第19条は，「公立博物館は，当該博物館を設置する地方公共団体の教育委員会（地方教育行政の組織及び運営に関する法律（昭和三十一年法律第百六十二号）第二十三条第一項の条例の定めるところにより地方公共団体の長がその設置，管理及び廃止に関する事務を管理し，及び執行することとされた博物館にあつては，当該地方公共団体の長。第二十一条において同じ。）の所管に属する。」と改正された。改正にあたっては，担保措置，留意事項をまとめた「地域の自主性及び自立性を高めるための改革の推進を図るための関係法律の整備に関する法律による社会教育関係法律等の改正について（通知）」が文部科学省総合教育政策局より同日出されている。

あとがき

　――一番のがんは文化学芸員だ。観光マインドが全く無く，一掃しないとだめだ。

　2017年4月16日，山本幸三地方創生担当相が大津市での講演後，観光やインバウンド（訪日外国人）による地方創生に関する質疑で上記のような発言を行い，「法に基づく専門職員の存在意義を否定する発言で，波紋を広げそうだ。」（『毎日新聞』同日付）と大きな議論を呼んだことは記憶に新しい。

　これに対して全日本博物館学会は，同年4月21日，この発言が事実誤認であるとして，「博物館は過去には特定の人向けの展示施設のようなイメージが持たれていた時代もありましたが，現在は博物館が収集してきた資料を研究し，その成果を活用することで，地域の人々が楽しく集い，学び，ネットワークを広げる場となっています。国内外の観光客が，ある地域について，また日本について知ろうとしてまず訪れる場が博物館です。博物館や美術館，文化施設等は，それぞれの展示や各種事業を行うことによって，むしろ地域観光の拠点ともなっており，多くの人々に親しまれる存在です。」という文言を含む「山本幸三地方創生相の発言に対する声明」を出した。

　加えて，2018年4月17日に開催された未来投資会議構造改革徹底推進会合に文化庁から提出された資料「アート市場の活性化に向けて」の内容も論議を呼ぶものであった。「アート市場活性化へ「先進美術館」創設検討」という5月19日付の『読売新聞』の記事により，「今後目指すべき姿（イメージ）」のポンチ絵にリーディング・ミュージアムがオークションに作品を売却する図が示されていたことが発覚し，美術館関係者や美術関係者から大きな批判が巻き起こった。こうした状況下で全国美術館会議は，「美術館はすべての人々に開かれた非営利の社会教育機関である。美術館における作品収集や展覧会などの活動が，結果として美術市場に影響を及ぼすことがありうるとしても，美術館が

自ら直接的に市場への関与を目的とした活動を行うべきではない。／美術館による作品収集活動はそれぞれの館が自らの使命として掲げた収集方針に基づいて体系的に行われるべきものである。美術作品を良好な状態で保持，公開し，次世代へと伝えることが美術館に課せられた本来的な役割であり，収集に当たっては投資的な目的とは明確な一線を画さなければならない。」という見解を旨とする「美術館と美術市場との関係について」という6月19日付の声明を発し，先進美術館構想に釘を刺している。

これら最近の事例に共通して危惧されるのは，観光，経済至上主義に前のめりになるあまり，博物館のための最低基準である「国際博物館会議職業倫理規程」（2004）の基本理念が軽視されているのではないかということである。われわれが博物館について議論するにあたり常に立ち返るべきものとして，ここで八つのセクションの条文と基本原則を掲げておくことにしたい（細目については各自参照されたい）。

1 博物館は人類の自然・文化遺産のさまざまな側面を保存し，解釈し，促進する。

基本原則：博物館は有形，無形の自然および文化遺産に対する責任がある。管理機関および博物館の戦略的な指示と監督に係る者はこの遺産を保護し，助長する主たる責務を負う。それと同時に，人的，物的，金銭的資源を活用できるようにする責務を負う。

2 コレクションを信託を受けて保有する博物館は社会の利益と発展のためにそれらを保管するものである。

基本原則：博物館は，自然，文化，学術遺産の保護への貢献として，その収蔵品の収集，保存，向上をおこなう義務がある。彼らの収蔵品は有意義な公的遺産であり，法において特別な地位を占め，国際的な規約によって保護されている。この公的負託には，正当な所有権，永続性，文書化，アクセシビリティーおよび信頼できる処分を含む管理の観念が内包されている。

あとがき

3 博物館は知識を確立し深めるための主要な証拠を持つ。
　基本原則：博物館は，収集し所蔵している主要な証拠の保管，利用可能性，解釈に関して，すべての人に対して特別な責任がある。

4 博物館は自然および文化遺産を鑑賞し，楽しみ，理解し，管理する機会を提供する。
　基本原則：博物館には，その教育的役割を開発し，博物館が対象とする地域社会，地方もしくは団体から幅広い来館者をひきつけるという重要な義務がある。

5 博物館の資源は他の公的サービスや利益の機会を提供する。
　基本原則：博物館は，博物館内よりはるかに広い場での適用力を持つ多様な専門性，技能および物質的資源を使用する。このことは，博物館活動の延長として，共有される資源もしくはサービスの供給につながりうる。それらは，博物館の明確な使命を損なうことのない方法で計画されるべきである。

6 所蔵品が由来する，もしくは博物館が奉仕する地域社会との密接な協力のもとに行う。
　基本原則：博物館の収蔵品は，それらが由来する地域社会の文化的および自然の遺産を反映する。そういうものであるから，それらは，国の，地域の，地方の，民族的，宗教的もしくは政治的独自性との強い類縁性を含みうる，通常の属性を超えた性格を有する。したがって，博物館の方針はこの可能性に応えられなければならない。

7 博物館は法律に従って事業を行う。
　基本原則：博物館は，国際的，地域的，国の，もしくは地方の法律と条約の義務に完全にしたがうべきである。さらに，管理機関は，博物館のあらゆる側面，その収蔵品および事業に関連する法的な拘束力のある負託や条件をみたすべきである。

8　博物館は専門的に事業を行う。
　基本原則：博物館の専門職員は，受け入れられた基準と法を守り，彼らの職業の尊厳と名誉を維持するべきである。彼らは違法もしくは反倫理的な専門的行為から公衆を守るべきである。博物館の社会への貢献についての公衆のよりよい理解を促し，この職業の目標，目的および抱負について，公衆に知らせ，教育するため，あらゆる機会を利用すべきである。

　これとは全く別の観点からなされた議論として注目したいのは，文化財の保存と活用の議論をめぐる松田陽氏による最近の次のような見解である。

> 　かつては，歴史的，芸術的，学術的，鑑賞的価値だけが文化財に見出されてきた。これらの価値を一般の人々にも認識してもらうことこそが，従来の文化財の「活用」，すなわち「公開」が目指していたことであった。しかし今日では，社会的価値と経済的価値の追求も文化財政策の重要な課題となった。これこそが，新しい文化財の「活用」が目指すことである。
> 　そして新自由主義が拡大する現状において，文化財の活用により一層求められているのは明らかに経済的価値である。しかし，経済的価値を追求し過ぎると文化財の歴史的，芸術的，学術的，鑑賞的価値が損なわれかねないという考え方も，一方では根強く残っている。だからこそ，保存よりも（観光）活用を優先してしまうと文化財の本質的な価値が失われる，といった言説がまだ出てくるのであろう。
> 　（松田陽「保存と活用の二元論を超えて——文化財の価値の体系を考える」小林真理編『文化政策の現在3』東京大学出版会，2018年，25-49頁，esp. 45-46頁）

　文化財に多様な価値を見いだす考え方は確かに広まっているように思われ，実際，UNESCO の「博物館及びその収集品並びにこれらの多様性及び社会における役割の保護及び促進に関する勧告」（2015）の序には「博物館及びその収集品が，遺産の保存及び保護，文化の多様性の保護及び促進，科学的知識の伝承，教育政策，生涯学習及び社会的な結束の発展並びに創作に係る産業及び観光の経済の発展により持続可能な開発におけるパートナーとなるよう，その

あとがき

保護及び促進の重要性について加盟国の注意を喚起するものである。」ことが謳われている。

　この意味で，松田氏の「文化財の価値は二項では説明できないほどに多様な体系をもっており，その全体を丁寧に調整すれば，保存と活用の両立は十分に可能なはず」という見解は傾聴に値する。ただし，これまで文化財の保存に対して予算的，人員的に十分な手当がなされてきたとはとても言えず，活用へと軸足を移すにあたっては留保が必要である。現状では「保存も活用も」の政策に自信をもって賛意を示せる博物館関係者はほとんどいないはずである。

　日本の文化政策が急速にこの方向へと舵を切っていることは，山本大臣の発言から程ない2017年6月に成立した文化芸術基本法の条文からもうかがわれる。われわれにとって注視すべきは，第2条10項の，

> 文化芸術に関する施策の推進に当たっては，文化芸術により生み出される様々な価値を文化芸術の継承，発展及び創造に活用することが重要であることに鑑み，文化芸術の固有の意義と価値を尊重しつつ，観光，まちづくり，国際交流，福祉，教育，産業その他の各関連分野における施策との有機的な連携が図られるよう配慮されなければならない。

という条文である。この条文の趣旨としては，「新たに生み出される様々な価値を文化芸術の継承，発展及び創造に活用するには，これら関連分野の施策との有機的な連携が必要である」（河村健夫・伊藤信太郎編著『文化芸術基本法の成立と文化政策』水曜社，2018年，94頁）ことにあるということであるが，ここで注目したいのは，「文化芸術の固有の意義と価値」と「新たに生み出される様々な価値」が対比的に用いられていることで，前者が伝統的な歴史的，芸術的，学術的，鑑賞的な価値を，後者が社会的，経済的価値を指していることは疑いない。いわゆる新自由主義が文化芸術の世界に浸透してきたことは確実といえ，そうした方向は観光振興を旗印に保存から活用への転換が図られた文化財保護法の大幅改正（2019年施行）にも表れている。冒頭に紹介したいささか乱暴な事例や議論を目にするにつけ，にわかには松田氏の主張をよしとすることはできないが，保存と活用を二項対立的に捉える視座からの脱皮を果たすべき時期

が早晩やってくることは確実だと思われる。このことは将来の博物館法の改正の議論においても博物館のあり方をめぐって議論が沸騰することになろう。

＊

　ミネルヴァ書房から博物館学の教科書の企画の依頼を受けたのはおよそ1年前のことである。博物館学の教科書には優れたものも多いが，自分ならこうしてみたいと思ったこともままあり，この企画を喜んでお受けした次第である。

　もちろん博物館学の科目が多岐にわたるため，短期間にはとても小生一人での執筆は無理であり，研究会や委員会等で知り合った専門を異にする同年配か若手の先生方にお声がけすることとなった。かなり短期間での執筆をご快諾頂いた先生方には心より御礼申し上げる。

　本書の特色があるとすれば，執筆陣がいずれも公立博物館を中心とする博物館に関わる現場においてかなりの実務を経験した者ばかりで構成されていることで，その分だけ実体験を踏まえた記述の割合が多くなっているはずである。その意味で現場でのハンドブック的な側面も備えることになったとすれば幸いである。また，一つの章を一人の執筆者が担当したことで，博物館学の各科目についてのトータルな理解がより容易になったのではないかと自負している。

　学芸員養成課程の新課程が始まりもう5年を過ぎ，博物館をめぐる環境も大きく変化しつつあり，さらには博物法の改正に向けての議論も始まっている。教科書として構想されたものであるが，こうした過渡期に刊行される本書が今後の議論にも一石を投じることになればと念じている。

　最後になったが，ミネルヴァ書房編集部の編集者である宮川友里さんには大変お世話になった。宮川さんの熱意がなければ，短期間にこのように親しみやすい教科書はできなかったはずである。心から御礼申し上げたい。

2019年3月

栗田秀法

人名索引

あ行

浅野徹 73-5
アシュモール, エリアス 8
アレナス, アメリア 186-7
飯田卓 219
池大雅 75
伊藤寿朗 202, 206
ヴァレリー, ポール 4, 9
上野行一 189-90
歌川広重 7-8
梅棹忠夫 218-21, 228
梅原龍三郎 127
浦上玉堂 90
大森荘蔵 7
岡倉天心 16-7

か行

神谷浩 iv
木村定三 89-91
キャメロン, ダンカン 203
キルヒャー, アタナシウス 6
九鬼隆一 16
熊谷守一 89-90
クラウゼヴィッツ, カール・フォン 217
クリヴェッリ, カルロ 95
クリムト, グスタフ 77, 83, 193-6
木場一夫 177
コンドル, ジョサイア 16

さ行

坂村健 217, 219, 232
ジャコメッティ, アルベルト 75
ジョクール, ルイ 9
鈴木俊一 138
スポック, マイケル 227
スミス, デイヴィッド 75
スローン, ハンス 10
セガンティーニ, ジョヴァンニ 95
セザンヌ, ポール 75
ゼルヴォス, クリスチャン 94

た行

ダヴィッド, ジャック=ルイ 10
棚橋源太郎 17-8, 23, 179-81, 192
ダミコ, ビクトル 186
ダンカン, キャロル 207
鶴田総一郎 24
ティツィアーノ, ヴェチェッリオ 76
デカルト, ルネ 7
デューイ, ジョン 179
デューラー, アルブレヒト 195-6

は行

バー・Jr., アルフレッド 14
ハイン, ジョージ・E 180-1, 185, 187
ハウゼン, アビゲイル 186
パノフスキー, エルヴィン 185
ハリソン, ローレンス 114-5
ピカソ, パブロ 78, 94
土方定一 19
広瀬浩二郎 207
フェルディナント2世 6
福沢諭吉 15
フーコー, ミシェル 5, 9
藤井達吉 72
藤山一雄 199
プッサン, ニコラ 12, 184
ブラングイン, フランク 94-5
フランチェスコ1世 6
ベーコン, フランシス 6
ペスタロッチ, ヨハン・ハインリヒ 179
ポミアン, クシシトフ 6, 11

ま行

町田久成 16
松方幸次郎 19, 94-5
松田陽 282-3
松宮秀治 11
ミレー, ジャン=フランソワ 20

285

村田良二　222-3
モネ，クロード　14, 94
森鷗外（森林太郎）　17, 217

　　　　　や・ら・わ行

ヤノウィン，フィリップ　186, 188
山本幸三　32, 279
与謝蕪村　90

吉田憲司　203
リンネ，カール・フォン　7
ルドルフ2世　226
ルドン，オディロン　73
ロダン，オーギュスト　73
ロング，リチャード　14
ワイン，ハンフリー　88

事項索引

あ行

愛知県美術館　20, 71-7, 79, 82-3, 85, 88-90, 94, 134, 182, 193-5, 200, 205
アウトリーチ　42, 51
アーカイブ　25, 83-4, 199, 206, 232, 245
　　デジタル――　222, 229, 232, 241, 245-6
アーカイブズ学　84
アーキヴィスト　29, 98
アシュモレアン博物館　7-8
新しい公共　50
アドヴァンスメント　59
アートカード　182, 184, 200-1
アート市場　26, 279-80
アプリ　197, 234
アメリカ先住民墳墓保護返還法　67
アメリカ博物館協会　63, 81, 133, 178, 208
イギリス博物館協会　81, 87
イコノロジー（図像解釈学）　185
イコン　102, 104
維持管理　63-5, 67-9, 80-1
遺贈　65-6
委託　29, 35, 46, 130, 146, 152, 160, 163, 175, 177
イデオロギー　181
移動展示　53, 148
移動博物館　52, 202
イニシャルコスト　31
違法ダウンロード　234-5
印象派　14, 30, 74, 163
インタビュー　205
　　――調査　146-7
インターネット　164, 204-5, 215-21, 225-7, 229-34, 241
インバウンド政策　167, 279
ヴァンダリズム　124, 127
ヴィジュアル・シンキング・ストラテジーズ
　　（VTS）　186, 188-190
ウィーン万国博覧会　15
ウィーン分離派　13
ウェブサイト　69, 76, 88-9, 205, 215, 226, 242

浮き上がり　102-3
映画　70, 179, 218, 236, 238
映像展示　157, 240
エコミュージアム　53, 62
エデュケーター　29, 177-8, 190, 207
演示　138-9, 157
演色性　114
欧化政策　16
王立絵画彫刻アカデミー　13
オークション　79, 87, 279
汚染物質　109, 111-2
オープンエデュケーション　204
オープンデータ　231
屋外展示　148
オペレーション　22
音声ガイド　144, 160, 197-8

か行

外国資産管理局　67
解説的教育論　181-2, 190
解説パネル　139, 144, 155, 158, 175, 197-8, 224, 228, 236, 241
回想法　55, 207
外部資金　26, 34, 40, 167-9
科学的調査　68, 89-90, 134, 205
「学芸員養成の充実方策について」　215, 246
学芸スタッフ　72, 74, 78-9, 89-90, 95
学芸担当者　66, 85-9
学芸部門　37, 60, 68-9, 71, 80, 82, 89
学習に関する理論　181
学術機関　ii, 26, 231
学術調査　69, 100
学術連携　49
火災　47, 69, 99, 124, 126-7
貸出　38, 63-4, 68-70, 79-81, 83-6, 118, 148, 152, 174, 179, 192, 195, 201-2, 238
カタログ・レゾネ　77, 94-5
学校連携　49, 51, 87, 138
ガバナンス　22, 59
カビ　110, 119, 121-3

287

枯らし　111-2
観光　20, 26, 46, 167-8, 202, 279, 282-3
　　——至上主義　280
　　——振興　53, 137-8, 284
観光立国推進基本法　167
館長　i-ii, 2, 14, 16-8, 21, 24, 36-7, 59-60, 66, 68, 70, 73, 84, 96, 164, 174, 180, 192, 201, 218, 227
　名誉——　44
関東大震災　17, 94, 141
管理機関　280-1
記憶遺産　199
企画展示　147-9, 213
危機管理（クライシス・マネジメント）　47-8, 58-9, 124-31
危機対応　iii, 97
季節展示　148
寄贈　19, 65-8, 70, 72, 74-5, 78-80, 82, 84, 89-90, 95, 139
寄託　74-5, 78-80, 83-4, 91
寄附　8, 18, 59-60, 66-7, 76-7, 80, 193
木村定三コレクション　89-90, 134
キャプション　78, 139, 144, 151, 157-8, 175, 186, 188, 197, 206, 222
ギャラリートーク　144, 186, 189-90, 198
キュレーター　24, 29, 86-9, 169, 177, 205, 207
　インディペンデント・——　88
教育委員会　2, 24, 34, 58, 135, 137, 148, 166, 178, 200
教育機能　178-9
教育普及活動　17, 177-9, 193, 195, 207, 224, 226, 240, 243
教育理論　180-1, 192
驚異の部屋　4-5, 21, 227
協賛企業　166
行政改革　22, 31, 35
郷土　72-4
　——博物館　18
京都国立近代美術館　70, 123, 184
亀裂　59, 102-3, 107
空気線図　105-7
クーリエ（作品随行員）　85, 133
駆除　121, 123-4
組み合わせ展示　158
グラフィック　29, 139, 144, 174-5, 224

クレジット　78, 85
燻蒸　64, 133-4
啓蒙主義　4, 12
欠損（欠失）　101-2
ゲティ語彙集　246
研究　ii-iii, 1, 4, 6, 13, 20, 22, 24-6, 31-2, 37-8, 41, 49-50, 55, 58, 68-70, 84, 87-91, 125, 134, 148, 160, 165, 177-81, 192-4, 199-200, 203, 207, 213, 224-5, 230, 232, 241, 246
　——機関指定　22, 26, 91
　——紀要　87, 194, 198-9, 225
　——助成　91
現代美術　14, 73-4, 76, 79, 87, 126, 169, 174, 197
権力　5, 9, 226-7
公益　4, 31, 63, 65, 79, 241
　——法人　36
公開承認施設　96
公開性の原理　11
公共施設　35-6, 39, 48, 206
公共性　8-9, 167, 178, 208
広告　44, 163-4, 166, 170, 226, 234
　交通——　159, 163-4
　新聞——　164, 226
　テレビ・ラジオ CM　164
考古資料　61, 78, 137, 140
公衆　iii-iv, 1, 7, 10, 33, 70, 177-80, 192-3, 237, 242
構成主義　181-2, 185, 187, 190, 195
構造展示　157
行動展示　20
広報　29, 37, 43-5, 54, 79, 85, 138, 158-60, 162-5, 170, 191, 205, 226, 243
　——マネジメント　43-5
公有財産　81
公立博物館　i, ii, 1-2, 18-9, 21-2, 26, 35, 45, 71, 79, 81, 87, 89, 91, 165-7
「公立博物館の設置及び運営に関する基準」　19, 21, 38, 47, 62
「公立博物館の設置及び運営に関する望ましい基準」　21
国際的視野　73-4
国際博物館会議　1, 19, 64, 105, 126　→ICOM
　——職業倫理規定　280
国際文化財保存学会　105
国宝　30, 64, 75, 96, 116, 140, 206, 232, 245

国立映画アーカイブ　70
国立科学博物館　17,19,30,171,178,180,200
国立国際美術館　71,75
国立新美術館　21,30,71,165
国立西洋美術館　19,64,70,84,87,94-5,178
国立博物館　19,23,26,35,75,79,87,232
　　九州国立博物館　30,64,196,202
　　京都国立博物館　90
　　東京国立博物館　15-6,19,30,60,76,82,87-8,163,206,223
　　奈良国立博物館　64,75,134
国立民族学博物館　197,219,221
個人情報　216,224,242-3
個人情報保護法　242-3
コレクション　6,8,18,37-40,43,46,48,54-5,59,63,65,67-9,74,76,85,87,89-91,94-5,142,179,182,193,222,280
　　――・マネージャー　29,81
　　――管理データベース　65,68
コンサヴァター　29,205
コンセッション方式　26,36

さ 行

災害　47,58-9,83,124,127-8,131,152,176
　　大規模――　58,152
災害対策基本法　128
在庫管理（棚卸）　68,83,89
採集（採取）　75,82
作品随行員　→クーリエ
作品総目録　→カタログ・レゾネ
作品別展示　142
作家別展示　142
雑芸員　25,29,37
サービス　iii,29,31,40-1,46,49-50,59-60,160-2,164,172,177,191,225
参加型展示　156-7
産学連携（産業連携）　49,54
三連展示　158
資格認定制度　21
時間展示（時間順展示・通史展示）　140,157
地震　47,58,83,124,128-30,152
自治体　48,81,137,152,159,172,202,205
　　地方――　31,128,135,149,202
シーズニング　107
実演展示　155

実行委員会　150-1,165
指定管理者制度　2,20,32,34-7,45,91,135,137
市民　ii,iv,3,46,48-51,69,169,171,202-4,208,221,224,227,245
市民連携　49-51,53
社会教育　26,33,139,148,203,212,226,240
　　――機関　22,26,177,180,279
　　――施設　33,146,163,167,180,221,234
社会教育法　1,18,33,240
ジャパンサーチ　245
ジャポニスム　195-6
宗教的な機能　12
宗教法人　33
集合展示　157
収集　i-iv,1,5,6,18,25,31,33,36-7,43,48,62-5,68,70-6,79-80,88,102,104,107,135-8,177-8,193-5,202-3,207,218-9,221-5,227,234,243,246,279-80
　　――活動　66,71,74-6,79-80,84,126
　　――方針　70-4,79,90,104,194,222
収蔵品管理　64,89
　　――担当者　81
　　――方針　63-65,80,89
充填　102-4
修復　iii,29,79,90,97-8,101-4,131
取得　iii,63-71,75-85
巡回展　149-51,165-6,174,192
消火　126-7
生涯学習　iv,50,215
常設展示　139,140,142,144-5,147,196,213,228
肖像権　243
状態調査　98,100
象徴展示　157
情報化社会　3,41,218,242
情報技術　41,215-7,227,229,233,246
情報のコスト　234-5
所管　2,16-7,19,22-4,34,135,138,168,171,178
除却　63-5,78
食害　119-20
殖産興業　15-6
助成金　60,91,168-71
所有権　36,66-7
私立博物館　1-2,20-1

資料カード（作品カード）82-3, 223, 230
資料保存　32, 47, 97-131
資料連携　49
人件費　34, 161
新聞社　19, 148-9, 150-1, 159, 165-6
スマートフォン　197, 219-20, 228-9, 234
図録　154, 166, 193, 199, 205, 213, 225, 240
静止展示　155-6
生態展示　192
生物被害　119, 124, 134
積算照度　117-8
設置目的　135, 151, 161
全国大学博物館講座協議会　20
全国美術館会議　26, 85, 279
先進美術館（リーディング・ミュージアム）
　　279-80
全日本博物館学会　20, 279
専門性　i, iii, 23-4, 36, 46, 52, 74, 79, 133, 138,
　　149, 151, 158, 191
双方向性　226-8
ゾーニング　154

た 行

大英博物館　10, 30, 84
第三者委員会　71, 77-8
第三者評価　43
大日本帝国憲法　16
代物弁済制度　78
貸与　65, 67, 69, 85, 228, 245
対話型鑑賞　182-91
タブレット　197-8, 229
誰でもメセナ！　76
探求型鑑賞　190
単体展示　157
単年度予算　76
地域　22, 53, 73, 87, 139, 143, 168, 202, 279, 281
　　——社会　iv, 53, 167, 281
　　——住民　143, 158, 161, 169, 171
　　——振興　53, 168
　　——博物館　20, 137, 140, 149, 202-3, 206
　　——連携　37, 49, 53-4
知識に関する理論　180
地方公共団体　2, 22, 33, 137, 169
地方独立行政法人　20
　　——制度　36

地方博物館・美術館　74, 215, 245
中央教育審議会　144
中央広場型展示　143, 155
虫害　47, 69, 119-21
中間支援組織　57
調査研究　i, iii, 1, 19, 22, 23, 25, 31, 33-4, 37,
　　43, 48-9, 63, 74, 77, 80, 86-7, 90-1, 100, 137-
　　8, 146, 148, 158, 161, 177, 178, 193, 204, 218,
　　221, 224-5, 234, 241, 246
著作権　88-9, 219, 224, 233-43
　　——者（原著作者）　234, 238-9
　　——情報センター　235
　　——担当部門　84
　　権利団体　242
　　権利制限規定　238-9
　　公衆送信権　237, 241
　　裁定制度　241-2
　　小冊子　240
　　著作者　236-8, 242
　　展示権　238-9
　　法人著作　235-6
　　保護期間　221, 238
　　補償金　224, 242
　　無方式主義　236
著作権法　224, 235, 238-41
　　著作人格権　237
　　著作隣接権　237
著作物　233-4, 236, 239, 242
　　権利者不明——　241
　　——の引用　241
　　——の教育・研究利用　233-4, 238, 240-1
チラシ　154, 159, 163, 166, 226
珍品陳列室　4, 6, 8-9, 11, 13
通俗教育館　17, 191-2
津波　58-9
帝国博物館　16-7
ディープラーニング　234, 242
ディーラー　67
デジタル化　83, 219, 228, 239, 245
データベース　65, 82-3, 88-9, 222-3, 225, 229-
　　32, 241-2, 246
テート・モダン　14, 182
テーマ展示　140, 142
テレビ局　159, 165-6
点検　43, 68, 85-6, 98-9, 123

展示替え 118,142
展示価値 13
展示体験キット 52
展示デザイナー 13,29,37,205
伝統的建造物群 61
「展覧会における美術品損害の補償に関する法律」 152
　補償制度 70,152
東京勧業博覧会 17
東京国立近代美術館 60,70,75,88,127,205
東京文化財研究所 96,112,170,246
同時代性 73-4
動線 139,142,144-5,154-5
　完全強制―― 155
　半強制―― 155
動態展示 155-6
盗難 47,69,124-6
盗品データベース 66
盗品法 66
登録（収蔵品） 25-6,63,68-9,80-3
　――管理担当者 →レジストラー
登録博物館 i,1-3,21-3,25-6,33,91,135
　登録申請 22-3,26
登録美術品制度 78
ドキュメンタリスト 98
ドキュメンテーション 63,79-80,89,213,246
特定非営利活動促進法 →NPO法
特別展示 30,60,147,149,151-4,158,192,202,225-6,239
独立行政法人 1,22,32-3,35-6,76,88
　――日本芸術文化振興会 169
独立行政法人国立美術館法 70
図書館情報学 230-2
図書館法 18-9
友の会 37,46,50,203

な 行

内国勧業博覧会 16
内部監査人 68
ナショナル・ギャラリー 76,88
慣らし 107
日本博物館協会 18,23,29,62,64,131,135,160,191-2,221
日本ミュージアム・マネージメント学会 31
入館者数 2,30-1,34,43,113,151,161-2,166,171,225
入館料（観覧料） 21,34,161-2,219,241
ニューヨーク近代美術館 13-4,186,189
ネットワーク 55,57,83,91,166,168,174,279
　研究系―― 49
　――化 54,239
年報 80,193,199,206,225
能動態展示 156

は 行

博学連携 51,57-8,200-1
博情館 220-1
博物館エキステンション 199
「博物館及びその収集品並びにこれらの多様性及び社会における役割の保護及び促進に関する報告」 iii,97,282
博物館学 iii,18-9,24,31-2,86,98,179
「博物館関係者の行動規範」 26,64,221
博物館教育 25,52,177-208
博物館業務支援システム 223
博物館経営 31,46,48,54,124,191
博物館憲章 69
博物館三世代論 202
博物館施設 39,45,47
博物館資料 i,25,36,52,61-91,98,101-2,106,118-9,126-8,131,134,147,177-8,193,195,202,219,221,231,233,243
博物館相当施設 1-3,21-2,135
博物館の使命 26,38-42,46,63-5,67-8,70,104,161,195,208,280
「博物館の設置及び運営上の望ましい基準」 21,25,62
博物館の存在意義 40,42-3,53
博物館の定義 1,23,33
博物館法 1-3,19,21-2,24-5,31-2,36,62,86-7,135,180,193,200,203,215,233,240,285
　――改正 22,207
博物館類似施設 3
剥落・剥離 101-104
箱モノ行政（事業） 20,54
パーソナライズ 228-9
発見的学習論 181-2
パッシブインジケータ法 112
パブリックドメイン 238
バリアフリー 3,39,206-7

ハリソンの損傷関数　114-5
パリ万博　17
阪神・淡路大震災　47,50,128,130
ハンズオン　181,192,196,212,227
東日本大震災　iv,47,58,128
光劣化　69,114-8
美術史　11,14,17,69,90,185,194,205,207,223
美術品梱包輸送技能取得士　29
美術品等取得基金　76
引っ越し展　29,60
百貨店（デパート）　21,39,166
評価　ii,21,23,32-3,42-3,145-7,152,161-2,165,176,212
　――疲れ　43
表現の自由　174
標準語彙　222,230,246
ファンドレイザー　37
ファシリティ・レポート（施設状況報告書）　85
ファシリテーター　186,188
フィールドミュージアム　62
フィールドワーク　75
部門展示　140,142
プログラムマネージャー　37
ブロックバスター展　21
糞害　119
文化遺産オンライン　232
文化行政（文化事業）　v,31,34
文化クラスター　168
文化芸術基本法　26,283
文化芸術連携授業　57
文化財　15,22,32,39,58-9,61,75-6,78,91,96,112,126,168-9,215,232-3,245,282,284
　――の価値　282-3
　――レスキュー　58,131
　　重要――　75,90,96,116,232,245
　　埋蔵――　61,75
　　無形――　61
　　有形――　iv,61
文化財保護法　26,61,96,116-7,284
文化財保存修復研究国際センター　105
文化資源　53,168
文化政策　40,58,137,283
文化多元主義　195,208
文化帝国主義　12,208

文化庁　50,61,78-80,96,152,166-8,178,232,235,242,279
文化ボランティア政策　50
粉塵　109-11
平面巡回型展示　143,155
変色試験紙法　112
防災対策　48,125
保険　86,174
　――評価額　85
　　動産総合――　86,152
保管　i,iii,1,25,36,37,48,62-4,66,71,91,97,100,135
補彩　102-4
補助金　22,34,45,57,169
ポスター　163-4,166,226
保存　iii,1,4,10,25,31,38,40,63,68,97-8,105,119
　――修復家　29,90,102
　――担当者　66,69
　――部門　67,80
ホームページ　3,45,163-5,215,235
ボランティア　3,29,37,50-2,58,144,154,160,169,191,195-6,201,203-4
ホワイトキューブ　12-3

ま　行

マイノリティー　176
マーケティング　37,41-2,87,161,168
マスコミ　21,60,165-6,174,235
松方コレクション　71,94-5
マネジメント　20,22,44,55,60,171
　クライシス・――　→危機管理
　ミュージアム・――　31-2,166
満足度　41,43,145-6,161-2
ミュージアム・エデュケーション　→博物館教育
ミュージアム・ショップ　45-6
ミュージアム・レストラン　45,165
ミュージアム資料情報構造化モデル　82,223
民間企業　35-6,41,45,166,169,233,245
民間資金等の活用による公共施設等の整備等の促進に関する法律　→PFI
民俗　1,33,61-2,71,78-9,142,158,189,202-3,207
ムセイオン　7

メセナ　170
メタデータ　219
メッセージ　74, 143-5, 158-9, 172, 176, 210, 227
メトロポリタン美術館　8, 14, 59-60, 63-70, 81, 87, 89, 205, 219
メールマガジン　3
目録　iii, 12, 78, 88, 94, 97-8, 125, 193, 225, 246
モニタリング　112
文部科学省　2, 36, 91, 166
文部省　15, 17, 19, 38, 177, 192

や・ら・わ行

ユニバーサル化　3, 206
ユニバーサル・デザイン　39, 145, 206
予防管理　47-8
来館者数　→入館者数
ランニングコスト　31, 161
理事会　34, 59, 64-6, 69-70
リーフレット　i, 162-3, 197
倫理的規範　63, 66, 282
類似の知　4-6
ルーヴル美術館　10, 62, 76, 89, 197, 205
礼拝価値　13
レクリエーション　1, 23, 33, 146
レジストラー　29, 68-9, 81, 98, 101, 205
列品管理　68-9, 80-1, 85
　──担当者　→レジストラー
　──部門　80
レファレンスブック　213
連携　iii-iv, 26, 44-5, 48-60, 75, 168-72
　──・ネットワーク活動　49
　──授業　57

廊下接続型展示　143, 155
ローテーション　ii
露光　→積算照度
ロンドン万博　15
ワークシート　52, 155-6, 181, 188, 194, 197, 206
ワークショップ　162, 181, 184, 186, 189, 198, 200

欧　文

AI　216, 242
e国宝　232
Europeana　232-3
Facebook　243
Google　230, 233-4
ICOM　19, 61, 78, 105, 116, 123, 125-6
Instagram　45, 229
IoT　216
IPMプログラム　123-4
LINE　229
LOD　231
NPO　32, 50-1, 57, 188
　──法　50
　──法人　36, 137
　地域──　20
PFI　32, 35-6
RDF　231
SNS　164-5, 218, 222, 226, 229, 234-5, 243
Twitter　45, 216, 229, 234
UNESCO　iii, 97-8, 125, 282
XML　231
YouTube　205-6

執筆者紹介 （執筆順，＊は編者）

＊栗田秀法（くりた・ひでのり）第1章，第3章，第6章，博物館法の条文解説

編著者紹介欄参照。

木下達文（きのした・たつふみ）第2章

- 1990年 成城大学大学院文学研究科美学美術史専攻修士課程修了（文学修士）。
  東京都港区教育委員会文化財保護調査員，展示学研究所研究員等を経て，
- 現 在 京都橘大学経営学部経営学科教授。
- 著 書 『博物館学史研究事典』（共著，2017年，雄山閣），『ミュージアム・マネージメント学事典』（共著，2015年，学文社），『文化面から捉えた東日本大震災の教訓 ミュージアム政策からみた生活の転換』（2015年，かもがわ出版），『ひろがる日本のミュージアム みんなで育て楽しむ文化の時代』（2007年，晃洋書房）など。
- 委員等 気軽にどこでもアート交流事業「アートはみんなのもの」実行委員会委員長（2006-2009年，滋賀県・県立文化産業交流会館等），平城遷都1300年記念事業展示委員（2010年，奈良県・平常宮跡），ルシオール・アート・キッズフェスティバル実行委員会委員（2012-2018年，滋賀県守山市・守山市民ホール）。

長屋菜津子（ながや・なつこ）第4章

- 1987年 東京芸術大学美術研究科（保存科学）修士課程修了（文化財修士）。愛知県美術館主任学芸員（保存担当）を経て，
- 現 在 愛知県立芸術大学非常勤講師，愛知県立大学非常勤講師。
- 著 書 「愛知県美術館における虫菌害対策（Pest Problem Control in Aichi Prefectural Museum of Art）」（1999年，第23回文化財の保存及び修復に関する国際研究集会）「博物館・美術館・図書館等における IPM その基本理念および導入手順について」（共著，2003年，文化財保存修復学会誌）。
- 委員等 文化財の生物劣化に関する研究協力者会議ワーキンググループ（2000年，文化庁）
  IPM コーディネーター委員（2013-2018年，公益財団文化財虫菌害研究所）
- 業 績 第11回文化財保存修復学会業績賞（2017年）。

鈴木章生（すずき・しょうせい）第5章

- 1994年 立正大学大学院文学研究科史学専攻博士後期課程修了。博士（文学）。
  江戸東京博物館学芸員を経て，
- 現 在 目白大学社会学部地域社会学科，同大学院国際交流研究科教授，品川区立品川歴史館長。
- 著 書 「博物館法改正と博物館学芸員養成教育の課題」（『目白大学高等教育研究』第16号，2010年），「学芸員の専門性と学芸員養成課程の役割り」（『目白大学高等教育研究』第17号，2011年），『博物館危機の時代』（共著，2012年，雄山閣），「歴史博物館における教育普及

活動の主体的な歴史学習について」(『國學院雑誌』第118巻11号，2017年)．
展覧会 「明治・大正・昭和の生活展　移りゆく東京のくらし」(1991年，東京都・㈶江戸東京歴史財団，松屋銀座)，「東京ルネッサンス江戸東京400年記念　モースの見た江戸東京展」(1991年，東京都・東京ルネッサンス推進委員会，東京都立産業貿易センター)，「名所にみる江戸東京展」(1992年，西武百貨店池袋店，東急百貨店吉祥寺店)，「博覧都市江戸東京展」(1993年，東京都江戸東京博物館)，「江戸の絵師　雪旦・雪堤展」(1997年，東京都江戸東京博物館)，「第7回稀覯本ミニ展示会　浮世絵からみる江戸・明治の風俗」(2017年，目白大学新宿図書館)．

佐藤　琴 (さとう・こと) 第7章

1995年　東北大学文学研究科美学美術史専攻修士課程修了．文学修士．
　　　　東北歴史博物館学芸員を経て，
現　在　山形大学学術研究院准教授，山形大学附属博物館学芸研究員．
著　書　芳賀京子・佐々木千佳編『都市を描く　東西文化にみる地図と景観図』(共著，東北大学出版会，2010年)，『国宝大崎八幡宮　仙台・江戸学叢書47描かれた松島』(大崎八幡宮，2013年)，「被災資料の整理現場における「切り貼りリスト」について――山形文化遺産防災ネットワークによる宮城県農業高等学校同窓会所蔵資料の返還作業を事例として」(『アート・ドキュメンテーション研究』2015年3月)．
展覧会　「平賀源内展」(2002年，江戸東京博物館，福岡市博物館，香川県立博物館，東北歴史博物館)，「日本三景展」(2005年，広島県立美術館，京都文化博物館，東北歴史博物館)，「山を見るひと」(2015年，山形大学附属博物館) など．
委員等　日本ミュージアム・マネージメント学会副会長 (2020年～)．

《編著者紹介》

栗田秀法（くりた・ひでのり）

1989年　名古屋大学大学院文学研究科哲学専攻（美学美術史専門）博士後期課程中途退学。博士（文学）。
　　　　愛知県美術館主任学芸員，名古屋芸術大学美術学部准教授，名古屋大学大学院人文学研究科教授を経て，
現　在　跡見学園女子大学文学部人文学科教授，名古屋大学名誉教授。専門は西洋美術史，博物館学。
著　書　『プッサンにおける語りと寓意』(2014年，三元社)，『絵画と受容——クーザンからダヴィッドへ』(共著，2014年，ありな書房)，『絵画と表象Ⅰ：ガブリエル・デストレからユベール・ロベールまで』(共著，2015年，ありな書房) など。
展覧会　「没後50年　ボナール展」(1997年，愛知県美術館，Bunkamura ザ・ミュージアム)，「フランス国立図書館特別協力　プッサンとラファエッロ　借用と創造の秘密」(1999年，愛知県美術館，足利市立美術館)，「大英博物館所蔵フランス素描展」(2002年，国立西洋美術館，愛知県美術館) など。

現代博物館学入門

2019年4月20日　初版第1刷発行　　　〈検印省略〉
2023年9月10日　初版第4刷発行

定価はカバーに表示しています

編著者　栗　田　秀　法
発行者　杉　田　啓　三
印刷者　坂　本　喜　杏

発行所　株式会社　ミネルヴァ書房
607-8494　京都市山科区日ノ岡堤谷町1
電話代表　(075)581-5191
振替口座　01020-0-8076

©栗田ほか，2019　　冨山房インターナショナル・坂井製本

ISBN 978-4-623-08466-1
Printed in Japan

石田佐恵子・村田麻里子・山中千恵　編著　　　　　A5・378頁
ポピュラー文化ミュージアム　　　　　　　　　本体3,500円

清水　勲・猪俣紀子　編著　　　　　　　　　　　A5・384頁
日本の漫画本300年　　　　　　　　　　　　　本体2,800円
　──「鳥羽絵」からコミック本まで

古田　亮　著　　　　　　　　　　　　　　　　　A5・432頁
視覚と心象の日本美術史　　　　　　　　　　　本体8,000円
　──作家・作品・鑑賞者のはざま

デイヴィッド・スロスビー著／後藤和子・阪本　崇　監訳　A5・322頁
文化政策の経済学　　　　　　　　　　　　　　本体3,500円

井口　貢　編著　　　　　　　　　　　　　　　　A5・268頁
入門　文化政策　　　　　　　　　　　　　　　本体2,800円

河島伸子　著　　　　　　　　　　　　　　　　　A5・268頁
コンテンツ産業論　　　　　　　　　　　　　　本体2,800円

道垣内正人・森下哲朗　編著　　　　　　　　　　四六・242頁
エンタテイメント法への招待　　　　　　　　　本体3,500円

タイラー・コーエン　著／石垣尚志　訳　　　　　四六・356頁
アメリカはアートをどのように支援してきたか　本体4,000円

──── ミネルヴァ書房 ────
http://www.minervashobo.co.jp/